# 金剛心論

釋金陀著 清華編

# 五智總觀圖
## 오 지 총 관 도

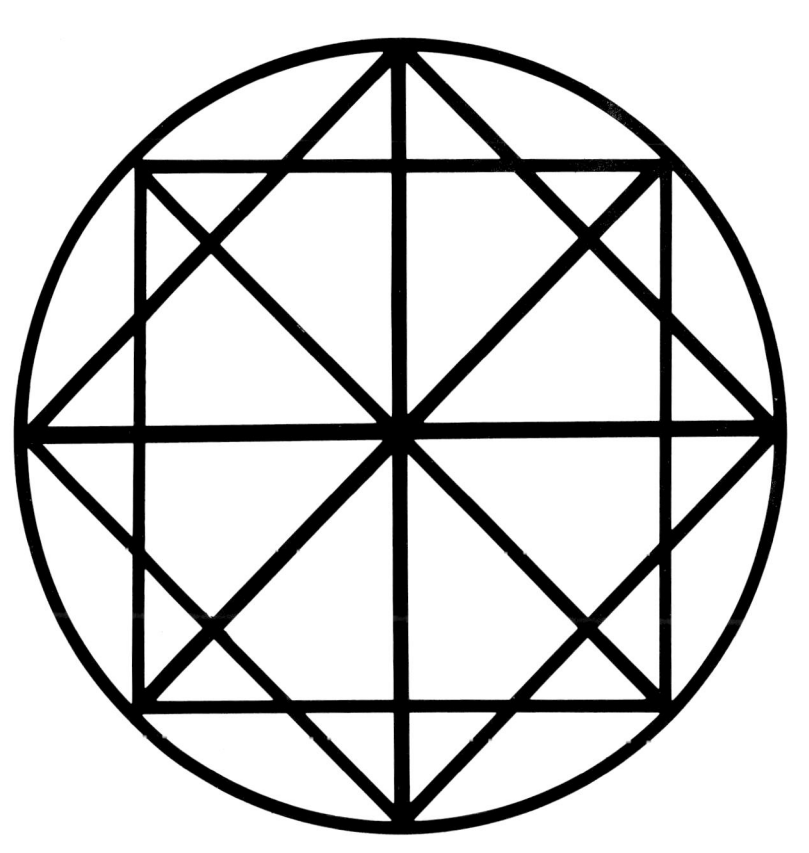

### 又名 金剛鈴 骨子 心印 字輪
### 우명 금강령 골자 심인 자륜

釋迦如來坐像 (慶州 石窟庵 奉安)
석가여래좌상 경주 석굴암 봉안

釋尊六年苦行像(印度 라호르博物舘 奉安)
석존육년고행상 인도 박물관 봉안

觀世音菩薩像(石窟庵 十一面觀音)
관세음보살상 석굴암 십일면관음

達磨大師像
달 마 대 사 상

故 金陀和尚 遺影 (三十歲時 撮影)
고 금타화상 유영 삼십세시 촬영

故 金陀和尚 親筆(壬午年 六月 九日)

心となり、正見せば真覺となる。一切が自己の見解に依頭して一微か一切に真妄なく、器世間そのまゝが一真法界なり。若し人か三世の一切諸佛の化身なると個別的化身が本身の佛たるを忘却して顚倒迷人となり自ら凡夫と名づく。一大人が聖凡なし。何んとなれば離心に法界性なく、一切が唯心の結晶なり、一とは華嚴の器である。法界性を見てその已下を色法にて全撿し已上を心法にて全撿するが色即是空空即是色なり。空とは色礙りなきが不便せばなる真空である。礙りながら影の如く真空体の妙用たる假相を謂ふが然即色即用にて不住眞空出假觀境が然ある。迷人は木訥地蕃が㝵戯して而心腦佛がなれば生世間忘錯觀境が然ある。

説明なく妄見を立て蒙昧に過ぎぬ、生等心を繋ぐ側は熱が地輪界（地球と地球外界）を増せしも状熱が屋内発達地付三の側を繋ぐルは熱が地輪界（地球と地球

…を知らず熱源が太陽にあ…
たるを知らずと云ひ、月は太陽の反映体であると謂ふ
西洋何以止より対する経冷気が襲い直る潜熱を感じ、調後は濃気加減せられる
何の説明なりや、又月の上弦と下弦が地球の影響せられたる表徴なりと云
…して虚空に浮遊せらやう何と左転又は右転せざるべからず
理由邪運二月が曖昧し、暦年四時が三百六十五日と六時未満たるを経脈
ながらし晃朗姐進とは別殺の事柄と思ふ状、総地半り二三四の倍なるを云ふ

太陽より地球まで旅行せるに十八分六秒掛かると謂ふ。成程數字は形式科學に過ぎず。大體觀察が［　］くやが問題である。二十世紀文明が今に宇宙を解剖せられず、得られるべき陽核の七分之一に當る金塵即ち原子核を分［　］發見せんとして虛勞を實すことは正眼のある者は愼むべからり、血となり、肉となりたる東洋の文明を登場せしめうれよ。本説宇宙の本質の人あらば戴き擧ぐからしよ、亦聖人の認めらるべき長久の歳月嘗とな

萬の文武置や行相を濟能喜捜ろひが篤れ、内初道的徑路を示す指針

逆ヘ井味略里武訊な林旭師商に沫に菫遙ぎ一世の邊

延國燊の傳承か千歳を詔す

苔々数面誓以を（律曲気語掌と）教室で就れば（自の防）を一々起め

苟も我國神社より初まり佛寺に及び
爾來儒門其他總ての社殿、佛堂、亭舍
山莊書齋或は茶室庭園の數奇を凝す
又は特に假山を築く又は中村氏の如き學者にのみ遺本したる
龍勵亞坐歡事を以謙顋韻風外若名家の筆蹟
併乍執筆は第一義的

壬午六月九日

旅井邑内藏山碧蓮禪院

著者識

조선어학회(朝鮮語學會)관 의(韻下)

우리 이〇일 후(日附)의 답장(答狀)을 오이야 받독(拜讀)하였아온 바 시(是)직(卽)도 이다시 또 이 일은 종(終)나이다.

우리의 이 도(圖)에 의(意)으로서 근구(斯文)의 각 한 수 무 (研究)가 선구(先驅)의 의미 원 우리에 위 첨 금

의(貴會)가 선구(先驅)가 설(設)하거든 한 자(漢字)를 대 대(大) 의 미운 데 온(賜)이 아 한(韓)을 쓸 전에 한 고 간 제(簡提) 하고

다 이 감이다 영(令)에 쓸 후이 둥(等)을 대체(大體)를 (止)이 다 담이 이 결함이 있는 데 이 더 전지(進展) 전조

(光圖)이다 선 다 담이 있는 여 시(同時)에 우 여 울(全)조

(考察)한 울 제 더라 종(種)이 시(시)선 에 다 (樣) 조

보 신로 이르러 도 지 전 면 조 선이 앉 다 갈(各)포(布) 담(物) 의 도 제에 지 대(發達) 여 이 조 정 것이 일 (物質)

문 명(物文明)의 예비(便悟 通 ) 를 더 장 권촉(勸促) 하여 우리 고 온 (小布) 정 신문 명(精神文明) 꽃

심 문 명(心文明)을 이 인 듯 이 의미(意味)의 근 만 한 것 서 조

검 인 도 에게 이 인(一人) 도 인(自頭) 1 인

[부(不)] 모(母)는 뜻이 서고 께 저 이러시 생(生)인

「貴重한 著述을 拜領하고 感銘깊었으며 金陀스님은 果然 悟道者요 科學者이시라 古今에 뛰어나신 분이요, 內容을 一讀하고 奇哉를 連號하였다」는 金大隱스님의 書信

淸華 和尙 慧鑑

拜啓하오며 山間 道體 淸安하신지 仰慕하옵니다. 이번에
金陀尊師의 金剛心論을 出版하시어 恵投光明하시니 欣喜 이를데
없읍니다. 拙衲을 쓸자없고 尊師님이 爀爀無比 하온데 連載하오며
더욱 和尙의 修學로 法輪大開하여 金言이 愚衲에게까지 미치니
感謝無窮 입니다.
거듭 和尙 厚誼에 感謝하오며
尊師法風이 壽如日月하기를 至祝합
니다.
不備禮
1980. 4. 6. 小衲 光德 九拜

서울 鍾路 鳳翼洞
大覺寺

「金陀尊師의 金剛心論을 받자옵고 法門이 爀爀無比함에 感激하며 尊師法風이 壽如日月하기를 至祝한다」는 大覺寺 光德스님의 書信

「金剛心論」의 出版에 早早勤讀하여 感賀無量이며 願解師見하시것다」는 海印寺 一陀스님의 書信

釋金陀著 清華編

# 金剛心論

## 머리말

東洋文化를 代表하는 佛敎가 있어 온 지 二千五百餘年의 星霜을 두고, 直接的으로는 東方民族의 無知를 啓蒙하고, 間接的으로는 西歐文化의 底流에 不滅의 光芒을 끼쳐 왔음은 어느 누구도 否認하지 못할 것이다.

그래서, 現代에 이르러 모든 東西文化를 融合한 普遍的이고 窮極的인 文化를 이룩함은 佛敎敎理의 當爲일 뿐 아니라, 人類文化 自體의 必然的인 歷史的 歸趨라고 하지 않을 수 없다.

그러나, 그 實現에는 어디까지나, 人間存在의 宿命的 制約인 時

間(간)·空間(공간)과 因果律(인과율)의 사슬을 벗어난 無限絶對(무한절대)의 眞如自性(진여자성)에서 提示(제시)되는 指導原理(지도원리)에 依(의)해서만 可能(가능)한 것이다.

그런데, 佛敎(불교)의 尨大(방대)하고 玄妙(현묘)한 敎理(교리)가, 宇宙(우주)의 實相(실상)인 佛性(불성)을 自覺(자각)한 覺者(각자)의 境界(경계)에서는 直截簡明(직절간명)한 하나의 妙理(묘리)로 還元(환원)될 것이지만, 諸大(제대) 先覺者(선각자)들의 各其(각기) 歷史的(역사적) 時代(시대)에 있어서 그들 自覺內容(자각내용)의 深淺(심천)과, 이른바 應病施藥(응병시약)하는 對人的(대인적)인 善巧(선교)의 妙(묘)에 緣由(연유)하여 大乘(대승)과 小乘(소승), 顯敎(현교)와 密敎(밀교), 權敎(권교)와 實敎(실교), 禪宗(선종)과 敎宗(교종) 등이 發生(발생)하게 되었음은 正(정)히 必然(필연)한 結果(결과)라고 하지 않을 수 없다.

따라서, 佛性(불성)에 未了(미료)한 凡夫衆生(범부중생)에게는, 八萬四千(팔만사천)을 헤아리는 汪洋(왕양)한 佛敎敎理(불교교리)가 至極(지극)히 煩瑣(번쇄)하고 難解(난해)하게 여겨짐은 事實(사실)이며, 그래서, 現代(현대)에 이르러 佛法(불법)의 全貌(전모)를 達觀(달관)하지 못하고, 抽象的(추상적)으로

어느 一方만을 確執하여 分裂 沈滯하고, 危機에 直面한 現代社會에 보다 積極的이고 斬新한 救濟의 所任을 다하지 못하게 된 것이다.

그러나, 普遍的인 指導原理를 懇求하는 時代的 要請은, 多幸히도 우리 韓國佛敎界에서 故 碧山堂 金陀和尙의 崛起로 말미암아 佛敎自體內의 紛紜한 論議와, 文化史上의 形而上과 形而下, 唯物과 唯心 等, 兩極의 熾烈한 爭論들이 法爾道理에 立脚한 徹底한 辯證으로써, 紅爐點雪의 解決을 보게 됨은 非但 佛敎界의 貢獻에만 그칠 뿐 아니라, 當來할 人類의 福祉를 爲하여 高貴한 金字塔이 되지 않을 수 없을 것이다.

그러나, 이렇듯 不朽의 價値가 있는 和尙의 珍貴한 力作들이, 現下 佛敎界의 混沌不毛한 雰圍氣 속에서 敷衍宣揚되지 못하고, 다만

山僧(산승)과 같은 淺學菲才(천학비재)한 後學(후학)의 依(의)해서, 간신히 그 原稿(원고)만 保存(보존)되어 왔다는 것은 참으로 遺憾(유감)된 일이 아닐 수 없다.

金陀和尙(금타화상)께서는 일찍이 十數年(십수년)의 坐禪(좌선)을 敢行(감행)하여 本分(본분) 自性(자성)의 實相(실상)을 廓徹(확철)히 證悟(증오)하고, 釋尊(석존) 이후 가장 昭詳(소상)히 形而上的(형이상적) 境界(경계)를 闡明(천명)하였으며, 또한 그 實相(실상)을 見證(견증)하는 方法階梯(방법계제)를 實證科學(실증과학)과 對比(대비)하여 體系化(체계화)하는 等(등) 形而上下(형이상하)를 止揚綜合(지양종합)한 點(점)에 이르러서는 참으로 文化史上(문화사상) 稀有(희유)한 一大盛事(일대성사)라 하지 않을 수 없을 것이다.

또한, 和尙(화상)은 元曉(원효), 普照(보조), 西山(서산) 等(등) 諸大(제대) 先覺者(선각자)들이 한결같이 唱導宣揚(창도선양)한 바, 韓國佛敎(한국불교)의 正統(정통)인 通佛敎(통불교)의 提唱(제창)에 그칠 뿐만 아니라, 正法(정법)을 護持(호지)하는 意味(의미)의 護法團(호법단)을 組織(조직)하여, 宗敎一般(종교일반)의 一元化(일원화)를 圖謀(도모)한 雄志(웅지)는 참으로 宗敎中興(종교중흥)의 黎明(여명)을 밝히는 燦然(찬연)한 瑞光(서광)이 아닐 수 없다.

그리고, 和尚(화상)은 우리 한글의 補完(보완)에도 恪別(각별)한 硏究(연구)를 하였으며, 科學的(과학적) 分野(분야)에 대해서도 깊은 造詣(조예)를 表明(표명)하였으니, 특히 「宇宙(우주)의 本質(본질)과 形量(형량)」이라는 著述(저술)에서 和尚(화상)은 말하기를 「陽核(양핵)은 水大(수대) 곧 引力(인력)이며, 電子(전자)는 火大(화대) 곧 斥力(척력)이고, 그 動力(동력)은 風大(풍대), 中性塵(중성진)은 地大(지대)이다. 이와같이 佛說(불설)의 이른바 所造四大(소조사대)(物質(물질))는 科學(과학)에 의하여 解剖(해부)되었다고 할 수 있다. 그리고, 今後(금후)의 問題(문제)는 能造四大(능조사대)(心(심))를 哲學(철학)을 통하여 究明(구명)하고, 眞俗(진속)을 打破(타파)케 할지니, 衆生(중생)으로 하여금 먼저 乾慧地(건혜지)에 오르게 하여 大悟(대오)의 基礎(기초)를 쌓게 할 必要(필요)가 있다. 그리고 科學(과학)의 範疇(범주)를 擴大(확대)하지 않으면, 現代(현대)에 있어서 求(구)하는 바 原子核(원자핵)의 本質(본질)은 發見(발견)하기 어렵다. 그것은 佛說(불설)의 金塵(금진)에 該當(해당)하며, 天眼(천안)에

依(의)해서만 비로소 發見(발견)될 수 있기 때문이다. 이 金塵(금진)을 零點(영점)으로 하고, 그 이상을 形而上(형이상), 이하를 形而下(형이하)라고 하면, 色卽是空 空卽是色(색즉시공 공즉시색) 이 如實(여실)히 證明(증명)되어 元來(원래)·둘이 아닌 事實(사실)이 明白(명백)해진다…」고 喝破(갈파)하였다.

그런데, 이러한 貴重(귀중)한 獨創的(독창적)인 著述(저술)들이 主(주)로 自證(자증)된 眞如緣起(진여연기)의 境界(경계)를 簡潔(간결)하게 提示(제시)한 壓縮(압축)된 文章(문장)일 뿐 아니라, 宗敎(종교)와 哲學(철학)과 科學(과학)을 渾然(혼연)히 網羅(망라)한 雄篇(웅편)이기 때문에 後學人(후학인)에 있어서도 이를 吟味(음미)하기 위해서는 반드시 眞摯(진지)한 求道人(구도인)의 立場(입장)에서 三昧(삼매)를 통한 直觀實證(직관실증)의 硏鑽(연찬)이 있어야 할 것이다. 바야흐로 不信(불신)과 不安(불안)과 破滅(파멸)의 歷史的危機(역사적위기)에 處(처)한 現代的(현대적) 狀況(상황)에 있어서 幸(행)히 和尙(화상)의 著述(저술)이 人類(인류)의 無明(무명)과 反目(반목)을 超克(초극)하여, 常樂我淨(상락아정)한 새 世代(세대) 建設(건설)의 드높은

里程標(이정표)가 되고, 夢寐(몽매)에도 사무친 祖國(조국)의 平和統一(평화통일)을 위한 眞正(진정)한 指導原理(지도원리)가 될 수 있다면, 어찌 다만 佛教人(불교인)의 修道法門(수도법문)에만 그치고 말 것인가?

그리고, 和尙(화상)의 著作(저작) 또는 撰述(찬술)들이 모두 한결같이 金剛三昧(금강삼매)에 입각한 金口敍述(금구서술)임을 因緣(인연)하여, 和尙(화상)의 遺稿(유고)를 한데 모아 金剛心論(금강심론)이라 表題(표제)하여 上梓(상재)하기로 하였으며, 本文(본문)에 보이는 難解(난해)한 文章(문장)이나 佛敎述語(불교술어)를 보다 平易(평이)하게 註解(주해)하여 編述(편술)하려 하였으나, 原著(원저)의 本義(본의)를 이어칠까 저어하여 後日(후일)로 미루고, 于先(우선) 原文(원문) 그대로 내는 것을 원칙으로 하였다.

끝으로, 이번 刊行佛事(간행불사)에 同參(동참)하여 주신 여러 佛子(불자)님들께 衷心(충심)으로 感謝(감사)의 合掌(합장)을 드리는 바이다.

南無阿彌陀佛 南無觀世音菩薩
<sub>나무아미타불 나무관세음보살</sub>

佛紀 二五三六年 壬申 二月 望日

桐裏山 泰安寺 金剛禪院에서

後學 淸 華 合掌

## 일러두기

一、第一篇「一人傳에 一人度」는 文字 그대로 이 法門을 傳하고 받는 사람마다 반드시 濟度한다는 著者의 大確信과 誓願이 넘쳐 흐르고 있음을 感得하고 남음이 있다.

第一章에서、般若心經의 獨特한 解說로써 먼저 諸法皆空의 理를 力說하여 先悟後修의 正見을 闡明하고, 第二章 一節의「阿彌陀佛」에서는「菩提方便門」의 實相念佛禪으로써、定慧均等과 自力他力 兼修의 念佛禪을 提唱하여 이 修法이 바로 成佛의 彼岸에 이르는 捷徑임을 强調하였으며、四節의「五智如來」에서는 佛性의 體性을 徹底히 究明하였는데 其他 各節마다 時代性에 相應한

著者의 獨創的인 敎說은 다른 佛書에서는 찾아 볼 수 없는 珍貴한 法門임을 否認할 수 없다.

二, 第二篇 「解脫十六地」는 佛祖의 經論에서 밝히신 바 成佛의 階梯를 菩薩十地를 根幹으로 하여 對比 會通한 修行過程의 體系로서, 무릇 修行의 方法·階梯도 모르고 暗中摸索하는 暗證禪이나, 또는 實修를 疎忽히 하고 經論의 文字만을 涉獵하여 悟得然하는 文字禪이나, 혹은 未證을 證으로 하고 未悟를 悟로 하는 野狐禪의 增上慢 等을 물리치고, 스스로 法師가 되어 究竟 成就할 수 있는, 現代 科學時代에 時期適應한 頓悟漸修의 敎說이다.

三, 第三篇 「首楞嚴三昧圖訣」은 佛性의 象徵圖인 首楞嚴三昧圖를 了解케 하기 爲하여 佛祖의 名句文을 原文 또는 撰文으로써 引證

解說하였는데、 各節마다 그 末尾에는 著者 特有한 斬釘截鐵의 簡潔한 會通의 結語가 빛나고 있음을 看過할 수가 없다. 特히、 釋尊께서 成道時와 涅槃時에 몸소 體現하시고、 또한 三乘聖者가 다 한결같이 共修한다는、 根本禪인 四禪定과 滅盡定의 必修를 力說함은、 現下 佛敎界가 解悟만을 能事로 하는 無氣力한 風土임을 감안할 때、 定解脫을 위한 不可缺한 修道 法門임을 切感케 한다. 그리고、和尙께서 上篇만을 脫稿하고 入寂하심은 참으로 遺憾된 일이 아닐 수 없다.

四、第四篇「宇宙의 本質과 形量」은 日本語로 된 原文을、 山僧이 編譯하여 單行本으로 發刊한 바도 있었는데、 이제 和尙의 遺稿를 「金剛心論」으로써 網羅하는 계제에 한데 收錄하기로 하였으며、

序文(서문) 또는 本篇(본편)의 머리말에서 若干(약간)의 解題(해제)를 곁들였기에 여기에는 省略(생략)하기로 한다.

# 目次

- 五智總觀圖 …… 三
- 釋迦如來像 …… 四
- 釋尊六年苦行像 …… 五
- 觀世音菩薩像 …… 六
- 達磨大師像 …… 七
- 故金陀和尙遺影 …… 八
- 故金陀和尙親筆 …… 九
- 觀音文字 表記部分 …… 十三
- 金剛心論 讀後書信 …… 十四

머리말 ················· 十九

일러두기 ················· 二七

## 第一編 一人傳에 一人度

### 第一章 般若波羅蜜多心經의 讀解 ················· 四九
<sub>반야바라밀다심경</sub> <sub>독해</sub>

### 第二章 菩提方便門 ················· 六一
<sub>보리방편문</sub>

第一節 阿彌陀佛 ················· 六一
<sub>아미타불</sub>

第二節 因圓果滿 ················· 六二
<sub>인원과만</sub>

第三節 三身了別 ················· 六三
<sub>삼신요별</sub>

第四節 五智如來 ················· 六五
<sub>오지여래</sub>

第五節　妙有現象(묘유현상)……六七

第六節　析空觀(석공관)……七〇

第七節　色卽是空 空卽是色(색즉시공 공즉시색)……七三

第八節　阿耨菩提의 實相解(아누보리의 실상해)……七四

第九節　五輪成身觀(오륜성신관)……七七

第十節　金剛三昧頌(금강삼매송)……七八

第十一節　三輪但空頌(삼륜단공송)……八四

第十二節　觀音字輪頌(관음자륜송)……八九

第三章　觀音文字(관음문자)……九六

第一節　觀音文字 公布 趣旨文(관음문자 공포 취지문)……九六

第二節　父和音偈 母愛音偈(부화음게 모애음게)……九九

第三節　觀音字輪(관음자류)……………………一〇一

一、十七字母(십칠자모)……………………一〇一

二、字輪化의 基數字(자륜화 기수자)……………一〇一

三、八十七字輪(팔십칠자류)………………………一〇二

第四節　其數妙偈(기수묘게)………………………一〇四

第五節　文書往來(문서왕래)………………………一〇五

第四章　釋尊(석존) 一代(일대)의 梗概(경개)……一〇九

第一節　룸비니園(원)에서 誕生(탄생)……………一〇九

第二節　道(도)를 求(구)하사 仙林(선림)에 入(입)함……一一一

第三節　正覺(정각)을 大成(대성)함………………一一四

第四節　五十年(오십년) 敎化(교화)의 行脚(행각)……一一七

第五節　追想(추상)……一一〇

第五章　護法團(호법단) 四次(사차) 聲明書(성명서)……一二三

第六章　懸記(현기)……一二五

一、流通(유통)……一二五

二、思潮(사조)……一二五

三、政治(정치)……一二六

四、合流(합류)……一二六

五、主義(주의)……一二六

六、義務(의무)……一二七

第七章　卍德頌(만덕송)과 十如是(십여시)……一二八

## 第二篇　解脫十六地

- 初、三歸地(삼귀지) ……………………… 一三三
- 二、信願地(신원지) ……………………… 一三六
- 三、習忍地(습인지) ……………………… 一三六
- 四、加行地(가행지) ……………………… 一三七
- 五、金剛地(금강지) ……………………… 一三九
- 六、喜樂地(희락지) ……………………… 一四〇
- 七、離垢地(이구지) ……………………… 一四三
- 八、發光地(발광지) ……………………… 一四三
- 九、精進地(정진지) ……………………… 一四四

十、禪定地(선정지) ·················· 一四七
十一、現前地(현전지) ················ 一四七
十二、羅漢地(나한지) ················ 一四七
十三、支佛地(지불지) ················ 一四七
十四、菩薩地(보살지) ················ 一四八
十五、有餘地(유여지) ················ 一四八
十六、無餘地(무여지) ················ 一四八

第三篇　首楞嚴 三昧圖訣 上

※ 首楞嚴三昧圖의 縮圖 ·············· 一五三

第一章　首楞嚴(수릉엄) ·············· 一六四

第一節 一行과 一相〈일행일상〉……………………一六六
第二節 三昧〈삼매〉……………………一六八
第二章 般若波羅蜜〈반야바라밀〉
　第一節 般若〈반야〉……………………一七〇
　第二節 波羅蜜〈바라밀〉……………………一七一
　第三節 十波羅蜜과 菩薩十地〈십바라밀 보살십지〉……………………一七三
　第四節 十地의 廢立〈십지폐립〉……………………一七五
　第五節 三毒六賊〈삼독육적〉……………………一七七
第三章 四諦〈사체〉……………………一七九
　第一節 八正道〈팔정도〉……………………一八〇
　第二節 十二因緣法〈십이인연법〉……………………一八二

第三節　六趣(途)……………………一八六

第四章　金剛三昧
　第一節　獅子吼三昧…………………一八九
　第二節　四輪……………………………一九二
　第三節　析空觀…………………………一九五
　第四節　四相……………………………一九六
　第五節　金剛界五部……………………一九九
　第六節　五佛座…………………………二〇〇
　第七節　五智……………………………二〇二

第五章　佛性……………………………二〇六
　第一節　三因佛性과　五佛性…………二〇七

第二節　佛性戒(불성계) ……………………………………………二〇八

第六章　三身(삼신)과 四土(사토)

第一節　法身의 體性(법신체성) ……………………………………二一〇

第二節　四種의 五法身(사종오법신) ………………………………二一三

第三節　法身의 無相과 有相(법신무상유상) ……………………二一五

第四節　法身說法(법신설법) ………………………………………二一八

第七章　本迹二門(본적이문)

第一節　迹門十妙(적문십묘) ………………………………………二二〇

第二節　境(경) ………………………………………………………二二二

第三節　本門十妙(본문십묘) ………………………………………二二五

第四節　本迹相攝(본적상섭) ………………………………………二二八

## 第八章 十不二門(십불이문) ································· 二三四

第一節 十無碍(십무애) ······································· 二三七

第二節 十無盡藏(십무진장) ·································· 二四○

第三節 地藏十輪(지장십륜) ·································· 二四三

第四節 十玄門(십현문) ······································· 二四四

第五節 玄門無碍十因(현문무애십인) ························· 二四九

第六節 十無二(십무이) ······································· 二五一

第七節 十無依行(십무의행) ·································· 二五三

## 第九章 法界(법계) ············································ 二五四

第一節 四種法界와 入法界의 三觀(사종법계 입법계 삼관) ··· 二五五

第二節 十法界와 九界(십법계 구계) ·························· 二五七

第十章 十身<sup>십신</sup> ··································································· 二六一

第十一章 眞如<sup>진여</sup> ································································· 二六六

　第一節 三眞如<sup>삼진여</sup>와 七眞如<sup>칠진여</sup> ···································· 二六九

　第二節 菩薩十地 所得의 十眞如<sup>보살십지 소득 십진여</sup> ·············· 二七〇

第十二章 忍<sup>인</sup> ·································································· 二七四

　第一節 三忍<sup>삼인</sup>과 四忍<sup>사인</sup> ·············································· 二七五

　第二節 五忍<sup>오인</sup>과 十三觀門<sup>십삼관문</sup> ···································· 二七七

　第三節 十忍<sup>십인</sup>과 十四忍<sup>십사인</sup> ········································· 二八〇

第十三章 五十六位<sup>오십육위</sup>와 四滿成佛<sup>사만성불</sup> ······················· 二八三

　第一節 加行<sup>가행</sup>의 四善根<sup>사선근</sup> ········································· 二八六

　第二節 十信<sup>십신</sup> ······························································ 二八七

| | |
|---|---|
| 第三節 十住<sup>십주</sup> | 二八九 |
| 第四節 十行<sup>십행</sup> | 二九一 |
| 第五節 十地心<sup>십지심</sup> | 二九三 |
| 第六節 十廻向과 等妙<sup>십회향 등묘</sup> | 二九三 |
| 第十四章 三界<sup>삼계</sup> | 二九六 |
| 第一節 四禪定<sup>사선정</sup> | 二九九 |
| 第二節 滅盡定<sup>멸진정</sup> | 三〇二 |
| 第三節 兜率內院<sup>도솔내원</sup> | 三〇五 |
| 第十五章 須彌山<sup>수미산</sup> | 三〇八 |
| 第一節 須彌四層級<sup>수미사층급</sup> | 三〇九 |
| 第二節 地獄<sup>지옥</sup> | 三一一 |

第三節 四洲地獄(사주지옥)………三一三

第四節 轉法輪(전법륜)의 輪王曼茶羅(윤왕만다라) 四輪(사륜)………三一四

第十六章 曼茶羅(만다라)………三一六

## 第四篇 宇宙의 本質과 形量………三二一

# 第一篇
## 一人傳에 一人度
일인전에 일인도

## 第一章 般若波羅蜜多心經의 讀解

(心經은) 本師 釋迦牟尼佛께서 舍利子에 對하신 修道法門이니라

經文만의 素讀이 一이오

二에 懸吐의 音讀과

三에 訓讀이라

四에 略解의 解讀만으로 了知하고

五에 第二(懸吐의 音讀)와 第四(略解의 解讀)로 並讀하다가

六에 第三(訓讀)과 第四(解讀)로 合讀하니

七에 意讀만으로 終하야

八에 이를 悉皆 義釋할지라
<sub>팔</sub> <sub>실개 의석</sub>

九에 觀解로 照了하고
<sub>구</sub> <sub>관해 조료</sub>

十에 默照할새
<sub>십</sub> <sub>묵조</sub>

如實信의 信滿으로써 法에 住하야 如實解의 解滿으로써 實行하고
<sub>여실신 신만</sub> <sub>법주</sub> <sub>여실해 해만</sub> <sub>실행</sub>

如實修行의 行滿으로써 實證하되 身證心悟의 證滿으로 成佛할진져
<sub>여실수행 행만</sub> <sub>실증</sub> <sub>신증심오 증만</sub> <sub>성불</sub>

## 般若心經의 原文(玄奘法師詔譯)

般若波羅蜜多心經 觀自在菩薩 行深般若波羅蜜多時 照見五蘊皆空

度一切苦厄 舍利子 色不異空 空不異色 色卽是空 空卽是色 受想行識

亦復如是 舍利子 是諸法空相 不生不滅 不垢不淨 不增不減 是故 空中

無色 無受想行識 無眼耳鼻舌身意 無色聲香味觸法 無眼界乃至無意識

界 無無明 亦無無明盡 乃至無老死 亦無老死盡 無苦集滅道 無智 亦無

得 以無所得故 菩提薩埵 依般若波羅蜜多故 心無罣碍 無罣碍故 無有

恐怖 遠離顚倒夢想 究竟涅槃 三世諸佛 依般若波羅蜜多故 得阿耨多羅

三藐三菩提 故知般若波羅蜜多 是大神呪 是大明呪 是無上呪 是無等等

呪 能除一切苦 眞實不虛 故說般若波羅蜜多呪 卽說呪曰 揭帝揭帝波羅

揭帝波羅僧揭帝菩提娑婆訶

## 般若心經의 懸吐

(般若波羅蜜多心經) 觀自在의 菩薩이 行深般若波羅蜜多時에 照見

五蘊皆空하야 度一切苦厄이니

舍利子야 色不異空이오 空不異色일새 色即是空이오 空即是色이라

受想行識도 亦復如是니

舍利子야 是諸法空의 相이 不生不滅이며 不垢不淨이며 不增不減일

새 是故로 空中에 無色이라 無受想行識이니 無眼耳鼻舌身意요 無色聲

香味觸法이오 無眼界요 乃至無意識界일새 無無明이라 亦無無明盡이

며 乃至無老死라 亦無老死盡이며 無苦集滅道니 無智라 亦無得하야

以無所得일새 故로

菩提薩埵ㅣ 依般若波羅蜜多니 故로 心無罣碍요 無罣碍故로 無有恐
怖라 遠離顚倒夢想하고 究竟涅槃하나니
三世諸佛도 依般若波羅蜜多故로 得阿耨多羅三藐三菩提시니라
故知하라 般若波羅蜜多가 是大神呪며 是大明呪며 是無上呪며 是無
等等呪니 能除一切苦요 眞實不虛라
故로 說般若波羅蜜多呪일새 卽說呪曰
揭帝揭帝 波羅揭帝 波羅僧揭
帝菩提娑婆訶라시니라

般若心經의 略解

(心經 현토)

## 序分 第一

三身 四智에 萬德을 具備한 一大人의 大自在境을

觀自在의 菩薩이
行深般若波羅蜜多
時에
照見五蘊皆空하야
度一切苦厄이니
舍利子야 色不異空
이오 空不異色일

觀察하는 菩薩이
深密의 正智로써 彼岸에 到하는 法을 修行할 時에
먼저 妄情으로 임의 分別하든 色法인 色蘊과 心
法인 受想行識의 四蘊은 일즉히 假相假名으로서 名
相이 本空일새 五蘊의 皆空함을 照見하야
生老病死의 四苦를 主로 한 一切苦厄의 苦海를
渡하나니

正宗分第二

舍利子야 色이란 空性의 如如相으로서 色體가 別
有함이 않이오 空體의 幻華일새 色이 空과 不異하

새 色卽是空이오 空卽是色이라 受想行識도 亦復如是니 舍利子야 是諸法空의 相이 不生不滅이며 不垢不淨이며 不增不減일새 是故로 空中에 無色이라 無受想行識이니

고 空이 色과 不異하야 空 그대로 色이오 色 그대로 空이라 舍利子야 이러한 五蘊(色受想行識)의 諸法이 本空한 實相은 元來 生하였음이 않이니 滅하지 못하고 染垢하지 않았으니 洗淨하지 못하고 欠縮없이 圓滿하니 增減하지 못할지라 그럼으로 諸法空의 實相엔 色이란 假相도 無하고 受想行識이란 假名도 無하야 無明이란 假相假名의 總代名詞로서 根本無明(色受想行識)이 無하니

金剛心論 56

無眼耳鼻舌身意요
無色聲香味觸法이
오
無眼界요 乃至
意識界일새
無無明이라 亦無
明盡이며
乃至無老死라 亦無
老死盡이며
無苦集滅道니

六根(眼耳鼻舌身意)도 無하고
枝末無明(六根)이 無하니 六塵(色聲香味觸法)도 無
하며
이미 根塵(六根六塵)이 無하니 前五識의 所知境界
(眼識界·耳識界·鼻識界·舌識界·身識界)도 無하고 能智의
意識界도 無하야
無明이란 都是本無할새 無明의 盡할 것도 無하
며
따라 行·識·名色·六處·觸·受·愛·取·有·
生도 無할새 乃至 老死의 盡할 것도 無하며
이와 같이 三世의 苦果와 그 集因을 밝히신 十二

支(지)의 因緣法(인연법)이란 곧 五蘊法(오온법)에 基(기)한 者(자)로서 實相(실상)에

無智(무지)라 亦無得(역무득)하야

以無所得(이무소득)일새 故(고)로

菩提薩埵(보제살타)는

依般若波羅蜜多(의반야바라밀다)니

故(고)로

本無(본무)할새 修道證滅(수도증멸)할 것도 無(무)하니

已上(이상) 五蘊法(오온법)의 凡夫智(범부시)와 十二因緣法(십이인연법)의 緣覺智(연각지)와 四諦法(사체법)의 聲聞智(성문지) 等(등) 一切(일체) 有爲法(유위법)의 有漏智(유루지)란 夢幻泡影(몽환포영)을 計執(계집)함과 如(여)하야 皆是(개시) 虛妄(허망)일새 一切(일체) 有漏(유루)의 智(지)가 無(무)하고 따라서 有漏(유루)의 得(득)도 無(무)하며 生死有漏(생사유루)를 得(득)할 바가 無(무)함으로

諸相(제상)의 無明雲(무명운)을 開(개)하고 非相(비상)의 佛性日(불성일)을 見(견)하는 開士(개사)는

無爲法(무위법)의 無漏智(무루지)로써 涅槃岸(열반안)에 到(도)하는 法(법)에 依(의)함

으로

心無罣碍요 無罣碍

故로 無有恐怖라

遠離顚倒夢想하고

究竟涅槃하나니

三世諸佛도 依般若

波羅蜜多故로 得阿

耨多羅三藐三菩提

시니라

## 流通分 第三

故知하라 般若波羅

蜜多가 是大神呪며

心<sub>심</sub>에 有漏<sub>유루</sub>의 罣碍<sub>패애</sub>가 無하고 罣碍<sub>패애</sub>가 無함으로 無<sub>무</sub>

明心<sub>명심</sub>의 極端<sub>극단</sub>인 死厄<sub>사액</sub>의 恐怖<sub>공포</sub>가 無해짐에 따라 一切<sub>일체</sub>

의 顚倒夢想<sub>전도몽상</sub>을 遠離하고 涅槃<sub>열반</sub>에 究竟<sub>구경</sub>하나니

三世諸佛<sub>삼세제불</sub>도 如此<sub>여차</sub> 修行<sub>수행</sub>하야 無上菩提<sub>무상보리</sub>를 證得<sub>증득</sub>하시

나니라

故<sub>고</sub>로 알아라 般若波羅蜜多<sub>반야바라밀다</sub>가 究竟覺<sub>구경각</sub>까지 成就<sub>성취</sub>하

는 妙不可思議<sub>묘불가사의</sub>의 大總相法門<sub>대총상법문</sub>이며

是大明呪이며

是無上呪이며

三明과 六通이 生하는 大方便이며
<sub>삼명 육통 생 대방편</sub>

八萬藏經을 讀破하고 千七百公案을 立證함보다
<sub>팔만장경 독파 천칠백공안 입증</sub>

是無等等呪니
<sub></sub>

能除一切苦요

眞實不虛라

故로 說般若波羅蜜

多呪일새

卽說呪曰

勝한 法이며
<sub>승 법</sub>

最上無比의 總持니
<sub>최상무비 총지</sub>

以上 그대로의 解義修行이 堅固하면 多羅尼神通
<sub>이상 해의수행 견고 다라니신통</sub>

藏에 住할새 諸魔가 不侵이오
<sub>장 주 제마 불침</sub>

一切의 虛妄相을 離한 實相의 智慧라
<sub>일체 허망상 이 실상 지혜</sub>

故로 이의 實相智인 般若로써 到彼岸하는 約法을
<sub>고 실상지 반야 도피안 약법</sub>

重說할새
<sub>중설</sub>

根塵識의 諸惑을 斷하고 寂滅을 證하니 度無極의
<sub>근진식 제혹 단 적멸 증 도무극</sub>

곧 般若波羅蜜多의 話頭요 公案이라 이를 더욱
<sub>반야바라밀다 화두 공안</sub>

短縮하야 總括하면
　　단축　　총괄

揭帝揭帝波羅揭帝
아제 아제 바라아제

波羅僧揭帝菩提娑
바라승아제 보디 사

婆訶
바하

揭帝 揭帝 波羅揭帝 波羅僧揭帝 菩提 娑婆訶라시

니 般若波羅蜜多呪 그대로 般若波羅蜜多의 因이 되
반야바라밀다주　　　　반야바라밀다

고 果가 됨을 了知할지라
　　과　　　　요지

蓋明心而 見性이오 見性而 悟道일새 先修後悟란 修는 迷修요 先悟
개명심이　견성　　　　견성이오 도　　　선수후오　　　수　　미수　　선오

後修란 修는 悟修니 修法에 있언 講經이나 誦呪나 參禪이나 觀法이
후수　　수　　오수　　수법　　　　　강경　　　송주　　참선　　관법

나 그의 方法은 多少 差異가 有하지만 迷·悟의 境은 一也요 證이란
　　　　방법　　다소 차이　 유　　　　미 오　　경　 일야　 증

身證이며 悟란 心悟일새 身證心悟를 證悟라 云하나니라
신증　　　오　　심오　　　신증심오　　증오　　운

　　甲申 春
　　갑신 춘

　　　　　碧山閒人 撰
　　　　　벽산한인　찬

## 第二章 菩提방편문(菩提方便門)

이의 菩提(보리)란 覺(각)의 義(의)로서 菩提方便門(보리방편문)은 見性悟道(견성오도)의 方便(방편)이라 定慧(정혜)

### 第一節(제일절) 一境(일경)에 住(주)하는 妙訣(묘결)이니 熟讀了義(숙독요의)한 後(후) 寂靜(적정)에 處(처)하고

第一節(제일절)만 寫(사)하야 端坐正視(단좌정시)의 壁面(벽면)에 付(부)하야써 觀而念之(관이염지)하되 觀(관)의

一相三昧(일상삼매)로 見性(견성)하고 念(염)의 一行三昧(일행삼매)로 悟道(오도)함

### 第一節(제일절) 阿彌陀佛(아미타불)

心(심)은 虛空(허공)과 等(등)할새 片雲隻影(편운척영)이 無(무)한 廣大無邊(광대무변)의 虛空的(허공적) 心界(심계)를

觀(관)하면서 淸淨法身(청정법신)인달하야 毘盧遮那佛(비로자나불)을 念(염)하고 此(차) 虛空的(허공적) 心界(심계)에

超日月의 金色光明을 帶한 無垢의 淨水가 充滿한 海象的 性海를 觀하면서 圓滿報身인달하야 盧舍那佛을 念하고 內로 念起念滅의 無色 衆生과 外로 日月星宿 山河大地 森羅萬象의 無情衆生과 人畜乃至 蠢動含靈의 有情衆生과의 一切衆生을 性海無風 金波自涌인 海中漚로 觀하면서 千百億化身인달하야 釋迦牟尼佛을 念하고 다시 彼 無量無邊의 淸空心界와 淨滿性海와 漚相衆生을 空·性·相·一如의 一合相으로 通觀하면서 三身一佛인달하야 阿(化)彌(報)陀(法)佛을 常念하고 內外生滅相인 無數衆生의 無常諸行을 心隨萬境轉인달하야 彌陀의 一大行相으로 思惟觀察할지니라

第二節 因圓果滿

如斯히 間斷없이 專心全力하야 觀而念之하면 習忍(修習安忍)이 生

하면서 相似覺(상사각)을 成就(성취)하는 동시에 明得定(명득정)과 明增定(명증정)의 性忍位(성인위)인 性地(성지)를 거쳐 印順定(인순정)에서 비로소 道種忍(도종인)이 生(생)하고 純一無雜(순일무잡)의 一心支(일심지)인 無間定(무간정)에 入(입)하매 心(심)이 明鏡止水(명경지수)와 如(여)할지라

오직 加行功德(가행공덕)으로써 假觀的(가관적) 一相三昧(일상삼매)에서 見性的(견성석) 實相三昧(실상삼매)에 念(염)

修的(수적) 一行三昧(일행삼매)에서 證道的(증도적) 普賢三昧(보현삼매)에 如此(여차)히 觀念(관념)에서 實證(실증)에로 思

惟修得(유수득)하나니 於是乎(어시호) 身證心悟(신증심오)로써 正覺(정각) 初步(초보)의 信忍(신인)을 成就(성취)하고 順

忍(인)으로써 金剛喩定(금강유정)에 住(주)하야 修者(수자)의 願力(원력)에 따라 隨分覺(수분각)으로써 無生

忍(인)을 거쳐 寂滅忍(적멸인) 究竟覺(구경각)에 達(달)하는 것이 本覺境地(본각경지)인 涅槃岸(열반안)에 到

하는 捷徑(첩경)이니 勤策衆(근책중)은 如是觀(여시관)으로써 如是果(여시과)를 證(증)할진져

## 第三節 三身了別(삼신요별)

法身(법신)이란 自性淸淨心(자성청정심)인 體大(체대)요 眞(진)이며 報身(보신)이란 圓融無碍智(원융무애지)인 相(상)

大要 如며 化身이란 隨緣不變識인 用大요 如如니 一者 淨識이오 二

者 染識으로서 染識이란 隨緣眞如요 淨識이란 不變眞如라

二名인 一眞如가 隨緣如染하되 不變如淨하야 如染如淨인 如如相의

如性이 곧 眞空인지라 非一非二 亦非三이나 眞(法)如(報)가 三界六

途(化)에서 隨緣異熟할새 名이 染識受用의 凡夫요 衆生이며 隨緣異熟

하되 眞性不變일새 名이 淨識受用의 聖人이오 佛이니

隨緣邊의 染이오 不變邊의 淨으로서 淨染如如의 如如相이 化身이

오 淨如染如의 一如性이 報身이며 性相의 本空境地가 法身이라 法身

邊은 虛空과 如하고 報身邊은 滿海와 如하고 化身邊은 海中漚와 如

하나 實相은 非空非有요 眞佛은 亦非三身이니 修者는 實義를 了解하

고 言文은 放棄할지어다

## 第四節 五智如來

毘盧遮那를 光明遍照, 盧舍那를 淨滿 그리고 釋迦牟尼佛을 能仁寂默覺이라 譯하니 能仁의 良心을 가지고 寂靜에 處하야 身口意를 三緘한 후 淨滿의 性海를 見證하고 究竟覺을 成就함일새 自身이 곧 大日이라 心이 虛空과 等하야 其 體性이 無障無碍함으로 第一智名을 法界體性智라 云하고 其 無碍光明이 如日遍照함으로 佛號를 大日如來 곧 毘盧遮那佛이라 謂하는 바 器界日은 一小世界를 照明하되 有障有碍하나 心界日은 大千沙界를 遍照하되 無障無碍함으로 大日이라 稱하며

第二智名을 平等性智라 云하고 佛號를 不空如來라 謂하며 心이 虛空과 等하되 但空이 않이오 風性的 一氣가 等量平滿함으로

一氣平滿한 等虛空의 心界에 火性的 智光慧焰이 等量炯滿하야 明
緣不變性을 觀察할새 第三智名을 妙觀察智라 云하고 佛號를 彌陀如
暗이 無하되 能히 起滅을 示하는 沙界의 差別相을 通하야 眞如의 隨
來라 謂하며
無邊無量의 等虛空的 心界에 超日月의 金色光明을 帶한 水性的 識
水가 淨滿함으로 第四智名을 大圓鏡智라 云하고 佛號를 阿閦如來라
謂하며
彼 淨光의 地性的 金色에 主로 四寶色을 帶하였으니 寂體엔 風性
的 黑金色과 火性的 赤金色과 水性的 白金色과 地性的 黃金色이 純
一混和하야 紫磨金色의 一道光明이 常住不動하되 其 照用엔 四寶色
光明이 各其性能의 無量功德을 發揮하야 交徹炳煥할새 正午當陽의

摩尼보주(摩尼寶珠)가 휘황찬란(輝煌燦爛)하야 무수보광(無數寶光)이 무변혁요(無邊爀曜)함과 여(如)함으로 제오지(第五智)의 명을 성소작지(成所作智)라 云하고 불호(佛號)를 보생여래(寶生如來)라 謂하나니

제일지(第一智)는 법신(法身)의 총지(總智)요 第五智는 화신(化身)의 소지(所智)인 바 별지(別智)라 第二 第三 第四의 三智는 기타(其他)는 별지(別智)라 諸佛中 수반(首班)이오 미타(彌陀)의 묘관찰(妙觀察) 보신(報身)의 능지(能智)요 第五智는 화신(化身)의 소지(所智)인 바 별지(別智)라 하야 五智如來라 云하고 총칭(總稱)하야 阿彌陀佛이라 謂하니

지인(智印)인 일체여래지인(一切如來智印)의 원형(原形)이니 智印△印이 一切如來智印의 原型이니

아자(阿字)는 무(無)의 의(義)로서 화신(化身), 미자(彌字)는 만(滿)의 의(義)로서 보신(報身), 타자(陀字)는 법(法)의 의(義)로서 법신(法身)을 의미(意味)하야 본구삼신(本具三身)인 阿彌陀佛에 총해(總該)할새 법계체성(法界體性)

인(因) 일법신(一法身)에 평등성(平等性)으로 묘관찰(妙觀察)하는 대원경적(大圓鏡的) 능지보신(能智報身)과 성소작(成所作)의

소지화신(所智化身)을 겸(兼)하고 사지(四智)에 만덕(萬德)을 구(具)하니라

第五節 妙有現象 묘유현상

妙有의 極致를 隣虛라 稱하는 바 이는 色의 體用이 有함이 않이오 오직 慧로써 겨우 分析하야 更히 不可分의 究竟에 至한 者로서 眼見의 現量得이 않이오 慧眼의 所行일새 「正理論」엔 假의 極微라 云하고 「光記」엔 極微의 微라 名하야 色聚의 微에 對한 實의 極微라 云하고 十色(色聲香味觸의 五境과 眼耳鼻舌身의 五根)의 最極微分이라 謂하나 隣虛란 非空非色일새 色邊의 偏稱인 「極微」의 名을 附하기 不可하고 隣虛의 七倍인 色聚의 微야말로 十色의 最極微分이 和聚하야 비로소 色의 影子를 構成한 色의 原始요 究竟일새 진실로 極微라 名하기 可하나 此亦是 色의 體用이 有함이 않이오 眼見所得의 現量體가 않임므로 「正理論」엔 亦是 隣虛 同樣인 假의 極微라 云하야 實色이 않임을 論하였고 「光記」엔 隣虛가 實色

임(臨)에 對하야 이를 假(가)의 極微(극미)라 云하고 「俱舍論(구사론)」엔 八事俱生(팔사구생)하야 隨(수)

一不滅(일불멸)이라 論(논)하였는 바 色(색)이란 元來(원래) 假相(가상)으로서 色(색)의 實體(실체)가 別有(별유)

함이 않이오 水(수)에 對한 波(파) 그대로 水(수)일새

萬一 色(만일 색)의 實體(실체)를 究明(구명)할진댄 그의 究竟(구경)이 空相(공상)인 圓成實(원성실)의 一相(일상)

이라 色(색)이란 곧 實相(실상)의 陰的(음적) 妙有現象(묘유현상)으로서

隣虛(인허)란 妙有(묘유)의 極致(극치)인 非空非有(비공비유)의 境界(경계)라 慧眼所對(혜안소대)의 極致(극치)요 隣虛(인허)

의 七倍(칠배)인 極微(극미)란 色(색)의 原始(원시) 究竟(구경)일새 法眼所對(법안소대)의 極致(극치)요 極微(극미)

의 七倍(칠배)인 微塵(미진)이란 微(미)라고 單稱(단칭)함도 有(유)하니 이는 天眼所對(천안소대)의 極致(극치)요

微(미)의 七倍(칠배)인 金塵(금진)은 金中(금중)에서 往來(왕래)하되 無障無碍(무장무애)한 程度(정도)로서 肉

眼所對(안소대)의 極致(극치)니라

그리고 金塵(금진)의 七倍(칠배)를 水塵(수진), 水塵(수진)의 七倍(칠배)를 兎毛塵(토모진), 兎毛塵(토모진)의 七

倍를 羊毛塵, 羊毛塵의 七倍를 牛毛塵, 牛毛塵의 七倍를 隙遊塵 又하야 浮遊塵을 겨우 認得할 만한 程度인 塵埃의 單體를 名한 者로서 日光塵이라고 稱하니 日光塵은 壁間이나 窓隙을 通한 日光에 依하야 浮遊함을 겨우 認得할 만한 程度인 塵埃의 單體를 名한 者로서 곧 極微의 八十二萬三千五百四十三(七의 七乘冪數)倍에 當할새 이를 推하야 各位의 微量을 可히 想像할지나 微를 積하야 小에서 大로 增한다는 것이 아니라 要컨대 迷人에 있어 色陰의 銷却하는 程度를 示한 者로서 四相(我·人·衆生·壽者)을 破하기 爲한 析空觀을 成함에 足하니 修者는 이에 依하야 色卽是空 空卽是色을 了達한 後 般若波羅蜜多心經을 徹底하고 또 그와 같이 修行하야써 究竟成就의 便宜를 得하면 幸인져

第六節 析空觀

修者는 먼저 日月星宿 山河大地 森羅萬象과 人畜 乃至 蠢動含靈과

의 一切衆生을 餘地 없이 破壞하야 日光塵化하고 漸進하야써 隣虛인

百尺竿頭에서도 오히려 一步를 前進하야 眞空의 境界에 至할지니

行途中에 土雨와 같은 紅塵世界가 直觀되거든 色碍의 麁大한 障壁

을 突破하고 隙遊塵化한 境界인 줄 斟酌하고 黃昏天地가 夢想되거든

色陰이 牛毛塵化한 境界요 七色이 現前하거든 色陰이 羊毛塵化한 各

元素界인 줄 體得하고 月色과 같은 識光이 發하거든 色陰이 兎毛塵

化한 境界인 곧 煖法의 相이오 心月이 獨露하거든 色陰이 水塵化

한 欲界頂天의 境界로서 곧 頂法의 相이오 心月이 變하야 紫磨金色

體인 等日輪의 金剛輪이 現露하거든 將登正覺의 前兆인 金剛座인 줄

是認하고 黑夜에 白晝와 같이 智光이 發하거든 天眼이 生하야 阿耨

色을 直見하는 境界요 光明을 帶한 精細極微의 陽焰과 같은 境界가

現前하거든 色의 究竟인줄 自認할 따름이오 前後 境界를 不可向人說

이며 이에서 다시 普賢의 眞境을 吟味할진져

그리고 萬象을 隙遊塵化한 成分에서 牛毛塵化한 分子로 分子에서

羊毛塵化한 各 元素로 元素에서 다시 兎毛塵化한 電子로 水塵化한

陽核으로 이렇게 對照하야 假想인 原子核이란 곧 無間隔의 金塵인

金剛輪이니

元素以下 分子·成分·物體 이와같이 萬物 곧 日月星宿 山河大地

等 一切衆生이란 都是 歸空함을 體得하야 元素 以下 世界가 곧 虛空世

界인 虛空輪이오 電子가 곧 風輪이오 陽核이 곧 水輪이오 原子核이

란 곧 金輪(金塵인 金剛輪의 略稱)인 줄 體認한 후 佛敎의 器世界觀에

있어 虛空輪上에 風輪이 有하고 風輪上에 水輪이 有하고 水輪上에

金輪이 有하다는 四輪說을 立證하는 同時에 金輪과 水輪과의 界線이

佛說 水際에 當하야 須彌山의 下半이란 곧 水塵以下요 上半이란 곧

金塵 以上으로서 下半이 곧 欲界요 上半이 곧 上二界(色界·無色界)일

새 三界란 곧 色陰의 銷却하는 程度에 따라 區別된 것이니 一念에

三界를 超脫하여 如來家에 直到할지니라

第七節 色卽是空 空卽是色

色卽是空이라 諸法空의 實相을 證함엔 一相三昧로써 할지니 空卽是

色이라 無碍心의 無常行을 證함엔 一行三昧로써 諸法을 鎖에

譬하고 實相을 鐵에 喻함은 一相三昧를 修하는 一例요 無碍心을 摩

尼寶珠에 譬하고 無常行을 無量寶光에 喻함은 一行三昧를 修하는 一

例(예)일새 實相三昧(실상삼매)와 普賢三昧(보현삼매)란 各(각) 其(기) 果位(과위)인져

鋶(청)과 如(여)한 無明(무명)이오 鐵(철)과 如(여)한 實性(실성)일새 「證道歌(증도가)」의 所謂(소위) 無明(무명)의 實性(실성)이 卽(즉) 佛性(불성)이오 幻華(환화)인 寶光(보광)이오 空身(공신)인 寶珠(보주)일새 幻華(환화)의 空身(공신) 이 卽(즉) 法身(법신)이라 實相三昧(실상삼매)란 見性(견성)의 境地(경지)요 普賢三昧(보현삼매)란 證道(증도)의 境地(경지) 로서 依法修之(의법수지)에 行者(행자)必證(필증)이나 修者(수자)가 加行中(가행중) 如何(여하)한 善境(선경)에라도 着(착) 하면 惡化(악화)하고 如何(여하)한 惡境(악경)에라도 不着(불착)하면 無妨(무방)하니 「凡所有相(범소유상)이 皆是虛妄(개시허망)이니 若見諸相(약견제상)이 非相(비상)이면 卽見如來(즉견여래)니라」하신 四句偈(사구게)를 銘(명) 佩(패)할지니라

그리고 頓超(돈초)엔 次第(차제)가 無(무)하나 間超(간초) 又(우)는 漸修(점수)엔 次第(차제)가 不無(불무)하니 別途(별도)의 解脫十六地(해탈십육지)를 參考(참고)할진져

第八節(제팔절) 阿耨菩提(아누보리)의 實相解(실상해)

阿耨多羅三藐三菩提란 唯佛一人(오직 부처님만이 지니신)의 智慧를 名한 無上大道임을 示하야써 無上正遍道 又는 無上正遍智라 舊譯하고 無上正等正覺이라 新譯하야 그 智德만을 意譯하였을 뿐이오 그 智相의 解釋이 無함은 遺憾이니라

그러나 阿耨는 阿拏라고도 阿菟라고도 云하야 色界의 色法인 金塵 以上의 極微라고도 譯할새 「大日經疏」一에 「言小分者를 梵云阿耨이니 卽是 七微合成이라」云하야 眞空·隣虛·極微·微를 含蓄한 七微 合成의 金塵을 指稱함이니

곧 阿耨란 眞空의 體에 妙有의 四性과 四相을 具備한 金剛輪의 單體인 金塵 이상의 合稱을 意味한 阿耨色이람이오

多羅는 咀囉라고도 云하야 眼이라 眼瞳이라고도 譯할새 「蘇婆呼

『經』下에 多羅는 이에 妙目精이랐고 「不空羂索心呪王經」에 多羅는
周云 瞳子랐으며 「大日經疏」 五에 多羅는 是 眼義랐으니 阿耨多羅란
곧 凡夫의 眼見所得인 水塵 以下의 顯界가 本空한 地性의 最低層인
金剛輪 곧 金塵을 證見하는 修行人의 肉眼을 成就함에 따라 本格的
微의 阿耨色을 能見하는 天眼이 生하야 極微의 色究竟天에 坐할새
賴耶의 諸法을 妙觀察하는 法眼이 生하면서 大界의 隣虛 境界를 通
觀하는 慧眼이 生하고 一步를 前進하야 眞空圓明의 佛眼을 得하니
妙有의 一切法에 圓通하는 空眼의 妙目精이 是며
三藐三菩提란 三藐三佛陀라고 云하야 正遍知一切法이라 譯하니
곧 「智度論」 所說의 佛智인 一切種智가 是니라
然則 이에 阿耨多羅三藐三菩提의 實相을 解譯하야써 이를 略하면

五眼을 具備한 阿耨多羅의 一切種智라 又는 空眼인 妙目精의 正見인 正定의 正智람이 緊하니 智相의 解譯이 經論에 關한 바 아니니라

## 第九節 五輪成身觀

◯(空) ▽(風) △(火) ○(水) □(地) 이와 같은 五輪成身圖를 一輪으로 合作하야 ⊕으로 圖示할새 其 輪廓이 金剛鈴과 同一하니라

五輪觀이란 地·水·火·風·空의 五大로써 自在를 得하는 禪定의 名으로서 곧 五智如來를 成就하는 法인 바 前圖를 別觀의 對象으로 하고 後圖를 總觀의 對象으로 한 오니

「大日經疏」 十四에 「地輪正方 水輪圓 火輪三角 風輪半月形 最上虛空作一點이라」 云하였음에 依하야 後圖 中央의 圓心一點으로써 ◯의 團形을 代할새

一乘(일승)觀(관)의 一輪(일륜)에서 五輪(오륜)을 別觀(별관)할 수 있고 또 五輪(오륜)이 卽(즉) 一輪(일륜)이라

一乘(일승)의 理(리)를 總觀(총관)할 수 있는 同時(동시)에 五智如來(오지여래)를 五方(오방) 五佛(오불)로 配(배)

할 배 않니라 곧 無方(무방) 一佛(일불)임을 體驗(체험)할 수 있으니 修者(수자)는 마땅히 이

를 理會(리회)하야 自身(자신)이 五智(오지)로 正覺(정각)을 成就(성취)할진져

그리고 別途(별도)의 「首楞嚴三昧圖訣(수릉엄삼매도결)」을 涉獵(섭렵)하야써 別葉(별엽)의 首楞嚴三昧(수릉엄삼매)

圖(도)를 會得(회득)하고 이를 恒觀常念(항관상념)하야 究竟成就(구경성취)의 便宜(편의)를 得(득)할지니라

癸未(계미) 冬(동)

碧山閒人(벽산한인) 撰(찬)

第十節(제십절) 金剛三昧頌(금강삼매송)

(到彼岸(도피안)의 百十城數(백십성수)로 結句(결구)함)

一切(일체)의 諸菩薩(제보살)들이 將次(장차) 正覺(정각)에 登(등)할새

위로 地際(지제)를 窮하고 　　　아래로 金輪(금륜)에 據한

周圍(주위)가 百餘步(백여보)라신 　　　金剛(금강)을 座한다시니

登正覺者(등정각자)의 坐處(좌처)라 　　　亦云道場(역운도량)이라시고

初修(초수)의 小乘菩提(소승보리)나 　　　中修(중수)의 中乘菩提(중승보리)나

後修(후수)의 大乘菩提(대승보리)나 　　　三乘聖者(삼승성자) 末後心(말후심)이

金剛三昧(금강삼매)라 섰으니 　　　座(좌)란 立脚(입각)의 見處(견처)요

三昧(삼매)란 곧 正思惟(정사유)라 　　　見金剛(견금강)에 立脚(입각)하야

道理(도리)를 思惟(사유)하라신 　　　佛世尊(불세존)의 敎勅(교칙)일다

心生滅(심생멸)이 滅已(멸이)하면 　　　寂滅爲樂(적멸위락)이라심을

心(심)에 銘佩(명패)하얏다가 　　　寂靜心適處(적정심적처)를 골라

心(심)을 一境(일경)에 住(주)하면 　　　生滅心(생멸심)이 滅(멸)해버린

寂滅(적멸)의 虛空(허공)中에서  妄(망)인 黑霧(흑무)(風)만일다가

一分(일분)의 開明(개명)을 得(득)한  所謂(소위) 明得定(명득정)이라는

煖法相(난법상)(火)을 얻은 뒤에  明增定相(명증정상)의 頂位(정위)인

秋天(추천)의 明月(명월)같고도  輕霧中(경무중)에 隱(은)한듯한

心月(심월)(水)이 現於前(현어전)하니  愛月三昧對象(애월삼매대상)이오

五相成身法(오상성신법)에 있어  一通達菩提心位(일통달보리심위)라

廣狹自在印順定(광협자재인순정)인  二修菩提心位(이수보리심위)에서

三成金剛心位(삼성금강심위)라는  無間定(무간정)에 들어갈새

入無間(입무간)의 刹那(찰나)에서  最貴(최귀)의 紫磨金色(자마금색)인

日輪(일륜)과 猶如(유여)하고도  寂寂寥寥(적적요요)한 寂光(적광)의

金剛輪(금강륜)(地)을 見證(견증)할새  動痒輕重冷煖澁滑(동양경중냉난삽활)

八觸들이 生하면서
  팔촉         생
善心柔軟境界相應
 선심유연경계상응
密의 金剛寶藏이라
 밀   금강보장
共乘의 第四見地니
 공승   제사견지
菩薩乘의 金剛座요
 보살승   금강좌
仰山與道吾和尙의
 앙산여도오화상
果上涅槃이 是이며
 과상열반    시
初修의 金剛三昧란
 초수  금강삼매
中修金剛輪三昧란
 중수금강륜삼매
後修如金剛三昧란
 후수여금강삼매
大乘菩薩의 菩提요
 대승보살   보리

空明定智喜樂解脫
 공명정지희락해탈
十功德들이 生하니
 십공덕    생
第四成金剛身位요
 제사성금강신위
中乘의 證寂滅地며
 중승  증적멸지
聲聞乘의 預流果라
 성문승  예류과
當代日初見性일새
 당대왈초견성
智者曰初見性일새
 지자왈초견성
自己個性의 菩提요
 자기개성   보리
一切衆生의 輪照요
 일체중생   윤조
金剛의 堅固함같은
 금강   견고
第五佛身圓滿位라
 제오불신원만위

前三位(전삼위)와 後二位(후이위)를 揀別(간별)하야 分齊(분제)하나

俗諦眞諦(속체진체)가 一如(일여)하며 內心空(내심공)과 外界空(외계공)이

圓通(원통)한 眞空中(진공중)에서 能造四大(능조사대)의 慧性(혜성)과

所造四大(소조사대)의 智相(지상)이 一圓球(일원구)가 되야 갖고

眞所謂金剛三昧(진소위금강삼매)라 心(심)과 物(물)이 一如(일여)하다

八角(팔각)의 金剛盤(금강반)에서 彼此(피차)없이 궁굴어야

空中(공중)에서 起風(기풍)하고 風上(풍상)에서 起火(기화)하고

火上(화상)에서 起水(기수)하고 水上(수상)에서 起地(기지)하니

內空(내공)에서의 能造(능조)요 ㆍ 金剛輪(금강륜)(原子核) 所造(소조)의 水輪(수륜)(陽核)은

三陰五陽七動(삼음오양칠동)이라 그의 七倍(칠배)인 風輪(풍륜)(電子)이

內含陰陽火性(내함음양화성)하야 動用(동용)이 自在(자재)함일새

虛空輪(元素以下)에 能轉하니 이 器世間이 대로가
外空인 虛空世界라 五輪成身禪慧圖의
方形(口)은 地性인 方所 圓形(○)은 識海(水)인 圓鏡
三角形(△)은 閃光的인 智火象相임과 同時
圓伊三點雛形이며 半月形(⊃)은 隣虛의 風
團形(◊)은 向空相이라 圓心一點으로 代코
五輪相을 綜合하여 이에 心印(卍) 新作하니
金剛鈴의 骨이 되고 字輪 또한 兼한지라
一乘觀의 對象일새 五輪別觀뿐않이라
五智總觀原圖이니 智者는 自證할진져

丁亥 元旦 碧山閒人 作

## 第十一節 三輪但空頌(삼륜단공송)
(煩惱(번뇌) 卽(즉) 菩提(보리)라 百八(백팔)로 結句(결구)함)

過去世(과거세)의 羅漢(나한)들이 現代科學家(현대과학가)로태나

비록俗世(속세)에處(처)하나 晝(주)나夜(야)를不撤(불철)하고

析空(석공)하는버릇이란 宿世(숙세)부터行業(행업)이라

모든物質(물질)破壞(파괴)하야 析空(석공)함에從事(종사)할새

萬象(만상)은곧物體(물체)이라 物體(물체)를成分化(성분화)하고

成分(성분)을 分子化(분자화)하야 物質組織(물질조직)을알고자

또元素(원소)로分析(분석)하니 科學體系(과학체계)가선지라

物理(물리)의原則(원칙)에따라 그法則(법칙)을立論(입론)하며

다시變則(변칙)을說明(설명)코 物理的(물리적)原則(원칙)인因果(인과)

化學的 變則인緣에 依存한 辯證으로써
物質不滅을 唱하야 科學萬能이 冠하자
몸에이른벌레에게 먹힌다는 獅子같이
科學大家의 中에서 科學自體論難하야
否認論을 提唱하고 斯界疑網解決할이
未久出現 斷言하며 析空家好奇心인지
元素다시 破壞할새 形迹조차 찾지못할
頑空의 世界였구나 根本元素가 空이라
物質世間이대로가 虛空世界 그대로다
다시이에 意外에도 電子陽核 發見되니
虛空輪上風輪世界 水輪世界이아닌가

原子核을 發見코자
原子核(원자핵) 發見(발견)

原子끼리 相撲하니
原子(원자) 相撲(상박)

威力만보일뿐으로
威力(위력)

兩元이 俱亡인지라
兩元(양원) 俱亡(구망)

어허風輪도空이요
風輪(풍륜) 空(공)

電子의 集合體로서
電子(전자) 集合體(집합체)

水輪도空일세그려
水輪(수륜) 空(공)

外宇水星群星霧와
外宇(외우) 水星群(수성군) 星霧(성무)

內宙中央의 太陽과
內宙(내주) 中央(중앙) 太陽(태양)

地卵의 軌道地帶를
地卵(지란) 軌道(궤도) 地帶(지대)

互引勢力의 中間인
互引勢力(호인세력) 中間(중간)

地卵을 引廻走하는
地卵(지란) 引廻走(인회주)

中心으로「코일」삼아
中心(중심)

地藏菩薩處胎事實
地藏菩薩(지장보살) 處胎(처태) 事實(사실)

風輪動力의 月弁곧
風輪動力(풍륜동력) 月弁(월변)

陽核의 集合體로서
陽核(양핵) 集合體(집합체)

化身母胎인 月이나
化身母胎(화신모태) 月(월)

家族같은 水星群과
家族(가족) 水星群(수성군)

化身母腹인 日球나
化身母腹(화신모복) 日球(일구)

火星群其他星宿들
火星群(화성군) 其他(기타) 星宿(성수)

어느家産什物이나
家産(가산) 什物(집물)

娑婆世界의 衆生은
娑婆世界(사바세계) 衆生(중생)

無非兩元의 果일새 　自然淘汰의 壞劫엔
威力만 남길 뿐임을 　現代人이 豫想한다
百八煩惱에 迎合한 　元素數가 皆空일새
因緣法도 實空이라 　이제는 回小向大할
時節因緣은 왔건만 　原子核만 發見되면
以土成金 夢想하나 　金輪이란 離欲漢의
淸淨眼에 限한지라 　이는 神通의 境界니
百八의 隨煩惱들을 　完全히 斷盡할진저
火星에 對하여서는 　往事라 母論커니와
其他星宿의 旅行도 　이 되풀이나 않을가
또 無色의 透明體인 　太陽日球에 對하야

外色發見코자하는 쓸데없는「spectrum 스펙트럼」도

莫取의 大禁物이니 七色은 地輪界內의

浮動된 雜色들이오 日球가 非光源이며

또는 熱源도아니라 地卵이 冷熱合成의

兩元으로되었을새 太陽水體를 對하면

電熱光이 自發하고 月弁火體를 對하면

陽冷光이 自發하여 地의 半徑을 延長한

地輪이란 界線 屈折全反射하거니

七曜어느 星宿든지 自己發光의 光量은

地輪같이 脫線不許 脫하면 虛空似漆임

世世生生의 小乘인 三輪의 但空을 떠나

金剛輪의 不但空인 大乘門에 들지어다.
금강륜    부단공      대승문

丁亥 人日 碧山閒人 作
정해 인일 벽산한인 작

## 第十二節 觀音字輪頌
관음자륜송

(百四十의 不共法數로 結句함)
 백사십    불공법수   결구

娑婆世界는 音聲佛事라
사바세계   음성불사

衆生의 音聲을 觀察하되
중생   음성   관찰

먼저 貪瞋痴를 鑑別하고
    탐진치   감별

引其性하야 導之할지니
인기성     도지

六無爲의 八十一思惑을
육무위   팔십일사혹

正音의 增補字數 八十七
정음   증보자수 팔십칠

觀音字輪이 對治함일새
관음자륜   대치

萬法이 根境而已인지라
만법   근경이이

心所有法이 四十六이니
심소유법   사십육

根音法數도 四十六이라
근음법수   사십육

眼耳鼻舌身意 六識音인
안이비설신의 육식음

ㅏㅑㅓㅕㅗㅛㅜㅠㅡㅣ가 始로서
                    시

迷悟間의 見聞이 一也라
미오간   견문   일야

眼耳主音이 各一씩이오
안이주음   각일

貪嗔痴의 鼻舌이 同할새 鼻舌主音이 各三씩이며

極微도 二十事俱成일새 身主音이 二十을 成하고

意主音의 依數가 六이라 互用音의 正數도 六이오

悟人分境이 四十一일새 正因境音도 四十一이라

一曰十一의 色境音이니 ㄱㄴㄷㄹㅁㅂㅅㅇㅈㅎ

ㅇ라 五根五塵에 無表요 五根이 對五塵의 貪音은

ㄱㄸㅃㅆㅉ 並音이며 ㅎ音이 根本의 嗔音이라

ㅊㅋㅌㅍ 四嗔音이 是요 色音의 半又間音이 痴니

ㅺㅼㅩㅄㅿㅇㅿㅇㄴㅿ 이라 八識數의 八痴音이 是며

그리고 五貪終音外에도 다시 七極返數重終音인

ㄹㄹㄻㄾㅀㄶㅎㅅ 들이오 歸一의 一並終音인 ㅇ라

뎅소리의 一條鐘聲(일조종성)이란  
衆生啓蒙(중생계몽)의 大方便(대방편)일새  
一音響(일음향)에 三身(삼신)을 兼(겸)하니  
音始直前(음시직전)과 音終直後(음종직후)엔  
虛空(허공)과 等(등)한 法身境(법신경)이오  
千萬律動(천만율동)은 化身境(화신경)이며  
始終(시종)을 通(통)함은 報身境(보신경)임  
먼저 法身境(법신경)에 安住(안주)하야  
報化(보화)의 境(경)을 揀別(간별)할지라  
延命十句觀音經(연명십구관음경)에 云曰(운왈)  
觀世音(관세음)하고 南無佛(나무불)하라  
本來(본래)부터 佛(불)과 因(인)이 있고  
佛(불)과 緣(연)이 있는 衆生(중생)일새  
佛法僧(불법승)에 緣(연)있는 것이 곧  
常樂我(상락아)의 淨緣四德(정연사덕)이니  
朝(조)로 觀世音(관세음)함을 念(염)하고  
暮(모)로 觀世音(관세음)함을 念(염)하면  
念(염)과 念(염)이 心(심)에서 起(기)하야  
念(염)과 念(염)이 不離心(불리심)하리라  
觀自在世音(관자재세음)의 菩薩(보살)이란  
自在世音(자재세음)을 能觀察(능관찰)하고  
無能所(무능소)하야 歸依佛(귀의불)이니

有能소능所면卽즉是시衆중生생일새
自자作작凡범夫부라生생佛불一일如여니
바로三삼寶보에 歸귀依의할지라
出출家가에 四사種종別별이 有유하니
心심身신의 俱구出출家가一일이오
心심出출家가身신不불出출家가二이며
身신出출家가心심不불出출家가三삼에
心심身신의 俱구不불出출家가四사라
百백十십句구의 金금剛강三삼昧매頌송은
먼저 見견惑혹을 斷단盡진한 後후에
思사惑혹을 斷단盡진할 準준備비일새
漸점修수의 位위數수가 五오十십五오라
各각位위의 入입出출이 各각有유하니
到도彼피岸안에 百백十십의 城성數수라
信신解해行행證증四사滿만成성佛불이오
百백八팔句구의 三삼輪륜但단空공頌송은
먼저 但단空공界계를 離리하라는
科과學학萬만能능時시代대警경策책이라
依의此차入입道도하면 多다幸행이오
本본文문의 觀관音음字자輪륜頌송이란
見견惑혹을 斷단한 後후得득智지로써
思사惑혹을 斷단하는 方방便편이라

唯<sub>유</sub>佛<sub>불</sub>一<sub>일</sub>人<sub>인</sub>이 獨<sub>독</sub>行<sub>행</sub>하시고 衆<sub>중</sub>生<sub>생</sub>과 不<sub>불</sub>共<sub>공</sub>行<sub>행</sub>하시는 法<sub>법</sub>

百<sub>백</sub>四<sub>사</sub>十<sub>십</sub>法<sub>법</sub>에 立<sub>입</sub>脚<sub>각</sub>하야써 衆<sub>중</sub>生<sub>생</sub>濟<sub>제</sub>度<sub>도</sub>의 方<sub>방</sub>便<sub>편</sub>인 同<sub>동</sub>時<sub>시</sub>

修<sub>수</sub>道<sub>도</sub>에 또한 必<sub>필</sub>要<sub>요</sub>하나니 衆<sub>중</sub>生<sub>생</sub>身<sub>신</sub>中<sub>중</sub>에 流<sub>유</sub>注<sub>주</sub>하면서

衆<sub>중</sub>生<sub>생</sub>身<sub>신</sub>에 染<sub>염</sub>汚<sub>오</sub>하지 않은 佛<sub>불</sub>性<sub>성</sub>곧 眞<sub>진</sub>實<sub>실</sub>我<sub>아</sub>인 自<sub>자</sub>我<sub>아</sub>가

世<sub>세</sub>間<sub>간</sub>自<sub>자</sub>在<sub>재</sub>音<sub>음</sub>을 觀<sub>관</sub>察<sub>찰</sub>하고 還<sub>환</sub>其<sub>기</sub>本<sub>본</sub>하는 것이 佛<sub>불</sub>이라

如<sub>여</sub>此<sub>차</sub>修<sub>수</sub>行<sub>행</sub>하야써 見<sub>견</sub>惑<sub>혹</sub>을 頓<sub>돈</sub>斷<sub>단</sub>하고 染<sub>염</sub>했든 思<sub>사</sub>惑<sub>혹</sub>을

漸<sub>점</sub>斷<sub>단</sub>하는 것이 修<sub>수</sub>道<sub>도</sub>일새 眼<sub>안</sub>耳<sub>이</sub>鼻<sub>비</sub>舌<sub>설</sub>身<sub>신</sub>意<sub>의</sub>六<sub>육</sub>無<sub>무</sub>爲<sub>위</sub>行<sub>행</sub>

前<sub>전</sub>五<sub>오</sub>三<sub>삼</sub>十<sub>십</sub>에 無<sub>무</sub>着<sub>착</sub>無<sub>무</sub>相<sub>상</sub>인 淸<sub>청</sub>淨<sub>정</sub>無<sub>무</sub>垢<sub>구</sub>의 三<sub>삼</sub>十<sub>십</sub>二<sub>이</sub>相<sub>상</sub>과

十<sub>십</sub>은 滿<sub>만</sub>數<sub>수</sub>라 染<sub>염</sub>識<sub>식</sub>의 淨<sub>정</sub>化<sub>화</sub> 圓<sub>원</sub>滿<sub>만</sub>인 八<sub>팔</sub>十<sub>십</sub>種<sub>종</sub>好<sub>호</sub>인지라

身<sub>신</sub>·緣<sub>연</sub>心<sub>심</sub>·智<sub>지</sub>의 四<sub>사</sub>가 淨<sub>정</sub>하야 法<sub>법</sub>力<sub>력</sub>이 滿<sub>만</sub>足<sub>족</sub>한 十<sub>십</sub>力<sub>력</sub>일새

說<sub>설</sub>盡<sub>진</sub>苦<sub>고</sub>道<sub>도</sub>說<sub>설</sub>障<sub>장</sub>道<sub>도</sub>漏<sub>루</sub>盡<sub>진</sub>의 一<sub>일</sub>切<sub>체</sub>智<sub>지</sub>인 四<sub>사</sub>無<sub>무</sub>畏<sub>외</sub>이시니

三業<sup>삼업</sup>不失<sup>불실</sup>防護<sup>방호</sup>三不護<sup>삼불호</sup>와
無謀<sup>무모</sup>로써 常不忘失<sup>상불망실</sup>일새
三念處<sup>삼념처</sup>로써 甲胄<sup>갑주</sup>를 삼아
不屈<sup>불굴</sup>의 大悲願力<sup>대비원력</sup>을 갖고
百四十數<sup>백사십수</sup>의 不共法<sup>불공법</sup>이라
字形<sup>자형</sup>들과 그의 意義<sup>의의</sup>들을
方可謂之世界的文字<sup>방가위지세계적문자</sup>라
萬邦<sup>만방</sup>의 語音<sup>어음</sup>은 勿論<sup>물론</sup>이오
모두다 記錄<sup>기록</sup>할 수 있으며
禽獸<sup>금수</sup>의 소리라도들으면
貪心<sup>탐심</sup>多<sup>다</sup> 鳥類<sup>조류</sup>의 貪音<sup>탐음</sup> 多<sup>다</sup>와

一切<sup>일체</sup>의 煩惱習<sup>번뇌습</sup>을 斷<sup>단</sup>하심
不放逸<sup>불방일</sup>과 不喜<sup>불희</sup>의 捨心<sup>사심</sup>인
一切衆生<sup>일체중생</sup>을 救濟<sup>구제</sup>하고자
一切種智<sup>일체종지</sup>로 突進<sup>돌진</sup>하시니
그리고 西字<sup>서자</sup>를 象徵<sup>상징</sup>하니
綜合統一<sup>종합통일</sup>의 觀<sup>관</sup>이 있어
表音表意<sup>표음표의</sup>의 兼用<sup>겸용</sup>이 되야
昆蟲及自然界<sup>곤충급자연계</sup>의 소리도
各語族<sup>각어족</sup>과 個別的<sup>개별적</sup> 語調<sup>어조</sup>와
그 性質<sup>성질</sup>을 鑑別<sup>감별</sup>하게 되니
猛獸<sup>맹수</sup>의 本嗔音<sup>본진음</sup> ㅎ音<sup>음</sup> 多<sup>다</sup>며

蟲類의 痴音多들을 보고
<sub>충류</sub> <sub>치음다</sub>

所謂弱少民들色音多와
<sub>소위약소민</sub> <sub>색음다</sub>

財物吝嗇家들貪音多와
<sub>재물인색가</sub> <sub>탐음다</sub>

好鬪睨視家들嗔音多와
<sub>호투예시가</sub> <sub>진음다</sub>

投機善政家들痴音多를
<sub>투기선정가</sub> <sub>치음다</sub>

觀察하야써參酌할지라
<sub>관찰</sub> <sub>참작</sub>

現下萬國의交互通話도
<sub>현하만국</sub> <sub>교호통화</sub>

그리고世宗이送人하여
<sub>세종</sub> <sub>송인</sub>

明國蒙韻學者黃瓚에게
<sub>명국몽운학자황찬</sub>

問音하심보면알것일다
<sub>문음</sub>

根境和合의觀音字數가
<sub>근경화합</sub> <sub>관음자수</sub>

五萬四千九十六이되니
<sub>오만사천구십육</sub>

貪心多人은不淨觀이요
<sub>탐심다인</sub> <sub>부정관</sub>

嗔心多人은慈悲觀이며
<sub>진심다인</sub> <sub>자비관</sub>

痴心多人은因緣觀일새
<sub>치심다인</sub> <sub>인연관</sub>

認其性하고自度할진져
<sub>인기성</sub> <sub>자도</sub>

丁亥 上元 碧山閒人 作
<sub>정해</sub> <sub>상원</sub> <sub>벽산한인</sub> <sub>작</sub>

## 第三章　觀音文字

### 第一節　觀音文字 公布 趣旨文 (漢字 廢止說에 對한 管見)

漢文字가 輸入된 以來 東方 文化史上에 劃期的 史實을 주어 곧 朝鮮文字化한지라 이를 廢止함은 곧 朝鮮文化의 半減일새 반다시 準備가 있고 包容이 있어 보다 더 進展될 對策을 講究할지라 筆者가 敢히 이에 留意하고 三十年間의 研鑽을 거듭하야 可謂 東西文字를 統一 한 字形과 意義를 考究하야 表音・表意를 雙具하고 四聲을 兼備한 訓民正音의 本能을 發揮하야써 「增補正音 觀音文字」라 新題하고 更新의 譯經 一例와 著書 一例를 擧示한 別途의 그 結晶안 「一人傳에

「一人度」람을 公布한오니 有志 諸彦은 깊이 吟味하신後 더구나 國民의 精神涵養에 相應됨을 企待하옵고 이만 그침

佛紀 二六五七年 丁亥 二月八日

長城 白羊山 雲門道場 法主 釋 金陀

序

國語標準이 無한 그대로 數千年동안 各 地方語가 混和하야 半自然的 國語化를 未免이라 內的으로 地方의 「스투리」가 仍然附隨할새 同一語族 中에서 各 地方의 分派가 生한 細音이 되야 獨立的 國語統一이 末由한 千餘年間 漢文에 中毒하야 中國式의 英雄風에 伴한 「졈쟌」만 늘뿐 않이라 間音많은 原音은 쫏코자 하나 正音的 天性을 未逆하야 本 國文이 實際에 있어 大衆層의 發音 可能인 「극는듣를」 讀

法이 內在함에 隨從할 뿐으로서 졈잔할수록 上字音讀엔 能하나 學者라야 可能할 「긕닌딛릴」讀法이 不能하야 下字音讀엔 未達한 不規則의 言語 그대로 行世하다가 日政의 暴虐을 입어 小學부터 「ㄱㄴㄷㄹ」橫列 字音이 廢止되야 直接的 間接的 退縮 自沒로 語音이 半 失되였을새 可及的의 이를 充當코자 一은 間接의 漢字에서 還本하고 二는 「긕닌딛릴」讀法의 學者에 訴하야 「ㅣ—」의 合中音인 「ㅓ」의 中心點 「ㆍ」를 查索하고 斯文亂賊 所述의 成俗인 國文讀法을 廢止하야 「ㆍ」音을 찾는 同時에 自沒을 防止하며 廢止已久의 「긕닌딛리」等은 不得已 「개내대래」等으로 代하야써 有功人 所著 「字典釋要」에 憑據 하되 加一點 或 加二點 等의 符號란 文字의 資格을 不許하는 侮辱일 새 意主音과 身主音으로써 上去 二聲外 曳聲을 調節하야 半像形的

字형과 初중終의 音義를 觀察하는 學문적 考究에 訴한 「觀音文字」인 一小冊子가 곧 國語讀本이오니 有志諸彥은 諒下하소서

丁亥 仲春 上浣

碧山閒人 釋金陀 謹誌

第二節 父和音偈 母愛音偈

一、父和音偈

ㅏ란 視線주어 我를 表示하는 眼識이오

ㅓ란 聽覺을 表示한 反의 相對耳識이며

ㅗ란 首肯鼻識이고 ㅜ란 舌識防牌인양

喊聲의 웃소리같고 一란 身語身識이며

ㅣ란 牽引意識이라
　견인의식

父性을 象徵함이어
부성　　상징

融和識根本音일새
융화식근본음

二, 母愛音偈
　　모애음게

ㄱ은 橫在한 萬像을 分別하는 眼根이오
　　 횡재　 만상　 분별　　 안근

ㄴ은 聲塵分別하는 對象의 一耳根이며
　　 성진분별　　 대상　 일이근

ㄷ은 香塵分別하는 鼻根인 內包障이오
　　 향진분별　　 비근　 내포장

ㄹ은 味塵에 觸感된 舌根의 境相으로서
　　 미진　 촉감　　 설근　 경상

곧 感觸의 身根이라 寒熱同感의 末梢며
　　감촉　 신근　　 한열동감　 말초

ㅁ은 前四根 方角을 含蓄함이 身根일새
　　 전사근 방각　 함축　　 신근

ㅂ이 卽是며 ㅅ은 雙支意根이오
　　 즉시　　　 쌍지의근

含相의 ㅂ이 卽是며
함상

ㅇ은 幻華色塵이며 ㅈ은 意生厭棄일새
　　 환화색진　　　 의생염기

聲塵의 障本音이고　ㅎ은 犬等貪香에서
發見할 香塵으로서　ㅇ는 無表愛音인져

## 第三節　觀音字輪

一、十七字母 (理趣會十七尊位數)

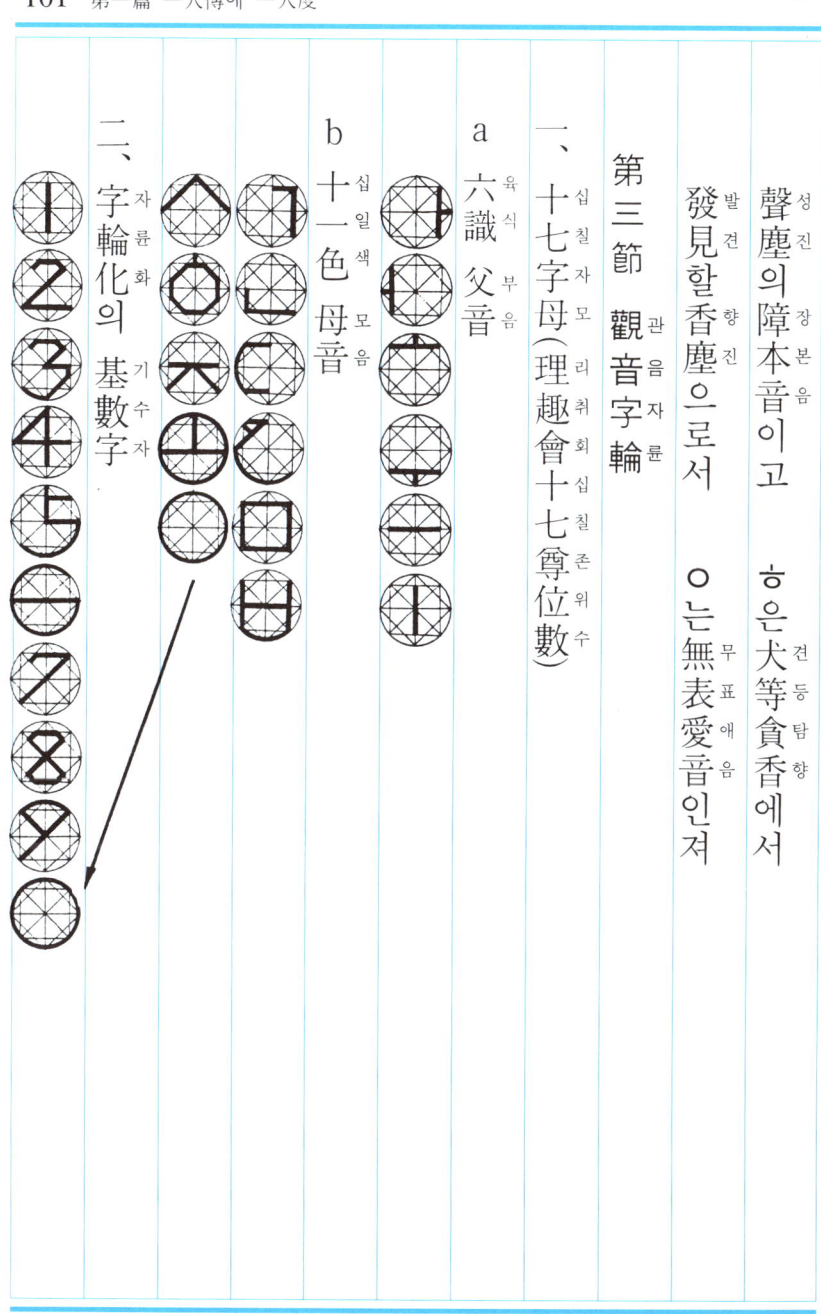

a 六識父音

b 十一色母音

二、字輪化의 基數字

三、87字輪(增補正音 觀音字輪 87자륜증보정음 관음자륜)

〔箇字(낱자)의 略稱개자 약칭임〕

a 46근음(根音)

(1) 6식음(識音)‥ㅏ(아) ㅓ(어) ㅗ(오) ㅜ(우) ㅡ(으) ㅣ(이)

(2) 6의주음(意主音)‥ㅑ(야) ㅕ(여) ㅛ(요) ㅠ(유) ᆞ(ᄋ) ᅢ(에)

(3) 1안주음(眼主音)‥ㅐ(애)

(4) 1이주음(耳主音)‥ㅔ(에)

(5) 3비주음(鼻主音)‥ㅚ(외) ㅘ(와) ㅝ(워)

(6) 3설주음(舌主音)‥ㅟ(위) ㆉ(유) ㅝ(워)

(7) 20신주음(身主音)‥ㅢ(의) ㅘ(와) ㅢ(의) ㅗ(오) ㅜ(우) ㅡ(으) ㅑ(야) ㅕ(여) ㅛ(요) ㅠ(유) ㅢ(의) ㅖ(예) ㅖ(예) ㅟ(위) ㅢ(의) ㅒ(얘) ㅖ(예) ㆉ(의)

　　　　b　41경음(境音)

(8) 6호용음(互用音)∷ ㅙ(왜) ㅞ(웨) ㅒ(얘) ㅖ(예) ㅚ(외) ㅟ(위) ㆌ(윰)

(1) 11색음(色音)∷ ㄱ(긱) ㄴ(닌) ㄷ(딛) ㄹ(릴) ㅁ(밈) ㅂ(빕) ㅅ(싯) ㅇ(잉)(前ㅇ음과 같음) ㅈ(짗) ㆁ(힁) ㅇ(잉)(無表音임)

(2) 5탐음(貪音)∷ ㄲ(깤) ㄸ(떧) ㅃ(삡) ㅆ(쎴) ㅉ(쬣)

(3) 4진음(嗔音)∷ ㅊ(칯) ㅋ(킄) ㅌ(틭) ㅍ(팦)

(4) 8치음(痴音)∷ ㆆ(힗)(ㄱ의 반음이며 半牙音인 日語「が」行音) ㄷ의 반음이며 輕舌音인 日語「ダ」行音 ㄹ(ㄹ의 반경설음) 일어 반아음 경순음 일어 반치음 일어

음인 牛牛舌音인 로마자「R」음 ㅸ(ㅂ의 반음이며 輕脣音인 日語「ダ」行音) ㅿ(ㅅ의 반음이며 半齒音인 日語「ザ」반)

인 로마字「V」음 ㅿ(ㅅ의 반음이며 半齒音인 日語「ザ」반)

行音 ᅌ(ᅌ) ㅈ의 半音이며 正齒音인 로마字 半 G 音 ㅁ(ㅱ) ㅿ의

正齒音인 로마字 「Z」音　牛音이며 喉音인 로마字 「F」音　Z(ㅿ) (ㅅ・ㅈ의 間音이며

(5) 5탐종음(貪終音)‥ㄲ(ㄲ) ㄸ(ㄸ) ㅃ(ㅃ) ㅆ(ㅆ) ㅉ(ㅉ)

(6) 7중종음(重終音)‥ㄺ(ㄺ) ㄻ(ㄻ) ㄼ(ㄼ) ㄽ(ㄽ) ㅄ(ㅄ) ㄵ(ㄵ) ㄶ(ㄶ)

(7) 1병종음(竝終音)‥ㆁ

第四節　其數妙偈　기수묘게

一是不空萬法起焉　　　滿十俱空非而空
일시불공만법기언　　　만십구공비공이공

二假相應非本非迹　　　三法輾轉因果同時
이가상응비본비적　　　삼법전전인과동시

本具四大居常五位　　　四大互因二八成實
본구사대거상오위　　　사대호인이팔성실

七依一實六輪常轉　　　二四三三互爲因果
칠의일실육륜상전　　　이사삼삼호위인과

## 第五節 文書來往(문서래왕)

### 一、朝鮮語學會(조선어학회)에서 온 書信(서신)

五位三法含藏一實(오위삼법함장일실)
胎藏十六隨緣比周(태장십육수연비주)
三五爲本一七示迹(삼오위본일칠시적)
滿者欲平過牛生歪(만자욕평과우생왜)
左轉水地引同斥異(좌전수지인동척이)
地下風動水貪火嗔(지하풍동수탐화진)
隱性顯相二名一實(은성현상이명일실)

九果八因包和常住(구과팔인포화상주)
一地三水五火七風(일지삼수오화칠풍)
七三滿數五一過牛(칠삼만수오일과우)
離垢一地十五金剛(이구일지십오금강)
右轉風火引異斥同(우전풍화인이척동)
緣起若存緣滅若亡(연기약존연멸약망)
欲隱無內欲顯無外(욕은무내욕현무외)

### 운문도장 귀중 (답장)

보이어 주신 관음문자는 반가이 받았습니다 요사이 봄철 일기 따

뜻하온대 귀사 제위가 모두 안녕하십니까? 본회도 고렴하옵신 덕택으로 아무일 없이 지냅니다

보내주신 관음문자는 거룩하신 연구의 결정이라 반가이 보관하고 참고하겠사오나 귀사에서 보내 주신 의도를 자세히 알지 못하겠사오니 혹시 본회에 단순히 일부 기증하시는 것인지 또한 본 후에 도로 반송하여 달라는 뜻인지 아무 명시하신 편지가 없사와 궁금하옵기에 몇자 올리오니 미안하오나 답장하여 주시기를 앙망하나이다

四二八○年 四月十日 서울시 청진동 일팔팔번지

조선어학회

二、朝鮮語學會로 보내는 답장
　조선어학회

朝鮮語學會 館下
　조선어학회 관하

四월 十일附(부답장)의 答狀을 오늘에야 奉讀(봉독)하옵는 直時(직시)에 다시 또 이 글월을 올니나이다

물으신 意圖(의도)란 斯文의 研究(연구) 깊으신 貴會員(귀회원) 僉位(첨위)가 先驅(선구)되실 것을 前提(전제)하고 大衆(대중)의 要求(요구응)에 應하야 設或(설혹) 漢字(한자)를 廢止(폐지)한다드라도 오히려 分派的(분파적)인 全語族(전어족)의 統一(통일)을 先圖(선도)할 뿐 않이라 더욱 더 進展(진전)될 與否(여부)를 考察(고찰)들하시라는 同時(동시)에

物質(물질)의 極端(극단)인 原子爆彈(원자폭탄) 告終宣布(고종선포)한 物質文明(물질문명)의 廢墟(폐허) 위에 朝鮮(조선)

이 앞으로 精神文明(정신문명) 곧 心文明(심문명)을 指導(지도)건설)할 만한 自負(자부)로써 朝鮮(조선)

悟道(오도)를 勸獎(권장)하는 意味(의미)의 「一人傳(일인전)에 一人度(일인도)」람을 公布(공포)하옵고 指導的(지도적)

責任(책임) 갖인 朝鮮大衆(조선대중)이 먼저 初見性(초견성)에 있어 信心牢固(신심뢰고)를 基準(기준) 삼아 百

日內外(일내외)에 相應(상응)되는 境界(경계)이오니 國語統一(국어통일)에 當任(당임)하신 貴會員(귀회원)붙어 앞

서 先導(선도)하심을 企待(기대)할 뿐입니다

丁亥(정해)양 6월 1일 長城(장성) 白羊山(백양산) 雲門道場(운문도량)

## 第四章 釋尊(석존) 一代(일대)의 梗槪(경개)

### 第一節 룸비니園(원)에서 誕生(탄생)하심

印度國(인도국) 가비라城(성)의 郊外(교외)에 룸비니園(원)이라는 別宮(별궁)이 있었는데 園(원)에는 蓮塘(연당)이 있어 白蓮(백련)과 靑蓮(청련)이 交香(교향)하여 널리 放香(방향)하니 花間(화간)에는 淨美(정미)한 白禽(백금)이 來舞(내무)하여 淸興(청흥)을 發(발)하고 香岡(향강)에는 無憂樹花(무우수화)가 滿開(만개)하야 豊富(풍부)한 花房(화방)을 垂(수)할새 樹間(수간)을 飛翔(비상)하는 奇禽(기금)의 異聲(이성)이 浪藉(낭자)한 中(중)에 淸趣幽雅(청취유아)한 內苑(내원)에서 侍女衆(시녀중)의 看護(간호)를 받으며 一步二步(일보이보)를 愼重(신중)히 옮기시는 貴婦人(귀부인)이 나투시니 곧 가비라城(성)의 淨飯土后(정반왕후)이신 마야夫人(부인)으로서 王子(왕자)의 誕生(탄생)이 迫近(박근)하신 重身(중신)을 安保(안보)하시기 爲(위)하사 이 宮(궁)에

서 靜養하시니라

却說 天地에 芳香이 馥郁한 今春 四月 八日의 慶事로다 天氣가 隱

和한 이 룸비니園에 不可思議한 瑞光이 照應함에 따라 異香이 遠聞

하는지라 雪山(히말라야山)에서 閒寂히 瞑想의 生活을 계속하던 아사

다 仙人은 如斯히 奇瑞가 間有함에 驚異하는 同時에 반다시 聖太子

誕生의 兆朕인 줄 心點하고 仙弟 나라다를 帶同하야 王宮에 來訪하

니 果然이라 太子이신 悉達多는 이제 出世하셨도다

仙人은 仰日의 炯顔이신 太子의 聖相을 보고는 含淚하여 王께 告

하되 太子께서 王位에 오르시면 全世界를 統治하실 聖主가 되실터

이나 太子께서는 반다시 出家하사 成佛하신 後 廣度衆生하실 것임을

言上하면서 自己는 年老하야 이렇듯 거룩하신 尊敎를 奉聞할 수 없

음을 悲感(비감)하나니라

其後(기후) 太子(태자)께서는 仙人(선인)의 豫言(예언)과 같이 世間(세간)의 太陽(태양)으로 出興(출흥)하사

全世界(전세계)를 照了(조료)하시니 滅後(멸후) 二千五百餘年(이천오백여년)의 歲月(세월)이 지난 今日(금일)에도 오

히려 崇仰(숭앙)하야 맞이 않는 三界(삼계)의 導師(도사)이신 釋迦牟尼佛(석가모니불)이 되셨으니

每年(매년) 四月(사월) 八日(파일)에는 世界(세계)를 通(통)하야 太子(태자)의 誕生(탄생)을 祝賀(축하)하느니라

特(특)히 我邦(아방)에서는 觀燈會(관등회)라 이름하야 家家(가가)에 八角(팔각)의 燈籠(등롱)을 달고

永久(영구) 不滅(불멸)을 象徵(상징)하는 光明(광명)을 仰見(앙견)하면서 聖誕(성탄)을 祝賀(축하)함이 恒例(항례)가

되었느니라

第二節(제이절) 道(도)를 求(구)하사 仙林(선림)에 入(입)하심

誕生(탄생)하신 지 七日(칠일) 만에 母后(모후) 마야夫人(부인)이 入寂(입적)하시니 姨母(이모) 바사바

제가 代育(대육)하신 바 太子(태자)께서는 天資(천자) 聰明(총명)하사 成長(성장)하신 지 七歲(칠세)에 言(언)

語를 能通하실 뿐 않이라 算術 天文 弓術 또는 馬術을 各其 優師에게서 受學하시되 때때로 人不及의 質問에는 師授로도 勘當하지 못하였느니라

父王께서는 太子의 聰明을 기뻐하면서도 일찍이 아사다仙人의 觀相說이 憶想될 때에는 將來를 念慮하사 種種의 對策을 講究하시나니 美와 才德을 兼備한 야수다라王女를 納妃하야 華麗한 殿堂에 住하시게 하는 한편 國政 干涉을 許與하야 出家心을 抑制하고자 했다

그러나 太子는 城外에 出遊하실 때마다 혹은 老衰屈腰의 人 혹은 病苦難堪의 人 혹은 葬送의 死人을 目睹하신 印象이 涅滅하지 않고 人皆老 人皆病 人皆死라 이를 免할 수가 없을까 하는 痛感이 深化함에 따라 마음이 鬱鬱하신 그대로 歸宮하심이 한두 번이 아니었다

其後(기후) 또 다시 城門(성문)에 나갔을 때 路上(노상)에서 一人(일인)의 修道行者(수도행자)를 보

시고 그의 非凡(비범)함에 感心(감심)하사 出家(출가)의 理由(이유)를 물으시니 老病死(노병사)를 免(면)

한 自由(자유)를 얻을 수 있고 慈悲心(자비심)을 일으켜 生類(생류)를 救(구)한다는 答(답)이 儼(엄)

然(연)함에 太子(태자)께서는 深感(심감)하여 心言(심언)하사되 이에 人間(인간)의 眞實(진실)한 道(도)가

있다고 自信(자신)하시고 宮中(궁중)에 喜歸(희귀)하시니 王孫(왕손)인 라후라의 生慶(생경)이 있어

殿中(전중)의 喜風(희풍)이 溢庭(일정)하는지라 世嗣(세사)를 얻으신 太子(태자)께서는 出家(출가)의 決心(결심)

이 더욱 堅固(견고)하시니라

때는 마츰 初夏(초하)의 月夜(월야)였다 出家(출가)의 時節(시절)은 正(정)히 只今(지금)이라 생각하

시고 安眠(안면)하는 라후라와 야수다라妃(비)를 남기시고 홀로 愛馬(애마) 건척을

旅節(여공)삼아 疾風(질풍)과 같이 城門(성문)을 나가시어 雪山(설산)을 向(향)하실 따름이었다

太子(태자)는 途中(도중)에서 下馬(하마)하시고 착용하신 衣冠(의관)은 父王(부왕)과 妃(비)에 對(대)한 信

票(표)로 御者(어자)에게 벗어 주시고 自手(자수)로 削髮(삭발)하신 후 仙人(선인)들이 多留(다유)하는 森林(삼림) 內(내)의 諸(제) 學者(학자)들을 歷訪(역방)하사 學道(학도)에 努力(노력)하시니라

## 第三節 正覺(정각)을 大成(대성)함

太子(태자)께서는 雪山(설산)의 山麓(산록)과 우루빈라林(림)에서 六年間(육년간)이나 難行苦行(난행고행)을 體驗(체험)하시면서 오직 一心(일심)으로 道(도)를 求(구)하셨다

그로 因(인)하여 色身(색신)이 瘦衰(수쇠)하고 眼深骨露(안심골로)가 그 極(극)에 達(달)하여 人(인)의 一見(일견)에 垂淚(수루)를 禁(금)할 수 없을 地境(지경)이었다 그러나 아직도 覺(각)의 光明(광명)은 나투지 않았다

어느 날 近村(근촌)의 處女(처녀)가

「줄(絃현)이 너무 팽팽하면 끊어지고 줄이 너무 느슨하면 안 울린다」

라고 노래하는 소리를 들으셨다 太子(태자)께서는 「아! 그렇다 나는 光明(광명)의 世界(세계)를 求(구)하고자 먼저 五欲(오욕)의 家(가)를 捨離(사리)하야 仙林(선림)에 入(입)하였다 그러나 煩惱(번뇌)는 아직도 斷盡(단진)하지 못한 채 求道(구도)의 決心(결심)만은 不斷(부단)히 계속되지만 色身(색신)의 苦惱(고뇌)가 그 極(극)에 達(달)함에 따라 心絃(심현)이 斷絶(단절)될 地境(지경)이다 이래서야 眞實(진실)한 道(도)를 求(구)할 수가 없다 五欲(오욕)에 捕捉(포착)된 享樂(향락)의 生活(생활)도 理體(리체)에 不當(부당)하려니와 이렇게 自强(자강)하야 色身(색신)을 損(손)하고 精神(정신)을 괴롭히는 極端(극단)한 苦行(고행)도 理體(리체)에 不當(부당)하다 迷(미)를 떠나고 覺(각)에 進(진)하는 道(도)는 二(이)의 極端(극단) (享樂(향락)과 苦行(고행))이 아닌 中道(중도)라야 된다」고 思惟(사유)하시고 「이제는 다만 色身(색신)을 早養(조양)하고 心身(심신)을 靜穩(정온)히 하야 中道(중도)를 發見(발견)할 만한 實眼(실안)을 開(개)할 따름이라」 生覺(생각)하셨다

그리하야 太子(태자)께서는 먼저 尼連禪河(니련선하)에 入(입)하사 色身(색신)부터 淸洗(청세)하시

고 須闍多少女(수자다소녀)가 捧上(봉상)하는 乳糜(유미)를 受(수)하사 元氣(원기)를 回復(회복)하신 後(후) 부다가야의 大菩提樹下(대보리수하)에 수바사제少年(소년)이 捧上(봉상)하는 吉祥草(길상초)를 敷座(부좌)하시고 「내 萬一(만일) 覺(각)을 얻지 못하는 限(한)에는 斷然(단연)코 此座(차좌)를 不起(불기)하리라」自誓(자서)하사 一心正念(일심정념)으로 凝心靜慮(응심정려)하셨다

이것을 본 欲界(욕계)의 大魔王(대마왕)은 이제야 말로 魔界(마계)에 큰 危機(위기)가 왔으니 끝까지 太子(태자)의 成道(성도)를 妨害(방해)해야 한다고 벼르며 먼저 三人(삼인)의 魔女(마녀)를 보내어 太子(태자)의 마음을 迷亂(미란)케 하였으나 太子(태자)는 心少不動(심소부동)이라 驚愕(경악)한 魔王(마왕)은 雷電風雨(뇌전풍우)로써 大地(대지)를 搖動(요동)하며 一億八千(일억팔천)의 軍勢(군세)를 叱咤(질타)하야 前後左右(전후좌우)에서 突進(돌진)하면서 接近(접근)하되 이미 覺(각)의 座(좌)는 微動(미동)을 發見(발견)할 수 없는지라 하릴없이 座(좌)를 中心(중심)하야 光輪(광륜)의 漸增(점증)으로써 輝煌(휘황)케 할 따름이었다

모든 邪魔를 克服하시고 마음의 平和를 保持하신 太子의 마음에는 夜闇이 曉光에 代함과 같이 迷雲이 奇麗하게 捲晴하고 慧光이 朗然히 照了하였다 그리하야 먼저 自己의 前世를 알으시고 나아가 一切 生類의 生滅相을 周知하심에 따라 迷의 根源과 惑을 斷除하는 方途를 大悟하사 光明이 輝曜하는 大覺位에 오르시고 圓淨하신 智慧와 圓滿하신 慈悲를 具足하신 無上尊의 佛陀 곧 釋迦牟尼佛이 되셨나라 그때 釋尊의 寶齡이 滿三十歲(三十五歲說도 傳함)에 當하신 十二月 八日 曉晨의 事實이었다 現在 慶州 石窟庵에 奉安한 新羅時代의 大石像은 實로 此晨의 聖姿시니라

## 第四節 五十年 敎化의 行脚

釋尊께서는 數日間 스스로 開明하신 大覺悟의 歡喜를 自樂하시면

서 어떻게 하면 이러한 道(도)를 傳(전)하야 迷惑(미혹)의 懊惱(오뇌)로 受苦(수고)하는 衆生(중생)을 濟度(제도)할까 하는 慈悲心(자비심)이 불길 같이 타오르셨다 그래서 다시 五週間(오주간)이나 菩提樹下(보리수하)에 그대로 앉아 계시며 이제 얻은 바 이 道(도)를 어떻게 說(설)하여야 衆生(중생)들이 解得(해득)할까 또는 이를 此世(차세)에 實行(실행)케 함에는 어이 해야 될까 深思熟考(심사숙고)하시다가 畢竟(필경) 正覺(정각)하신 寶座(보좌)에서 뜨시사 敎化行(교화행) 脚(각)을 始作(시작)하셨다

劈頭(벽두)에 먼저 苦行(고행)의 同伴(동모)였던 五比丘(오비구)를 베나레스의 郊外(교외왕방)에 往訪(왕방)하사 「衆生(중생)은 밥을 爲(위)하야 業(업)을 作(작)하면서 老(노)·病(병)의 苦(고)와 싸우다가 死厄(사액)이 當前(당전)할 뿐이다 그것은 歷劫(역겁집인)의 集因(집인)이 輪轉(윤전)하는 業力(업력) 때문이니 苦(고)의 集因(집인미혹)인 迷惑(미혹)을 끊어 衆生(중생)의 四苦(사고생노병사)(生·老·病·死)를 離(이)한 自性佛(자성불) 果(과)에 歸依(귀의)할지라 證理(증리)를 目的(목적)하고 斷惑(단혹노력)에 努力(노력)하는 것이 涅槃(열반)에 達(달)하

는 道(도)니라"고 敎訓(교훈)하셨다

이를 聽受(청수)한 五人(오인)은 仙人(선인)의 行法(행법)을 卽時(즉시)에 捨離(사리)하고 佛道(불도)에 入하니 베나레스商人(상인)의 子(자) 야사야도 出家(출가)함에 따라 그 父母(부모)와 愛妻(애처)와 友人(우인) 五十四人(오십사인)도 同入信仰(동입신앙)하였나니라

그리고 우루빈라村(촌)에 있는 迦葉波(가섭파) 三兄弟(삼형제)와 아울너 그의 千人弟子(천인제자)도 敎化(교화)하시고 王舍城(왕사성)에서 마갈타國王(국왕)을 爲(위)하야 說法(설법)하시는 한편 舍利弗(사리불)과 目犍連(목건련) 等(등)을 化導(화도)하시며 다시 故鄕(고향)인 가비라바소에 歸鄕(귀향)하사 父王(부왕)을 爲始(위시)하야 그 一族(일족)을 敎化(교화)하실새 妃(비) 야수다라와 子(자) 라후라와 姨弟(이제) 난타와 從弟(종제) 아난 等(등)도 다 弟子(제자)가 되었나니라

그리하야 貴族(귀족)이나 賤民(천민)이나 沙門(사문)이나 惡漢(악한)이나 또는 學者(학자)나 農民(농민)이나 商人(상인)이나가 그 階級(계급)과 職業(직업)과 男女(남녀)의 差別(차별)이 없이 다 平等(평등)으로

同一 敎訓에 薰陶되어 無上의 道에 들었나니라

釋尊께서는 每年 夏節의 長霖期에는 一處所에 弟子들을 會集하사 道를 專修케 하시다가 過期解制하면 諸方에 遊行하야 敎勅을 廣布하는 바 到處에 國王 大臣으로부터 貧婦 乞人에 이르기까지 모두 다투어 歡迎할 뿐 아니라 精舍를 提供하고 衣食을 獻供하면서 請敎願聞할새 驕者는 遜讓하고 悲者는 慰安하고 惱者는 得穩하며 狂者는 蘇醒하니 奉敎一聞한 者는 不死의 甘露를 得飮함 같이 新生命을 蒙惠하야 永生의 涅槃에 向케 되었나니라

그리하야 戰國이 平和하고 不言 禽獸도 相愛하도다 이와 같이 傳道에 專心하사 最後의 一刻에 이르기까지 傳敎 아니심이 없었나니라

第五節 追想

## 第一篇 一人傳에 一人度

釋尊께서는 스스로 昏衢의 燈燭이 되셨으니 이제 回想하면 實로 釋尊의 一生은 自心中의 明淨하신 燈火를 大慈大悲하신 佛心으로써 世間의 人人에게 分與하셨나니 아니 只今도 오히려 行化하심이 分明하니라

그래서 釋尊의 敎訓을 信受奉行하는 사람들이 이 智慧의 燈火를 奉戴하야 나날이 受用하는 바「내 不死의 道를 說하리라」하심은 實로 사람마다의 燈心에 點火하심이니라

釋尊의 化身은 滅하신 지 이미 二千五百餘年의 歲月이 흘렀으나 釋尊의 智法身 곧 永遠히 不滅하는 그 智慧의 燈火는 間斷없이 傳하고 傳하여 더욱 더욱 無數한 人人心中에 輝曜할새 이 光明 中에서 우리는 釋尊의 尊且大한 慈悲의 容姿를 拜察하는 同時에 우리의 生

命(명)을 一切(일체) 有情(유정)의 生命(생명)과 大和(대화)한 中(중)에서 永生(영생)의 恩澤(은택)을 입는 바이다

丙戌(병술) 僧臘日(승납일)

於(어) 雲門庵(운문암)     碧山閒人(벽산한인) 撰譯(찬역)

## 第五章 護法團 四次 聲明書

本護法團은 世界 四聖說을 打破하는 同時에 菩薩十地를 基幹으로 하야 老子를 七地, 基督과 孔子를 五地, 마호메트와 소크라테스를 四地 等 在家菩薩位에 按排하고 出家菩薩인 元曉와 震默이 八地, 普照와 西山이 四地, 空海(日本)가 三地일새 同胞는 參酌하신 後 因襲的인 神聖的 迷信觀念을 打破하시고 正道에 歸依하시기 바랍니다

그리고 道教中 道德經을 除한 外에 他는 揀別하며 大倧教와 神道란 華嚴神을 信仰의 對象으로 하는 時節까지 正道임을 保留하고 他의 諸宗教란 皆是非道임을 聲明합니다

乙酉9월 十九일
護法團長 釋金陀

## 第六章 懸記(현기)

### 一, 流通(유통)

世界(세계) 一圓(일원)의 半徑的(반경적)인 現在(현재)의 朝鮮人口(조선인구) 二千八百八十萬(이천팔백팔십만)의 倍數(배수)인 五千七百六十萬人(오천칠백육십만인)의 三乘聖衆(삼승성중)이 因緣(인연) 깊은 七個國人(칠개국인)으로 더불어 輪(윤)界的(계적)인 精神(정신)의 世界(세계)에 遍滿(변만)할새 後(후)에 刊行(간행)할 首楞嚴三昧圖(수릉엄삼매도)는 且置(차치)하고 이 「一人傳(일인전)에 一人度(일인도)」만으로써 法爾的(법이적)으로 菩薩聖衆(보살성중)인 一千八百(일천팔백)八十萬人(팔십만인) 外(외)에 爲先(위선) 緣覺(연각)과 聲聞(성문)의 二乘聖衆(이승성중)인 三千八百八十萬人(삼천팔백팔십만인)을 度(도)함

### 二, 思潮(사조)

法爾(법이)的으로 萬法(만법)이 持雙(지쌍)일새 合法(합법)과 非合法(비합법)의 二大思潮(이대사조)가 流布(유포)함

三, 政治(정치)

法爾(법이)的으로 天地(천지)를 統一(통일)함은 眞空(진공)이오 妙有(묘유)함은 地(지)·水(수)·火(화)·風(풍)

四大(사대)일새 世界(세계)는 四大의 政治分野(정치분야)로써 組織(조직)됨

四, 合流(합류)

大衆(대중)的으로 超凡入聖(초범입성)의 時代(시대)라 體·相·用(체상용)인 三大(삼대)의 分野(분야)가 本流(본류)에 合(합)함

五, 主義(주의)

開闢以來(개벽이래) 主(주)로 同軌(동궤)인 過去(과거)의 一千四佛(일천사불)과 未來(미래)의 一千九百九十六(일천구백구십육)

佛(불)이며 從(종)으로 同轍(동철)인 無數億(무수억) 菩薩(보살)의 一貫(일관)的인 護法主義(호법주의)를 主張(주장)하고

護持(호지)함

## 六、義務(의무)

사람의 功德(공덕)됨이 迷情(미정)을 救함보다 더함이 없으니 이의 「一人傳(일인전)에 一人度(일인도)」를 銘念(명념)할지어다 總報(총보)가 齊同(제동)한 世界同胞(세계동포)여! 同胞(동포)여! 同胞여!

丁亥(정해) 正月(정월) 念日(념일)

碧山閒人(벽산한인) 釋金陀(석금타) 告

## 第七章 卍德頌과 十如是

〈卍德頌〉

慈水悲火 無爲生起 喜風捨地 十界具現 四心無量 四界無邊
心無罣碍 實性圓融 涅槃妙心 常樂我淨 隨緣異熟 不隨異果
四攝卍德 性相一如 雖現此身 內外依正 心王安住 同於虛空

〈十如是〉

如是相 如是性 如是體 如是力 如是作 如是因 如是緣 如是果 如是報 本末究竟等……

※ 如字를 起點으로 하면 假諦, 是字를 起點으로 하면 空諦, 相字를 起點으로 하면 中諦가 됨.

# 내 四 섭 卍 덕 송
### 외인용십여시

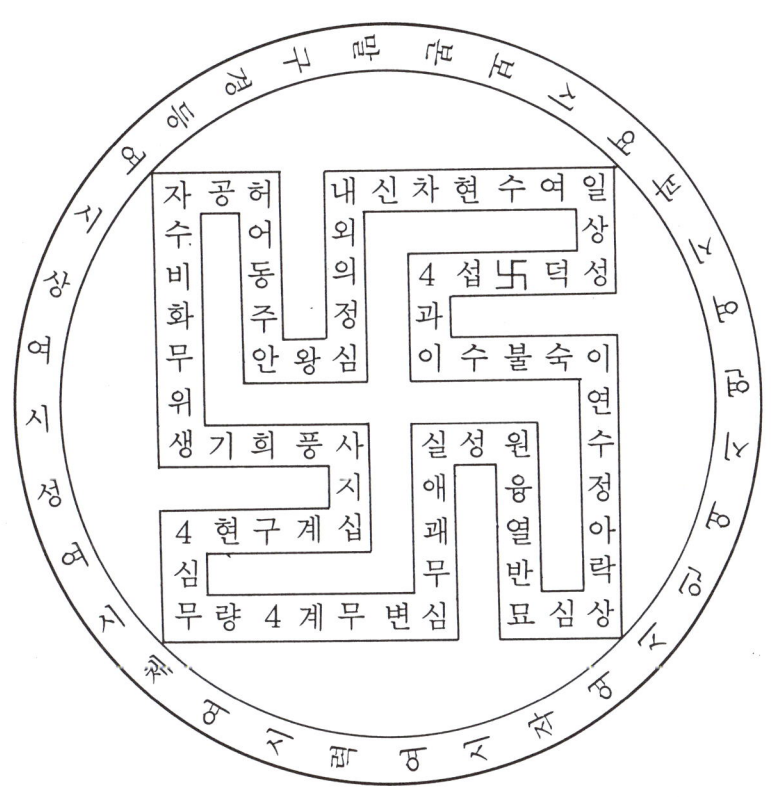

내기자수 종허공
외기여시상3전종등여시

內四攝卍德頌

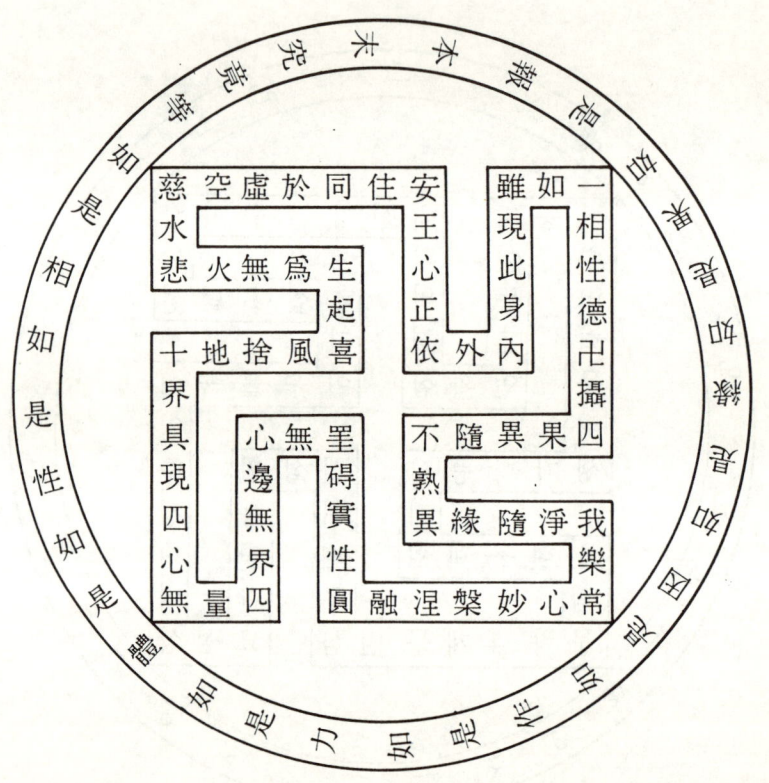

內起慈水終虛空
外起如是相三轉終等如是

# 第二篇
# 解脫十六地
해탈십육지

# 第二篇 解脫十六地(해탈십육지)

## 初三歸地(초삼귀지)

一切(일체)의 佛陀(불타)는 佛寶(불보), 佛陀(불타)께옵서 說(설)하신 敎法(교법)은 法寶(법보), 그 敎法(교법)에 依(의)하야 修業(수업)하는 者(자)는 僧寶(승보)라 云(운)하나니 佛(불)이란 覺知(각지)의 義(의)요 法(법)이란 法軌(법궤)의 義(의)요 僧(승)이란 和合(화합)의 義(의)며 寶(보)란 其性(기성)의 明淨(명정)함과 勢力(세력)의 偉大(위대)함이 最上無比(최상무비)하야 能(능)히 世間(세간)을 莊嚴(장엄)하되 永久不變(영구불변)하야 世界(세계)에 希有(희유)한 故(고)라

三寶(삼보)에 六種(육종)의 義(의)가 有(유)하야 一(일)에 同體三寶(동체삼보)를 一體三寶(일체삼보) 又(우)는 同相三寶(동상삼보)라고도 云(운)하니 三寶(삼보) 一一(일일)

金剛心論  134

의 體체보에 三삼보寶의 義의가 有유하야 佛불의 體체상上에 覺각조照의 義의가 有유함은 佛불寶보、
軌궤칙則의 義의가 有유함은 法법寶보、違위쟁諍의 過과가 無무함은 僧승寶보며 乃내지至 僧승에 觀관
智지가 有유함은 佛불寶보、軌궤칙則이 有유함은 法법寶보、和화합合함은 僧승寶보닐새요
二이에 別별상相三삼보寶를 化화상相三삼보寶라고도 云운하니 諸제불佛의 三
身신을 佛불寶보、六육도度를 法법寶보、十십聖성을 僧승寶보라 云운함은 大대승乘三삼보寶며 丈장육六의
化화身신을 佛불寶보、四사제諦・十십이인因緣연의 法법을 法법寶보、四사과果・緣연각覺을 僧승寶보라 云운
함은 小소승乘三삼보寶요
三삼에 一일승乘三삼보寶란 究구경竟의 法법신身을 佛불寶보、一일승乘의 法법을 法법寶보、一일승乘
의 法법을 法법寶보、三삼승乘의 衆중을 僧승寶보라 云운함도 亦역시是 「勝승만經經」과 「攝섭論론」
四사에 三삼승乘三삼보寶란 三삼승乘者자를 爲위하사 現현하신 佛불의 三삼신身을 佛불寶보、三삼승乘
菩보살薩衆중을 僧승보寶라 云운하니 이는 「勝승만經經」「法법화華經經」 等등의 義의요

等의 義요

五에 眞實三寶란 佛의 三身을 佛寶, 一切 無漏의 敎理行果를 法寶, 見諦 以上의 三乘聖衆을 僧寶라 云함이오

六에 住持三寶란 佛滅後 世間에 住하는 三寶로서 木佛·畵像 等을 佛寶, 三藏의 文句를 法寶, 剃髮染衣를 僧寶라 云함이니 一、三、五의 三種은 大乘에 局限하고 二、四、六의 三種은 大小乘에 通하나니라

비록 三歸戒를 初受할지라도 解脫을 目的 할진댄 반다시 大乘三寶에 歸依할진져

戒란 入道方便이라 不可缺이니 戒相으론 律儀를 攝하고 戒德으론 大道에 通할새 五戒는 戒經의 首位로서 爲先 第一 不殺生戒에 있어 無生의 理를 證하면 大乘이오 不然하면 小乘이니라

二、信願地(신원지)

證前(증전)엔 迷信(미신)이오 證後(증후)엔 正信(정신)이니 願(원)도 迷信(미신)에 根據(근거)하면 俗人(속인)의 願(원)이오 正信(정신)에 立脚(입각)하면 道人(도인)의 願(원)이며 비록 正信(정신)의 發願(발원)이라도 小法(소법)에 止(지)하면 小乘(소승)이오 다시 大願(대원)을 發(발)하야 動搖(동요)가 無(무)하면 大乘(대승)이니 信(신)과 願(원)에 있어 其宜(기의)를 得(득)하야 거듭 成就(성취)할지니라

聲聞十地(성문십지)에 있어 初受三歸地(초수삼귀지)가 곧 初三歸地(초삼귀지)며 二信地(이신지)와 三信地(삼신지)가 곧 信願地(신원지) 等(등)하나 信法(신법)에 있어 生滅四諦(생멸사체) 無生四諦(무생사체)에 局(국)하지 않고 無量四諦(무량사체) 又(우)는 無作四諦(무작사체)를 信(신)하야 藏(장)·通(통)·別(별)·圓(원)의 四敎義(사교의)를 會通(회통)하야 벌써 此地(차지)에서 會三歸一(회삼귀일)의 理(리)를 達(달)하고 究竟成就(구경성취)를 目的(목적)하야 먼저 信心(신심)과 願力(원력)을 成就(성취)하니라

三、習忍地(습인지)

伏忍·信忍·順忍·無生忍·寂滅忍 等 五忍 中 前 四忍에 各有 上·中·下 三品하고 後 一忍에 有 上·下 二品하니 特히 伏忍에 어 上을 道種忍, 中을 性忍, 下를 習忍이라 稱하는 바 聲聞乘의 四 內凡夫地(五停心觀을 修하는 位)나 五 學信戒地(三學 成就의 位)에 屬하고 緣覺乘의 一 苦行具足地(戒行을 修하는 位) 二 自覺甚深十二因緣地(十 二因緣의 觀法을 修하는 位) 三 覺了四聖諦地(四諦觀을 修하는 位) 等에 屬 하니 三 習忍地란 小乘의 修法에 局하지 않고 無量法門으로써 隨機 應量하야 修習安忍을 成就함이니라

四, 加行地

어느 修法이든지 得正하면 可하니 習忍을 成就한 後 依法 結制하 고(冬安居가 絶好함) 經驗者의 外護指導下에서 一心不亂하야 三密을 守

하며 勇猛精進으로써 間斷 없이 加行하면 반다시 煖位에서 明得定,

頂位에서 明增定, 忍位에서 印順定, 世第一法位에서 無間定을 次第

成就하나니 이를 五相成身位에 配하면 明得定은 通達心의 前相이오

明增定은 곧 第一通達菩提心位며 印順定은 第二修菩提心位며 無間

定은 第三成金剛心位니 곧 四禪을 通貫한 一心支로서 그 極點이 滅

盡定일새 無間道의 直後가 解脫道니라

그리고 明得定과 明增定에서 性忍을 成就하나니 이가 共十地의 第

二性地요 印順定에서 道種忍을 成就하나니 이가 共十地의 第三八

忍地인 同時에 聲聞乘의 第八忍地(聲聞見道의 位)며 性忍과 道種

忍이 아울너 緣覺乘의 第四甚深利智地(甚深의 無相智를 生하는 位)와

第五八聖道地(八聖道를 修하는 位)와 第六覺了法界虛空界衆生界地(이

## 第二篇 解脫十六地

의 三界를 覺了하는 位 等에 該當하니라

### 五, 金剛地

菩薩이 將登正覺할새 皆坐 金剛座라 說하신 金剛座란 곧 金剛地로서 五相成身位次의 第四 成金剛身位니 解脫道에 第一步를 印한지라 緣共十地의 第四 見地요 또 聲聞乘의 第七 須陀洹地(預流果의 位)며 緣覺乘의 第七 證寂滅地(緣覺 見道의 位)인 同時에 第八 六通地(六神通을 得하는 位)의 初步니 換言하면 五 金剛地란 地層의 最低인 金剛輪이 獨露한 境地로서 鍛鐵의 去鏽함 같고 籠鳥의 脫出함 같이 生死網을 出離하야 衆生身 中의 金剛佛性을 見證한 者니 진실로 本格的 肉眼을 成就할새 漸次 하야 天眼・法眼・慧眼・佛眼을 得할지라 修者―此地를 成就하야사

비로소 金剛薩埵라 名하니라

六. 喜樂地

三界를 九地로 區分할새 欲界는 五趣가 不同하나 同一의 散地(欲界)의 果報에 定心이 無함으로 써라 一地로 合하고 色界와 無色界를 各 四地로 分하야 一에 欲界五趣地니 欲界內에 地獄·餓鬼·畜生·人·天의 五趣(阿修羅는 天에 攝함)가 有한바 이를 合하야 一地를 成한 者며 二에 離生喜樂地니 欲界의 生을 離함에 因하야 喜受와 樂受가 生하는 地로서 眼·耳·身·意의 四識만이 有하고 鼻·舌 二識이 無함으로 無分別의 樂受가 相應하야 意識에 有分別의 喜受가 相應하니 곧 色界의 初禪天이며 三에 定生喜樂地니 初禪定의 喜樂을 因으로 하고 更히 勝妙의 喜樂이 生하는 地로서 此地 已上엔 總히 五識(眼

識(식)·耳識(이식)·鼻識(비식)·舌識(설식)·身識(신식)을 離(이)하고 但(단) 意識(의식)만이 有(유)힘으로 或(혹) 喜受(희수)가 相應(상응)하고 或(혹) 樂受(낙수)가 相應(상응)하니 곧 二禪天(이선천)이며 四(사)에 離喜妙樂地(이희묘락지)니 喜受(희수) 오히려 麁(추)이므로 二禪(이선)의 喜(희)를 離(이)하고 獨(독)히 靜妙無分別(정묘무분별)의 樂(락)에 住(주)하는 地(지)로서 곧 三禪天(삼선천)이며 五(오)에 捨念淸淨地(사념청정지)니 樂受(낙수) 오히려 粗(조)임으로 이를 離(이)하고 淸淨無爲(청정무위)한 捨受(사수)의 念(념)에 住(주)하는 地(지)로서 곧 四禪天(사선천)이며 (以上(이상) 四地(사지)는 色界(색계)임) 六(육)에 空無邊處地(공무변처지)니 色界(색계)의 色(색)을 厭(염)하야 空(공)을 思(사)하되 空(공)에 邊際(변제)가 無(무)한 觀解(관해)를 作(작)하는 者(자)가 生(생)하는 地(지)로서 卽(즉) 無色界(무색계)의 第一天(제일천)이며 七(칠)에 識無邊處地(식무변처지)니 前(전)의 外空(외공)을 厭(염)하야 內(내) 識(식)에 邊際(변제)가 無(무)한 觀解(관해)를 作(작)하는 者(자)가 生(생)하는 地(지)로서 卽(즉) 無色界(무색계)의 第二天(제이천)이며 八(팔)에 無所有處地(무소유처지)니 前(전)의 內識(내식)을 厭(염)하고 無所有(무소유)를 思(사)하야 無所有(무소유)의 觀解(관해)를 作(작)하는 者(자)가 生(생)하는 地(지)로서 卽(즉) 無色(무색)

界(계)의 第三天(제삼천)이며 九(구)에 非想非非想處地(비상비비상처지)니 前地(전지)와 如(여)한 麁相(추상)이 無(무)(非비
想상)하고 極(극)히 微細(미세)한 想念(상념)(非非想비비상)이 有(유)하는 地(지)라 即(즉) 無色界(무색계)의 第四天(제사천)
으로서 三界(삼계) 中(중) 第一(제일)의 果報(과보)니라

蓋(개) 無色界(무색계)를 識界(식계), 色界(색계)를 根界(근계), 欲界(욕계)를 境(경)(塵진)界(계)로 區分(구분)할 수 있
으나 各界(각계)가 各具(각구) 三界(삼계)하야 橫(횡)으론 區分(구분)할 수 없고 縱(종)으로 分位(분위)한다
면 欲境界(욕경계)를 麁塵三界(추진삼계), 色根界(색근계)를 細塵三界(세진삼계), 無色識界(무색식계)를 極微三界(극미삼계)라
稱(칭)할가, 何如間(하여간) 三界(삼계)란 根(근)·境(경)·識(식)의 別稱(별칭)으로서 相的(상적)으론 境(경)이오
性的(성적)으론 根(근)이며 分別的(분별적)으론 識(식)일새 五蘊(오온)이 各具(각구) 五蘊(오온)하야 區別(구별)키
難(난)하나 一如(일여)한 中(중)에 性相(성상)이 分明(분명)하니 了別(요별)이 不無(불무)니라

修者(수자)ㅣ 金剛座(금강좌)에 坐(좌)하야 空無邊處(공무변처)를 觀念(관념)하면 離生喜樂地(이생희락지)에 到(도)하고
識無邊處(식무변처)를 觀念(관념)하면 定生喜樂地(정생희락지)에 無所有處(무소유처)를 觀念(관념)하면 離喜妙樂地(이희묘락지)

에 非想非非想處(비상비비상처)에 住(주)하면 捨念淸淨地(사념청정지)에 到(도)할새 六, 喜樂地(육, 희락지)란 離生喜(이생희)樂(락)과 定生喜樂(정생희락)이 生(생)하는 地(지)로서 聲聞乘(성문승)의 第八 斯陀含地(제팔 사다함지)(一來果의 位)(일래과의 위)와 共十地(공십지)의 第五 薄地(제오 박지)에 該當(해당)하고 五 金剛地(오 금강지)와 六 喜樂地(육 희락지)를 合(합)해서 菩薩乘(보살승)의 初歡喜地(초환희지)에 當(당)하니라

七, 離垢地(이구지)

離喜妙樂(이희묘락)의 境界(경계)를 거쳐 捨念淸淨地(사념청정지)에 到(도)하는 地(지)니 聲聞乘(성문승)의 九 阿那含地(아나함지)(不還果의 位)(불환과의 위)에 當(당)하고 菩薩乘(보살승)의 第二地(제이지)에 合(합)하며 共十地(공십지)의 第六 離欲地(제육 이욕지)에 當(당)하니라

八, 發光地(발광지)

加行功德(가행공덕)으로 一時的(일시적)으로 三界(삼계)를 出離(출리)하매 心光(심광)이 發(발)하야 九次第(구차제)定(정)의 極位(극위)인 滅受想定(멸수상정)(滅盡定)(멸진정)을 비로소 吟味(음미)하는 地(지)니 菩薩乘(보살승)의 第

三地(삼지)에 合(합)하니라

## 九. 精進地(정진지)

菩薩(보살) 十地(십지)에서 十波羅蜜(십바라밀)을 成就(성취)하고 十眞如(십진여)를 證(증)하니

歡喜地(환희지)에서 施波羅蜜(시바라밀)을 成就(성취)하고 遍行眞如(변행진여)(我·法 二空의 所顯이공소현으로서

諸法(제법)에 通行(통행)함으로)를 證(증)하며

離垢地(이구지)에서 戒波羅蜜(계바라밀)을 成就(성취)하고 最勝眞如(최승진여)(無邊(무변)의 德(덕)을 具足(구족)하야 一切(일체)

法(법)에서 最勝(최승)함으로)를 證(증)하며

發光地(발광지)에서 忍辱波羅蜜(인욕바라밀)을 成就(성취)하고 勝流眞如(승류진여)(此(차) 眞如(진여) 所流(소류)의 敎法(교법)이

至極(지극)히 殊勝(수승)함으로)를 證(증)하며

欲慧地(염혜지)에서 精進波羅蜜(정진바라밀)을 成就(성취)하고 無攝受眞如(무섭수진여)(繫屬(계속)한 바 無(무)하야 我(아)

執(집) 等(등)에 依(의)하고 또 取(취)하는 바 않임으로)를 證(증)

難勝地(난승지)에서 禪定(선정려)(靜慮)波羅蜜(바라밀)을 成就(성취)하고 無別眞如(무별진여)(差別(차별)의 類(류)가 無(무)하야 眼(안) 等(등)의 異類(이류)가 有(유)함과 如(여)함이 않임으로)를 證(증)하며

現前地(현전지)에서 般若波羅蜜(반야바라밀)을 成就(성취)하고 無染淨眞如(무염정진여)(本性(본성)이 無染(무염)한지라 後(후)에 다시 淨(정)해진다고 說(설)할 수 없음으로)를 證(증)하며

遠行地(원행지)에서 方便善巧(방편선교)(回向方便善巧(회향방편선교)와 拔濟方便善巧(발제방편선교)波羅蜜(바라밀)을 成就(성취)하고

法無別眞如(법무별진여)(多數法(다수법)에 種種(종종)으로 安立(안립)하되 別異(별이)가 無(무)함으로)를 證(증)하며

不動地(부동지)에서 願(원)(求菩提願(구보리원)과 利樂他願(이락타원)波羅蜜(바라밀)을 成就(성취)하고 不增減眞如(부증감진여)(增減(증감)의 執(집)을 離(이)하야 淨染(정염)에 따라 增減(증감)됨이 않임으로)를 證得(증득)이 이를 證得(증득)已히면 身相(신상)을 現(현)하는 同時(동시)에 또

相土自在所依眞如(상토자재소의진여)를 證(증)할 수 있으니

國土(국토)를 示(시)함에 自在(자재)하며

善慧地(선혜지)에서 力(력)(修習力(수습력)과 思擇力(사택력)波羅蜜(바라밀)을 成就(성취)하고 智(지)(受用法樂智(수용법락지)와 成(성)

熟(유정지) 有情智) 自在所依眞如를 證하니 이를 證得已하면 無碍解에 自在를 得하며

法雲地에서 智波羅蜜을 成就하고 業自在等所依眞如를 證得已하면

普히 一切 神通의 作業陀羅尼定門에서 皆 自在를 得하나라

眞如性은 實로 差別이 無하나 勝德에 따라 十種을 假立하나니 菩

薩初地 中에서 이미 一切에 達하야 能히 證行할 수 있지만 아직 圓

滿치 못함으로 圓滿하기 爲함인져

解脫十六地에 있어 七·八·十一의 三地는 菩薩 十地의 二·三·

六의 三地名 그대로, 九·十의 二地는 十波羅蜜 中 四·五의 冠詞

를 引用하고 十二·十三·十四·十五·十六의 五地는 瑜伽十七地 中

十三 聲聞地 十四 獨覺地 十五 菩薩地 十六 有餘依地 十七 無餘依地

等과 共十地의 七 聲聞地 八 支佛地 九 菩薩地 十 佛地 等을 參酌한 者니 對照할진져

十、禪定地

菩薩乘의 五 難勝地에 當함

十一、現前地

菩薩乘의 六 現前地에 合함

十二、羅漢地

聲聞乘의 極果인 十 阿羅漢地 卽 無學果의 位와 緣覺乘의 九 徹和蜜地 卽 無學果를 證하는 位와 菩薩乘의 七 遠行地와 共十地의 七 已辨地 卽 阿羅漢果의 位에 當할새니라

十三、支佛地

緣覺乘의 極果인 十 習氣漸薄地로서 習氣를 侵害하는 位니 共十地
의 八 支佛地에 合하고 證理邊으론 菩薩乘의 八 不動地에 當하니라

十四、菩薩地

菩薩乘의 九 善慧地와 共十地의 九 菩薩地에 合當하니라

十五、有餘地

瑜伽十七地 中 第十六 有餘依地의 略稱으로서 菩薩乘의 終地인 十
法雲地에 當하고 共十地론 九 菩薩地에 攝하며 또 等覺位도 이에 含
容되나 因位의 等覺이란 五十位의 總代名詞라 云謂 할 수 있음으로
이를 略함

十六、無餘地

瑜伽十七地의 終位인 無餘依地의 略稱으로서 共十地의 十 佛地에

當당하는 妙묘覺각의 位위니 四사覺각 中중 本본覺각을 除제하고 十십六육地지에 按안配배하면 이가

究구竟경覺각이오 四사地지까지가 相상似사覺각 五오地지부터 隨수分분覺각이며 五오忍인으로 按안配배

하면 四사地지까지 伏복忍인, 八팔地지까지 信신忍인, 十십一일地지까지 順순忍인, 十십四사地지까지

無무生생忍인, 終종二이地지가 寂적滅멸忍인으로서 三삼地지까지 下하伏복忍인(習습忍인), 四사加가行행地지

中중 明명得득定정과 明명增증定정이 中중伏복忍인(性성忍인), 印인順순定정이 上상伏복忍인(道도種종忍인), 五오·六육

合합地지가 下하信신忍인, 七칠地지가 中중信신忍인, 八팔地지가 上상信신忍인, 九구地지가 下하順순忍인, 十십

地지가 中중順순忍인, 十십一일地지가 上상順순忍인, 十십二이地지가 下하無무生생忍인, 十십三삼地지가 中중無무

生생忍인, 十십四사地지가 上상無무生생忍인, 十십五오地지가 下하寂적滅멸忍인, 十십六육地지가 上상寂적滅멸忍인

인바 이를 十십四사忍인이라고도 云운하고 上상寂적滅멸忍인을 除제하야 十십三삼觀관門문이라

고도 謂위하나니

且차空공·性성·相상 三삼宗종은 元원來래 橫횡的적으로 揀간別별할 바 않이오 縱종的적으로

그 程度를 各示한다면 伏·信·順 等 三忍은 相宗이오 無生忍은 性

宗이며 寂滅忍은 空宗이니라 그리고 四加行位·十信·十住·十行·

十廻向·十地·等覺·妙覺 等 諸位를 都合한 五十六位說、等覺位를

除한 五十五位說、四加行位를 除한 五十二位 或 五十一位說、十信位

를 外凡夫位라 하야 이를 除한 四十二位 或 四十一位說 等이 有하고

且 十住·十行·十廻向을 內凡夫位 或 三賢位라 云하며 十地를 十聖

位라 謂하는 三賢十聖說、初·二·三地를 三賢位、四地를 入聖之門、

五地부터 十地까지를 六聖位라 云謂하는 三賢六聖說 等이 有하는 바

筆者는 五十五位說과 三賢六聖說을 支持하는 同時에 五十五位를 漸

次한 次第漸修說을 打破하고 內의 五十位에 있어 五位十重 又는 十

位五重으로 縱橫 觀察하야 五蘊皆空을 證하는 境地로서 곧 五智如來

를 成就하는 方便이라 云하오니

三界 四大의 色陰을 걷고 諸法空을 證하면 비로소 正信이 生할새

初信이오 受陰을 걷고 二無我를 證하면 初發心의 歡喜地에 住할새

初發心住요 想陰을 걷고 分別心을 除却하면 如來의 妙德으로써 十方에 隨順하야 歡喜로 行할새

一切衆生을 救護할새 初歡喜行이오 行陰을 걷고 一切에 通하면

一切衆生을 救護할새 初救護一切衆生廻向이오 識陰을 걷고 처음으로 正覺에 登하야 歡喜踊躍할새 初歡喜地며 且 加行功德으로써 初

地를 成就하면 初信과 같은 信이 生하고 初住와 같은 地에 住하고

初行과 같이 行하고 初廻向과 같이 廻向하나니 餘皆倣此할지오, 加

之에 初·二地란 色陰, 三·四地란 受陰, 五·六地란 想陰, 七·八地

란 行陰, 九·十地란 識陰을 걷는 等의 果位로서 加行이란 因位일새

勤策修行하야 此等 五十位를 圓滿 成就하면 곧 妙覺이라 名하니

解脫十六地란 菩薩十地를 根幹으로 하고 聲聞十地、緣覺十地、三乘

共十地、密敎十地、瑜伽十七地、信·住·行·廻向 等 四의 十位、五

相成身位、五忍、十三觀門、四加行道 等을 枝葉으로 하야 顯密을 會

通한지라 修者ㅣ 初生三歸地하고 乃至 十六生無餘地하야 究竟 成就할

지니 正히 十六生成佛說에 合하나니라

(聲聞 + 緣覺 + 菩薩 = 解脫十四地까지)

甲申 夏    碧山閒人 撰

# 第三篇
## 首楞嚴三昧圖訣 上編
（수릉엄삼매도결 상편）

本訣은 心으로 爲宗일새 空으로 爲體요 性相으로 爲用이라 此에

基하야 圖示한 首楞嚴三昧의 境界圖를 了解케 함인져

序分의 名句文

「諸行」二字는 名이오 「諸行無常」四字는 句며 「諸行無常 是生滅法

生滅滅已 寂滅爲樂」 十六字는 文일새 自性의 體를 詮함이 名이오 義

를 顯함이 句며 體用齊示의 文字가 文이니 本編은 首楞嚴三昧圖에

擧示한 佛祖의 若干 名句를 原文 或은 纂文으로써 引證하야 本訣의

序分에 代함이니라

## 第一章 首楞嚴

「首楞嚴三昧經」中에 「菩薩이 得 首楞嚴三昧하면 能以三千大千世界로 入芥子中하야 令諸山河日月星宿로 悉現케 하되 如故而不迫迮하야 示諸衆生하나니 首楞嚴三昧의 不可思議勢力이 如是라」시고 「智度論」四十七에 「首楞嚴三昧者는 秦言 健相이니 分別知諸三昧行相多少 淺深함이 如大將知諸兵力多少라」하고 「復次 菩薩이 得此三昧하면 諸煩惱魔及魔人이 無能壞者하나니 譬如 轉輪聖王主兵寶將의 所往至處에 無能壞伏」이랐으며 二十三에 「首楞伽摩는 此云健行定이오 亦言 健相인바 舊云首楞嚴也」랐고 「涅槃經」二十七에 「首楞嚴

者는 名一切事竟이니 嚴者는 名堅이라 一切畢竟而得堅固함을 名首楞嚴이시고 以是故로 言首楞嚴定이며 名爲佛性이니 首楞嚴三昧者ㅣ有五種名하야 一者 首楞嚴三昧요 二者 般若波羅蜜이오 三者 金剛三昧요 四者 獅子吼三昧요 五者 佛性이라 隨其所作處處에 得名이라 시니 首楞嚴이란 新云 首楞伽摩로서 健行이라 健行이라 譯한 佛所得의 三昧名인바 健相이란 佛德이 堅固하사 諸魔가 能壞치 못함 일새요 健行이란 諸佛修行이 如金剛般若行임으로 써요 佛德의 究竟을 云함이니 換言하면 一實相인 一相이오 一相인 健行일새 곧 首楞嚴이란 먼저 觀念的 一相三昧로써 健相인 實相을 見證하고 健行인 般若一行으로써 理事를 契合하되 如金剛의 堅固를 得하야 即理即事인 一切事에 通達究竟함이니라

## 第一節 一行과 一相

「三藏法數」四에 「一行三昧者는 惟專一行하야 修習正定也」랐고

「文殊般若經」下에 「法界는 一相이니 繋緣法界함이 是名一行三昧라

시고 「入一行三昧者는 盡知恒沙諸佛法界一無差別相이라」하사 「善男

子善女人이 欲入一行三昧ㄴ댄 應處空閒하야 捨諸亂意하고 不取相貌

하며 繋心一佛하야 專稱名字하면서 隨佛方所하야 端身正向하되 能於

一佛이 念念相續하면 卽時 念中에 能見過去未來現在諸佛이라」시니

「起信論」에 「依是三昧故로 則知法界一相일새 謂一切諸佛의 法身與衆

生身이 平等無二라 卽名一行三昧니 當知하라 眞如一是三昧根本」이랐

고 「六祖壇經」에 「若於一切處의 行住坐臥에 純一直心이 不動道場하

면 直成淨土니 此名一行三昧」랐고 「若於一切處하되 而不住相하고 於

彼피상相中중하되 不불생生憎증愛애하며 亦역무無取취捨사하고 不불념念利이익益成성괴壞等등事사하야 安안한閒
恬염정靜하면 虛허융融澹담박泊할새 此차일상삼매一相三昧라 ᄒᆞ며 「維유마경경제자품弟子品」에 「不불괴壞
於어신즉일상身而隨一相」이라 심心의 註주조왈에 肇曰 「萬만물이제지物齊旨라 是시비동관非同觀이
一일상야相也니라 然연즉身即一相이어니 豈기대괴신멸체이후위지일상호待壞身滅體而後에 謂之一相乎아」
하였고 「法법화경華經」 비유품譬喩品에 「是시개일상종일진여상皆一相인 一種임을 聖所稱嘆이라」시고
「文문구句」 七칠상上에 「一일상자相者는 衆生之心이라 同동일진여상一眞如相 是시일지야一地也」시고
「一일미자味者는 一일승지법乘之法이니 同전일리同詮一理라 是시일지也一地也요
에 「一일상란相이란 謂一實相이라 合합일지야一地也요 一일미미味란 謂위일지미一智의 味라 合합
「一우야雨也」랐고「智지도론度論」二이십칠十七에 「一일상란相이란 所소위무상謂 無相」이랐으니
換환언言하면 一일상相이란 觀관적的이요 一일행行이란 念념적的이다 假가령令 無무변변허공邊虛空에
淨정수水가 充충만滿한데 一일체포말切는 泡沫이라 觀관함은 一일상삼매相三昧요 念념함은 一일행行三

昧며 無數衆生의 無常諸行을 彌陀의 一大行相이라 觀함은 一相三昧요 念함은 一行三昧다 그리하야 一相三昧와 一行三昧의 根本은 이 오 根本을 求索하는 方法은 限이 없다

一切를 水銀의 散珠로, 形形의 氷塊로, 色色의 畵幅으로, 幻師의 幻術로, 鍮物의 飯床器로, 鉢盂內의 白飯으로, 虛空의 浮雲으로, 鐵物의 酸鏽로, 陽炎으로, 水月로, 又는 其他의 種種千萬에서 오직 合法的임을 隨緣決擇하고 그 話頭의 一境에 心을 住하야써 觀而念之 하면 假觀的 一相三昧가 因이 되야 果의 實相을 見하고 念修的 一行 三昧가 因이 되야 果의 普賢境을 證하나니라

第二節 三昧

三昧란 三摩提 又는 三摩帝라고도 云하고 心을 一處에 住하야 不

動함일새 定(정)이라, 所觀(소관)의 法(법)을 正受(정수)함일새 正受(정수)라, 暴心(폭심)을 調伏(조복)하고

曲心(곡심)을 調直(조직)하야써 散心(산심)을 調定(조정)함일새 調直定(조직정)이라, 心行(심행)을 正法(정법)에

合(합)하는 依處(의처)일새 正心行處(정심행처)라 緣慮(연려)를 息止(식지)하고 心念(심념)을 凝結(응결)함일새 息

慮凝心(려응심)이라, 心(심)을 平等(평등)保持(보지)함일새 等持(등지)라, 定中(정중)에 法樂(법락)을 現(현)함일새

現法樂住(현법락주)라, 또 利他的(이타적)으로 보아 諸佛諸菩薩(제불제보살)이 有情界(유정계)에 入(입)하사 平

等護念(등호념)하심일새 等念(등념)이라고도 譯(역)하는 바 要(요)컨대 正三昧(정삼매)란 合法的(합법적)인

一話頭(일화두)를 誠心(성심)으로써 思惟觀察(사유관찰)하되 勤續不絶(근속부절)이 必要(필요)하니라

## 第二章 般若波羅蜜(반야바라밀)

般若波羅蜜(반야바라밀)이란 六波羅蜜(육바라밀)이나 十波羅蜜(십바라밀) 中(중) 第六(제육)의 共稱(공칭)으로서 諸(제)
波羅蜜(바라밀) 中(중) 最爲第一(최위제일)일새 六波羅蜜(육바라밀)이란 곧 六根(육근)·六境(육경)·六識(육식)의 諸法(제법)
이 本空(본공)한 그의 實相智(실상지)로써 到彼岸(도피안)함이오 十波羅蜜(십바라밀)이란 곧 十(십)은 滿
數(수)라 彼(피) 實相智(실상지)의 般若行(반야행)이 成滿(성만)하여야 事究竟(사구경)함이니 各其(각기) 次第(차제)를
權示(권시)하야써 般若(반야)의 用(용)을 大別(대별)함이니라

### 第一節 般若(반야)

般若(반야)를 班若(반야)、波若(바야)、鉢若(발야)、般羅若(반라야)、鉢剌若(발라야)、鉢羅枳孃(발라기양)、般賴若(반뢰야)、
鉢賢穰(발신양)、波羅孃(바라양)이라고도 云(운)하고 慧(혜)라、智慧(지혜)라、明(명)이라 譯(역)하는 바 一(일)

切(체)虛妄相(허망상)을 離(이)한 般若(반야)의 實性(실성) 곧 衆生(중생)에게 本具(본구)한 所證(소증)의 理體(리체)를 實相般若(실상반야)라 하고 實相(실상)을 觀照(관조)하는 實智(실지)를 觀照般若(관조반야)라 하며 諸法(제법)을 分別(분별)하는 權智(권지)를 方便般若(방편반야) 又(또)는 文字般若(문자반야)라 하야 已上(이상)을 三般若(삼반야)라 하고 般若(반야)의 眞智(진지)는 所緣(소연)인 一切諸法(일체제법) 境界(경계)가 됨일새 四(사)에 境界般若(경계반야), 五(오)에 煖·頂·忍·世第一法(난정인세제일법) 等(등)의 諸智(제지) 及(급) 戒·定·慧·解脫知見(계정혜해탈지견) 等(등)이 觀照般若(관조반야)인 同時(동시)에 慧性(혜성)의 眷屬(권속)이 됨일새 此(차)를 眷屬般若(권속반야)라 하야 都合(도합) 五種般若(오종반야)라 稱(칭)하는 바 體(체)는 一(일)이오 用(용)은 無數(무수)니라

### 第二節 波羅蜜(바라밀)

波羅蜜(바라밀)은 波羅蜜多(바라밀다) 又(또)는 播囉弭多(파라미다)라고 云(운)하는 菩薩大行(보살대행)의 名稱(명칭)이니 有住相(유주상)의 善行(선행)보다 無住相(무주상)의 大行(대행)임으로 씨라 菩薩(보살)의 大行(대행)은 能(능)히 一切(일체) 自行化他(자행화타)의 事(사)에 究竟(구경)함일새 事究竟(사구경)인져 此(차) 大行(대행)을 乘(승)하

고 能히 生死의 此岸에서 涅槃의 彼岸에 到함일새 到彼岸이라 此 大
行을 因하야 能히 諸法의 廣遠을 度함일새 度無極 또는 度라 譯하야
財施·無畏施·法施의 大行을 布施 또는 檀波羅蜜이라 하고 在家·
出家·小乘·大乘의 一切 戒律을 能히 大行을 持戒 또는 尸波
羅蜜이라 하고 一切 有情의 罵辱·擊打 等 또는 非情의 寒·熱·飢·
渴 等을 能히 忍受하는 大行을 忍辱 또는 羼提波羅蜜이라 하고
精勵하야 前後의 五波羅蜜을 進修하는 大行을 精進 또는 毘梨耶
波羅蜜이라 하고 眞理를 思惟하야써 證前엔 散亂心을 定止하는 要法
이 되고 證後엔 入定의 大行이 될새 此를 禪定 또는 禪波羅蜜이라
하고 비로소 斷惑證理하면 入道요 入道後 諸法에 通達하면 大行일새
此를 智慧 또는 般若波羅蜜이라 하니 此 六大行을 兼具한 菩薩이 自

## 第三節 十波羅蜜과 菩薩十地

利他를 成滿하야 涅槃岸에 到하나니 名이 究竟이니라

初엔 菩薩이 이미 貪心 三分二를 除하고 見惑을 破할새 비로소 聖

性을 得하야 我·法 二空의 理를 證하고 大歡喜를 生하니 歡喜地요

同時에 一切를 救護하야써 無住相의 布施를 行하고 此에 基하야 涅

槃岸에 到할새 檀波羅蜜을 成就함이오

二엔 殘餘 一分의 貪心을 除함에 따라 일즉히 見惑에 基하였든 思

惑을 除하는 同時에 戒波羅蜜을 成就할새 毀犯의 垢를 離한 身으로

하야금 思念이 淸淨하니 離垢地요

三엔 瞋心을 抑制하고 忍辱波羅蜜을 成就하야써 諦察法忍을 得하

니 智慧가 顯發할새 發光地요

金剛心論　174

四엔 精進波羅蜜을 成就하니 慧性으로 하야금 熾盛케 할새 焰慧地

요
五엔 嗔心의 根本이 除去되는 同時에 禪定波羅蜜을 成就하고 理事를 契合하야써 眞俗二智의 相應을 成功함에 따라 塵沙惑을 除하게 되니 極難勝地요

六엔 何等의 貪嗔二心이 已盡함에 따라 慧波羅蜜을 成就하니 最勝智를 發하야 染淨이 無한 一眞法界의 行相이 現前할새 現前地요

七엔 貪嗔已盡에 따라 一分의 痴心이 除去되니 大悲心을 發하야 方便波羅蜜을 成就하고 二乘의 自度를 遠離할새 遠行地요

八엔 이미 二乘을 遠離하고 菩薩의 大願을 發한지라 此地에서 願波羅蜜을 成就하고 無相觀을 作하야 任運無功用을 相續할 뿐이니 不

第三篇 首楞嚴三昧圖訣 上

動地요

九엔 力波羅蜜을 成就하고 十力을 具足하야써 一切處에서 可度와 不可度를 知하야 能히 說法할새 善慧地요

十엔 障道無明의 根本을 斷盡하고 受用法樂智와 成熟有情智로써 智波羅蜜을 成就할새 無邊의 功德을 具足하야 無邊의 功德水를 出生함이 大雲이 淸淨의 衆水를 生함과 如함일새 法雲地니 後의 四波羅蜜이란 第六을 開하야 十地에 配對한 者니라

第四節 十地의 廢立

歡喜地 等의 十地에 廢・立의 二門이 有하니 그의 廢門엔 三劫外에 十地를 不立하고 三劫의 妄執을 斷하야 十地를 究竟함일새 「秘藏記」 等의 所說이오 立門엔 「大日經疏」에 三劫의 三妄執을 斷盡한 後

의 十地를 立하야 開發金剛寶藏位랐으니 此의 廢·立 二門이 有한

所以는 十地에 淺深이 有함으로 써라

「大日經疏」 二에 一者 淺略釋이오 二者深秘釋이라 云云하야 此의

淺深十地에 開合 兩門을 立하였으니

一엔 淺略의 十地를 合하야 地前에 置하고 深秘의 十地를 開하야

開發金剛寶藏地람이오

二엔 深秘의 十地를 合하야 佛果로 하고 淺略의 十地를 開하야 三

妄執의 斷位람이니 「大日經」所說의 三劫十地란 此의 二意를 包含함

일새 淺略의 十地를 地前에 合置하고 深秘의 十地를 地上에 開立함

은 諸疏家의 許多 合從說이오 三劫十地의 建立이 多少 不同하나 惑

을 約하야 三劫으로 하고 位를 約하야 十地로 함은 오직 「秘藏記」의

所說이니라

그리고 達磨大師의 「觀心論」에도 三劫을 三惑에 約하고 六波羅蜜을 六處에 約함이 有하나 密證顯釋이 同時 並行하니라

## 第五節 三毒六賊

「觀心論」에 「又問曰 上說 眞如佛性의 一切功德은 因覺爲根이라시니 未審커이다 無名之心의 一切諸惡은 以何爲根이닛고 答曰 無明之心에 雖有八萬四千煩惱인 情欲의 恒沙衆惡이 無量無邊이나 取要言之컨대 皆因三毒하야 以爲根本하나니 其 三毒者는 卽 貪嗔痴也라 此 三毒心이 自然 本來 具有하야 一切諸惡의 猶如大樹根一새 雖是一이나 所生枝葉이 其數 無邊하야 彼 三毒根인 一一根中에 生諸惡業함이 百千萬倍라도 過於前하야 不可爲喩니라」

「如是三毒이 於一本體하야 自爲三毒하고 若應現六根할새 亦名六賊이니 六賊者는 卽六識也라 由此六識이 出入諸根하야 貪着萬境然하고 成惡業하야 障眞如體故로 名六賊이니 由此三毒及以六賊하야 惑亂身心할새 沈淪生死하고 輪廻六趣하야 受諸苦惱함이 猶如江河로다 因小泉源의 涓流不絕하야 乃能彌漫하고 波濤萬里하나니 若復有人이 斷其根源하면 則衆流ㅣ皆息일새 求解脫者도 能轉三毒하야 爲三聚淨戒하고 能轉六賊하야 爲六波羅蜜하면 自然永離一切諸苦하리라」시니라

## 第三章 四諦(사체)

四諦(사제)를 四眞諦(사진체) 또는 四聖諦(사성제)라고도 云(운)하니 聖者所見(성자소견)의 眞理(진리)임으로써라

一(일)에 苦諦(고체)란 三界六趣(삼계육취)의 苦報(고보)니 迷(미)의 果(과)요

二(이)에 集諦(집체)란 貪(탐)·嗔(진) 等(등)의 煩惱(번뇌)와 善惡(선악)의 諸業(제업)으로서 此二(차이)가 能(능)히 三界六趣(삼계육취)의 苦報(고보)를 集起(집기)함으로 迷(미)의 因(인)이오

三(삼)에 滅諦(멸체)란 곧 涅槃(열반)으로서 涅槃(열반)이란 惑業(혹업)을 滅(멸)하고 生死(생사)의 苦(고)를 離(이)한 眞空寂滅(진공적멸)의 境界(경계)니 悟(오)의 果(과)요

四(사)에 道諦(도체)란 곧 八正道(팔정도)로서 能(능)히 涅槃(열반)에 通(통)하는 道(도)이니 悟(오)의 因(인)이

니라

此中 初二는 流轉의 因果이니 곧 世間의 因果요 後二는 還滅의 因果니 곧 出世間의 因果로서 四를 모두 諦라 함은 그 眞理가 實至 極함으로써 二者 共히 果位를 앞세우고 因位를 뒤에 둠은 果는 보기가 쉽고 因은 알기 어려우므로 苦果를 먼저 보여 이를 厭離케 한 後 其 因을 斷滅케 하며 또는 涅槃의 妙果를 먼저 들어 願樂케 한 後 其道를 修行케 하심이니 佛께서 菩提樹下를 起하사 鹿野苑에 到하시고 五比丘를 爲하야 이 法을 如說하셨음으로 佛轉法輪의 初라 謂하나니 修者는 依此修道하야 隨宜證滅할지니라

第一節 八正道

一에 正見이란 苦·集·滅·道 四諦의 理를 見하야 分明할새 無漏

의 慧(혜체)를 體로 하니 이것이 八正道(팔정도)의 本體(본체)요

二에 正思惟(정사유)란 四諦(사제)의 理(리)를 旣見(기견)하고 오히려 思惟籌量(사유주량)하야 眞理(진리)를 增長(증장)함이니 無漏心(무루심)의 心所(심소)(心王(심왕) 所有(소유)의 別作用法(별작용법))로써 體(체)를 삼음이오

三에 正語(정어)란 眞智(진지)로써 口業(구업)을 닦아서 一切(일체) 非理(비리)의 말을 짓지 않음이니 無漏(무루)의 戒(계)로써 體(체)를 삼음이오

四에 正業(정업)이란 眞智(진지)로써 身(신)의 一切邪業(일체사업)을 除(제)하야 淸淨(청정)의 身業(신업)에 住(주)함이니 無漏(무루)의 戒(계)로써 體(체)를 삼음이오

五에 正命(정명)이란 身(신)·口(구)·意(의)의 三業(삼업)을 淸淨(청정)히 하되 正法(정법)에 順(순)하야 活命(활명)하고 五邪命(오사명)(天文(천문)·地理(지리)·四柱(사주)·相(상)·占(점))을 遠離(원리)함이니 無漏(무루)의 戒(계)로써 體(체)를 삼음이오

六에 正精進(정정진)이란 眞智(진지)를 發用(발용)하야 涅槃(열반)의 道(도)를 强修(강수)함이니 無漏(무루)의

勤(근)으로써 體(체)를 삼음이오

七(칠)에 正念(정념)이란 眞理(진리)로써 正道(정도)를 億念(억념)할 뿐으로써 邪念(사념)이 無(무)함이니

無漏(무루)의 念(념)으로써 體(체)를 삼음이오

八(팔)에 正定(정정)이란 眞智(진지)로써 無漏(무루)淸淨(청정)한 禪定(선정)에 入(입)함을 말함이니 無漏(무루)

의 定(정)으로써 體(체)를 삼으니라

此(차) 八法(팔법)이 邪非(사비)를 다 떠나므로 正(정)이라 하고 能(능)히 涅槃岸(열반안)에 이르는

通路(통로)이므로 道(도)라 하느니라

모두 有漏(유루)가 아닌 無漏(무루)로서 見道位(견도위)의 行法(행법)인 바 正見(정견)의 一(일)은 八正(팔정)

道(도) 中(중)의 主體(주체)이므로 道(도)요 나머지 七(칠)은 道分(도분)이요 道支(도지)니라

## 第二節(제이절) 十二因緣(십이인연)

十二因緣(십이인연)은 辟支佛(벽지불)의 觀法(관법)으로서 新譯(신역)으로는 十二緣起(십이연기)요 舊譯(구역)으로

는 十二因緣이며 또는 因緣觀이라 支佛觀이라고도 하나니

이는 衆生이 三世에 涉하야 六途에 輪廻하는 次第緣起를 說한 것으로서

一에 無明이란 過去世의 無始煩惱요

二에 行이란 過去世의 煩惱에 依하야 지은 善惡의 行業이오

三에 識이란 過去世의 業에 依하야 受한 現在 受胎의 一念이오

四에 名色이란 胎中에서 心身이 發育하는 位를 말함이니 名이란 心法으로서 心法이란 體로써 現示하기 어렵고 다만 名으로써 詮義할 바이므로 名이라 하고 色이란 곧 眼 等의 身이오

五에 六處란 六根이니 六根이 具足하야 將次 出胎하고자 하는 位요

六에 觸이란 二~三歲之間에서 事物에 對하야 아직 苦樂을 識別할

수는 없고 다만 物에 觸하고자 하는 位요

七에 受란 六~七歲 이후에 事物에 對하야 苦樂을 識別하고 此를

感受하는 位요

八에 愛란 十四~五歲 이후에 種種의 强盛한 愛慾을 生하는 位요

九에 取란 成人 이후에 愛慾이 尤盛함에 따라 諸境에 馳驅하야 所

欲을 取求하는 位요

十에 有란 愛取의 煩惱에 依하야 種種의 業을 지어 當來의 果를

定하는 位니 有란 곧 業으로서 業이 能히 當來의 果를 含有함으로

有라 이름함이오

十一에 生이란 現在의 業에 依하야 未來의 生을 받는 位요

十二에 老死란 來世에서 老死하는 位니 이 中에서 「無明과 行」의 二는 곧 惑·業의 二로서 過去世의 因에 屬하고 識·名色·六處·觸·受의 五는 過去 惑業의 因에 緣하야 받은 現在의 果에 屬할새 이는 過現一重因果이며 또한 「愛·取」의 二는 現在의 惑이요 「有」란 現在의 業이라 이 惑業의 現在因에 緣하야 未來의 生과 老死의 果를 感할새 이는 現未一重因果라 위의 過現一重과 現未一重을 合稱하야 三世兩重因果라 하나니 此 兩重의 因果에 依하야 輪廻가 無窮함을 알지니라

現在의 惑(愛·取) 業(有)이 이미 現在의 苦果(識·名色·六處·觸·受)에서 生하였음을 볼진대 過去의 惑業도 역시 過去의 苦果에서 生하였음을 알 것이며 이미 現在의 苦果(識 내지 受가 現在의 業(有)을 生

함을 볼진대 역시 未來(미래)의 苦果(고과)(生(생)·老死(노사))가 未來(미래)의 業(업)을 生(생)할 것임을 알지니라

그러므로 이를 推究(추구)하면 過去(과거)의 惑業(혹업)은 過去(과거)의 苦果(고과)에서 來(래)하고 未來(미래)의 苦果(고과)는 未來(미래)의 惑業(혹업)을 生(생)하야 過去(과거)에 始(시)가 無(무)하고 未來(미래)에 終(종)이 無(무)하니 이를 無始無終(무시무종)의 生死輪廻(생사윤회)라 하는 바 辟支佛(벽지불)은 이를 觀(관)하야 一(일)은 生死(생사)를 싫어하고 一(일)은 常實(상실)의 我體(아체)가 없음을 知(지)함으로써 드디어 惑業(혹업)을 끊고 涅槃(열반)을 證(증)하나니 이 中(중)에서 因果(인과) 緣(연)을 分別(분별)하면 行(행)과 有(유)와의 二支(이지)는 因(인)이오 無明(무명)·愛(애)·取(취)의 三支(삼지)는 緣(연)이며 餘(여)의 七支(칠지)는 果(과)이나 果(과)는 도리어 惑業(혹업)의 因(인)을 일으키는 緣(연)이 됨으로 이를 緣中(연중)에 攝(섭)하고 別(별)로 果(과)의 名(명)을 두지 않고 因緣觀(인연관)이라 單稱(단칭)하느니라

第三節 六趣(육취)(途(도))

迷한 衆生이 業因의 差別에 依하야 趣向하는 바 六處가 있어 六趣라 或은 六途라 말하니

一에 地獄趣란 八寒、八熱 等의 苦處로서 地下에 있으므로 地獄이라 名하며

二에 餓鬼趣란 飯食을 恒求하는 鬼類의 生處니 人趣와 雜處하나 不可見이며

三에 畜生趣란 傍生趣라고도 이르는 바 禽獸의 生處로서 人界와 依處가 許多히 同一하야 眼前可見이며

四에 阿修羅趣란 恒常 嗔心을 품고 戰鬪를 좋아하는 大力神의 生處로서 深山幽谷을 依處로 하야 人과 隔離하며

五에 人趣란 人類의 生處로서 閻浮提 等의 四大洲에 分하야 報에

따라 依(의)處(처)를 區別(구별)하고 오직 通力(통력)으로써 相通(상통)하며 六(육)에 天趣(천취)란 몸에 光明(광명)이 있고 又(우)한 자연히 快樂(쾌락)을 받는 衆生(중생)을 天(천)이라 名(명)하는 바 欲界(욕계)에 六處(육처)가 있어 六欲天(육욕천)이라 하며 또한 色界(색계)와 無色界(무색계)가 다 其(기)의 生處(생처)니라

## 第四章 金剛三昧(금강삼매)

三乘(삼승)의 行人(행인)이 最後(최후)에 一切(일체)의 煩惱(번뇌)를 斷(단)하고 各其(각기) 究竟(구경)의 果(과)를 得(득)하는 三昧(삼매)를 金剛三昧(금강삼매)라, 如金剛三昧(여금강삼매)라, 金剛喩定(금강유정)이라, 金剛定(금강정)이라 云(운)하고 또 金剛三昧(금강삼매)를 三種(삼종)에 差別(차별)하야 初(초)에 金剛喩三昧(금강유삼매)를 聲聞菩提(성문보리)라 中(중)에 金剛輪三昧(금강륜삼매)를 辟支佛菩提(벽지불보리)라 後(후)에 如金剛三昧(여금강삼매)를 佛無上菩提(불무상보리)라 論(논)함도 有(유)하니 金剛(금강)이 能(능)히 一切(일체)에 無碍(무애)함과 如(여)히 能(능)히 一切諸法(일체제법)에 通達(통달)함으로써

「涅槃經(열반경)」 二十四(이십사)에 「菩薩摩訶薩(보살마하살)이 修大涅槃(수대열반)하야 得(득) 金剛三昧(금강삼매)하고 安住此中(안주차중)하야 悉能破散(실능파산) 一切諸法(일체제법)이라」 시고

「智度論」四十七에 「金剛三昧者는 譬如 金剛이 無物不陷일새 此三昧도 亦復如是하야 於諸法에 無不通達하고 令諸三昧로 各得其用이라」며 又 「如金剛三昧者는 能破一切諸煩惱結使하야 無有遺餘니 譬如 釋帝桓因이 手執金剛하고 破阿修羅軍인달하야 卽是 學人 末後의 心 일새 從是心의 次第三種菩提니 聲聞菩提와 辟支佛菩提와 佛無上菩提랐고 「首楞嚴經」六에 「是諸大衆이 得未曾有하야 一切로 普獲金剛三昧라」시고 「智度論」三十四에 「地란 皆是衆生虛誑業의 因緣報라 故로 有할새 是故로 不能擧菩薩이니라 欲成佛時에 實相智慧身이 是時坐處ㅣ 變爲 金剛하나니 有人言하되 土在金輪上하고 金輪은 在金剛上하야 從金剛

際로 出如蓮華臺하야 直上持菩薩坐處라 令不陷沒일새 以是故로 此道場坐處ᅵ 名爲金剛이랐고

「西域記」 八에 「菩提樹垣正中에 有金剛座하니 昔賢劫初에 與天地俱起하야 據三千大千世界之中하되 下極金輪하고 上侵地際하야 金剛所成이오 周百餘步라 賢劫千佛이 座之而入金剛定일새 故曰金剛座焉하나니 證聖道所를 亦曰道場」이랐고

「俱舍論」 十一엔 「唯此洲中에 有金剛座하니 上窮地際하고 下據金輪이라 一切菩薩이 將登正覺할새 皆坐此座上하야 起金剛喩定」이랐으니

金剛三昧란 먼저 金輪을 見하야 本格的 肉眼을 得한 後 金剛界의 天眼과 金剛輪의 法眼과 金剛智의 慧眼을 內證하야써 大寂室三昧로

## 第一節 獅子吼三昧(사자후삼매)

써 最後(최후)의 佛眼(불안)을 成就(성취)할지니라

金輪(금륜) 以上(이상)을 金剛界(금강계)라 하니 大日如來(대일여래)의 智德(지덕)을 開示(개시)한 部門(부문)으로서 如來內證(여래내증)의 智德(지덕)은 其(기) 體(체)가 堅固(견고)하야 一切(일체)의 煩惱(번뇌)를 摧破(최파)하는 勝用(승용)이 有(유)함으로써라

金輪(금륜)이란 娑婆世界(사바세계) 一切衆生(일체중생)의 身根(신근)인 同時(동시)에, 有情(유정) 無情(무정)의 四大(사대)

色身(색신)의 實相(실상)이라 普現色身三昧(보현색신삼매)의 根本(근본)이오 金剛輪三昧(금강륜삼매)의 對象(대상)이라

金毛數(금모수)와 等(등)한 一切衆生(일체중생)의 實色(실색)이오 法身(법신)인 獅子本身(사자본신)일새 金毛獅子(금모사자)

요 獅子一吼(사자일후)에 百獸死息格(백수사식격)으로 一切(일체)가 實相(실상)에 歸(귀)하고 衆生(중생)의 假相(가상)이

隱沒(은몰)할새 獅子吼三昧(사자후삼매)니라

## 第二節 四輪(사륜)

有情의 業力으로써 最下의 虛空輪에 依止하야 風輪을 生하니 其 廣이 無數요 厚가 十六億踰繕那라 如是히 風輪의 體가 緊密하니 復 是何物고 此가 大地四輪中의 風輪이오 又한 有情의 業力으로 大雲雨 를 起하야 風物上에 注하니 積水輪을 成하는지라 此가 水輪이오 有 情의 業力으로 別風을 起하야 此 水를 搏擊할새 上結하야 金을 成하 니 此가 金輪이라 此는 佛說의 虛空輪上에 風輪이 有하고 風輪上에 水輪이 有하고 水輪上에 金輪이 有하고 金輪上에 九山八海가 有하다 신 初의 四輪에 對한 俱舍論世間品의 所說이니 參酌할지어다

要컨대 天地日月星宿와 山河大地의 森羅萬象과 蠢動含靈의 一切衆 生身인 地性을 먼저 分析하자 科學者는 말하되 一切의 物體란 成分 의 集積이라 하야 成分이란 分子의 微合이오 分子란 各元素의 因緣

體라 한다 그리하야 다시 元素를 破壞할새 形跡도 없어지는 同時에 電子와 陽核이란 原子만 發見될 뿐이다 또 原子의 核體는 무엇이냐 하야 假稱의 原子核을 求하나 未發見이다 보라 이미 釋尊께서 이를 밝히시고 諸菩薩이 敷演한 바다 諸法從緣生이오 亦從因緣滅이라 신 因緣法의 媒介體가 곧 元素였다 科學者는 一切가 歸空함을 立證했다 그러나 아직 正道는 모른다 그리하야 有情 無情의 一切衆生所依의 顯界 이대로 虛空輪이오 虛空輪上의 風輪이란 곧 電子요 風輪上의 水輪이란 곧 陽核이니라 그리고 水輪上의 金輪이란 곧 求하는 바의 原子核이다 原子核인 金輪은 오직 肉眼의 實性을 回復하여야 見證한다 天下衆生의 肉眼이란 假性이니 만큼 그의 實性을 求하는 것이 先決問題니라

## 第三節 析空觀(석공관)

地(지)·水(수)·火(화)·風(풍) 四大的(사대적)의 其性(기성)은 空大(공대)와 合(합)하되 其相(기상)은 地性的(지성적)으로 幻化(환화)하야 衆生(중생)의 心體(심체)를 陰蔽(음폐)하고 水性的(수성적) 貪心(탐심)과 火性的(화성적) 嗔心(진심)이 아울너 地性的(지성적) 痴心(치심)이 되야 風性的(풍성적)으로 顯現(현현)하니 要(요)는 먼저 地性(지성)을 分析(분석)하야써 四大相(사대상)을 破(파)하고 空性(공성)에 住(주)함이 入道(입도)의 初步(초보)일새

天地日月星宿(천지일월성수)와 山河大地(산하대지)의 森羅萬象(삼라만상)과 人畜(인축) 乃至(내지) 蠢動含靈(준동함령)과의 一切衆生身(일체중생신)을 餘地(여지) 없이 破壞(파괴)하야 隙遊塵(극유진) 程度(정도)의 成分化(성분화)하고 다시

그의 七分一(칠분일)인 牛毛塵(우모진)의 分子化(분자화)하고 그 七分一(칠분일)인 羊毛塵(양모진)의 元素化(원소화)하

고 그 七分一(칠분일)인 兎毛塵(토모진)의 電子化(전자화)하고 그 七分一(칠분일)이 水塵(수진)의 陽核化(양핵화)하

야 顯界(현계)인 欲界塵(욕계진)을 獅子奮迅格(사자분신격)으로 脫落(탈락)하고 그 七分一(칠분일)인 金塵(금진)의

原子核化(원자핵화)하고 그 七分一(칠분일) 微(미)의 識粒化(식립화)하고 그 七分一(칠분일) 極微(극미)의 色(색)

究竟化하고 그 七分一인 隣虛의 染心根化하야 色界塵과 無色界의 染
分을 淨化하고 오히려 進一步하야 眞空界에 轉入한 後 다시금 三界
의 實相을 正觀하야 그 妙有를 觀察할새 果의 眞空妙有觀이오 因
의 析空觀이니라

## 第四節 四相

「金剛般若波羅蜜經」에 「何以故오 須菩提야 若菩薩이 有我相人相衆
生相壽者相이면 卽非菩薩이라」시고 又 「須菩提야 於意云何오 可以身
相으로 見如來不아 不也니이다 世尊하, 不可以身相으로 得見如來
何以故오 如來所說身相은 卽非身相이니이다 佛告須菩提하사대 凡所
有相이 皆是虛妄이니 若見諸相非相이면 卽見如來니라」심의 「六祖
解曰 衆生과 佛性이 本無有異언만 緣有四相하야 不入無餘涅槃하나니

有四相하면 即是衆生이오 無四相하면 即是佛이니

衆生이오 悟하면 即衆生이 是佛이니라 迷人은 恃有財寶學問族姓하야

輕慢一切人이 名我相이오 雖行仁義禮智信이나 而意高自負하야 不行

普敬하고 言我解行仁義禮智信이니 不合敬爾라함이 名人相이오 好事

는 歸己하고 惡事는 施人함이 名衆生相이오 對境하야 取捨分別함이

名壽者相이니 是謂凡夫四相이오 修行人도 亦有四相할새 心有能所하

야 輕慢衆生이 名我相이오 自恃持戒하야 輕破戒者ㅣ名人相이오 厭三

途苦하야 願生諸天이 是衆生相이오 心愛長年而勤修福業하야 諸執不

忘이 是壽者相이니 有四相하면 即是衆生이오 無四相하면 即是佛」이

랐고

又「色身은 即有相이오 法身은 即無相이니 色身者는 四大和合하야

父母所生이라 肉眼所見이어니와 法身者는 無有形段하야 非有靑黃赤

白일새 無一切相貌하야 非肉眼能見이오 慧眼으로 乃能見之니 凡夫는

但見色身如來하고 不見法身如來하나니 法身은 量等虛空이라 是故로

佛ㅣ問須菩提하사대 可以身相으로 見如來不아 하시니 須菩提ㅣ知凡

夫의 但見色身如來하고 不見法身如來故로 言不也니이다 世尊하

不可以身相으로 得見如來니이다 하니 色身은 是相이오 法身은 是性

이라 一切善惡이 盡由法身이오 不由色身이니 法身이 若作惡하면 色

身이 不生善處요 法身이 作善하면 色身이 不墮惡處니 凡夫는 唯見色

身하고 不見法身일새 不能行無住相布施하며 不能於一切處에 行平等行

하며 不能普敬一切衆生이어니와 見法身者는 即能行無住相布施하며

即能普敬一切衆生하며 即能修般若波羅蜜行하야 方信一切衆生의 同一

眞性(진성)이 本來淸淨(본래청정)하야 無有垢穢(무유구예)할새 具足恒沙妙用(구족항사묘용)하나니라 如來(여래욕현) 欲顯

法身故(법신고)로 說一切諸相(설일체제상)이 皆是虛妄(개시허망)이니 若悟一切諸相(약오일체제상)이 虛妄不實(허망부실)하면

卽見如來無相之理也(즉견여래무상지리야)라」하시니라

## 第五節 金剛界五部(금강계오부)

金剛界(금강계)란 始覺上轉(시각상전)의 法門(법문)으로서 在迷(재미)의 九識(구식)을 轉(전)하야 五種(오종)의 果

智(지)를 成就(성취)함일새 五部(오부)에 分類(분류)하니

一(일)에 蓮華部(연화부)란 衆生(중생)의 心中(심중)에 本有(본유)인 淨菩提心淸淨(정보리심청정)의 理(리)가 有(유)하야

六途生死(육도생사)의 泥中(이중)에 在(재)하되 不染不垢(불염불구)함이 蓮華(연화)가 泥中(이중)에 處(처)하되 不染

不垢(불구)함과 如(여)할새요

二(이)에 金剛部(금강부)란 衆生自心(중생자심)의 理所(리소)에 또 本有(본유)의 智(지)가 有(유)하야 生死(생사)의

泥中(이중)에 無數劫(무수겁)을 經(경)하되 不朽不壞(불후불괴)함이 金剛(금강)이 長久(장구)히 泥中(이중)에 埋沒(매몰)

하되 不朽不壞함과 如할새요

三에 佛部란 已上의 理智가 本有하나 凡夫位에선 不顯하고 果位에 入하야사 理智가 顯現하야 覺道가 圓滿함으로써요

四에 寶部란 佛의 自證部로서 萬德이 圓滿하야 福德이 無邊함으로써요

五에 羯磨部란 佛의 化他部로서 羯磨란 作業이라 譯하니 佛이 衆生을 爲하사 悲愍을 垂하시고 一切의 事業을 辨成하심으로써니

初二는 在纏의 因德이오 第三은 理智가 具足한 出纏의 果位며 後二는 佛部中에서 二利圓滿을 別開함이니라

第六節 五佛座

一에 大日의 獅子座니 獅子가 諸獸의 王으로서 諸獸中에서 遊行

하되 無畏함이 毘盧遮那佛이 諸法의 王으로서 諸法의 中에서 無碍自在하심으로써 獅子를 座로 하심이오

二에 阿閦의 象座니 義訣에 云하되 象의 力用은 諸獸 中 此에 過한 者ㅣ 無할새 그 堅力無碍를 表幟함이라 兎·馬·象의 三獸가 河水를 渡함에 象王이 獨히 其底를 極하야 諸獸 中에 其力의 最大함이

金剛部 摧破의 德用에 相應함이오

三에 寶生의 馬座니 義訣에 云하되 世間에 尊貴吉祥한 者ㅣ 馬보다 先함이 無하고 또 馬에 慧用이 有하야 世間에서 寶로 할새 寶生佛의 灌頂法王이 此로써 座로 함이오

四에 阿彌陀의 孔雀座니 義訣에 云하되 世間에서 孔雀을 瑞禽이라 云하니 此禽의 麗狀에 種種의 色을 具하고 明慧가 有하야 時宜에

善應할새 阿彌陀의 轉法輪王이 此로써 座로 함이오

五에 不空成就의 迦樓羅座니 義訣에 云하되 此 鳥의 威力이 能히

諸龍을 降伏하야 諸龍 所居의 四大海 中 迦樓羅所向의 處에 龍이 곧

降伏할새 不空佛의 羯磨王이 此로써 座로 함이니 一切 人天의 諸龍

을 攝引하야써 菩提의 彼岸에 到케 함이니라

## 第七節 五智

顯敎에선 八識을 轉하야 四智를 成한 究竟의 報身如來를 立하고

密敎에서는 四智에 第九識所轉의 法界體性智를 加하야 五智로 하고

金剛界智法身의 大日如來를 立하니

一에 法界體性智란 菴摩羅識을 轉한 바로서 法界란 淨識差別의 義

일새 諸法을 差別한 其數 無量의 法界體性이 곧 六大라 六大法界의

三昧에 住함을 法界體性智라 名하고 方便究竟의 德을 主하며

二에 大圓鏡智란 阿賴耶識을 轉한 바로서 法界의 萬象을 顯現함이

大圓鏡과 如한 智며

三에 平等性智란 末那識을 轉한 바로서 諸法平等의 作用을 成한

智며

四에 妙觀察智란 意識을 轉한 者로서 諸法을 妙分別하야 衆機를

觀察하고 說法斷疑하는 智며

五에 成所作智란 眼識 等의 五識을 轉한 바로서 自利利他의 妙業

을 成就한 智라

此 五智는 一身所具의 智德이지만 衆生을 引攝코자 本體에서 四方

의 四智 四佛을 出生할새 法界體性智는 本位에 住한 中央의 大日如

來라 하고 大圓鏡智(대원경지)에 由(유)한 東方(동방)의 阿閦如來(아촉여래)는 發菩提心(발보리심)의 德(덕)을 主(주)하며 平等性智(평등성지)에 由(유)한 南方(남방)의 寶生如來(보생여래)는 修行(수행)의 德(덕)을 主(주)하며 妙觀察智(묘관찰지)에 由(유)한 西方(서방)의 阿彌陀如來(아미타여래)는 成菩提(성보리)의 德(덕)을 主(주)하며 成所作智(성소작지)에 由(유)한 北方(북방)의 不空成就如來(불공성취여래)는 入涅槃(입열반)의 德(덕)을 主(주)한다 하니 此(차)는 一種(일종)의 下轉法門(하전법문)에 屬(속)하고 上轉(상전)할 時(시)엔 中央(중앙)이 涅槃位(열반위)요 北方(북방)이 菩提位(보리위) 요 西方(서방)이 修行位(수행위)요, 東方(동방)이 發心位(발심위)요, 南方(남방)이 方便位(방편위)니 四方(사방)이란 顯界(현계지)를 指(지)함이 않이오 密界(밀계지)를 指(지)함이라 北南(북남)은 上下(상하)요 西東(서동)은 左右(좌우)일새 東勝身洲(동승신주)에서 發心(발심)하고 西牛貨洲(서우화주)에서 修行(수행)하고 北單越洲(북단월주)에서 成菩提(성보리)하고 中央(중앙)의 涅槃位(열반위)에 住(주)하야 南瞻部洲(남섬부주)의 衆生(중생)을 方便(방편)으로써 救濟(구제)할지니 法界體性智(법계체성지)의 大日(대일)이 中央(중앙)에 位(위)함은 前(전)과 同一(동일)하되 四方(사방)의 配當(배당)은 異(이)하니라

平等性智의 不空如來니 北上에, 成所作智의 寶生如來니 南下에,
大圓鏡智의 阿閦如來니 右東에, 妙觀察智의 阿彌陀如來니 左西에,
位하고 胎藏界의 五大를 此에 配하면 中央에 空大, 北方에 風大,
方에 火大, 東方에 水大, 南方에 地大가 當하니라
然則 五智란 곧 地・水・火・風・空의 五輪觀으로써 먼저 自在를
得한 後 前四大의 色蘊이 本空한 實相에 立脚하고 色蘊에 根據한
受・想・行・識 四蘊의 染垢도 亦空한 實相智인 淨心의 識大와 아울
너 眞空妙有의 六大로써 法界體性智를 成就하고 凡夫의 八識을 轉하
야 菩薩의 四智를 成할새 五智如來라 稱하나니라

## 第五章 佛性(불성)

不生不滅(불생불멸)인 法性(법성)의 妙理(묘리)를 理佛性(리불성)이라 名(명)하고 大圓鏡智(대원경지) 等(등) 四智(사지)의 種子(종자)를 行佛性(행불성)이라 名(명)하는 바 此中(차중)에 理佛性(리불성)은 一切(일체) 有情(유정)이 皆具(개구)로 되 行佛性(행불성)은 具(구)와 不具(불구)의 別(별)이 有(유)하니 不具(불구)는 永不成佛(영불성불)함이오 佛性(불성)을 三(삼)에 分(분)하야 論(논)함도 有(유)하니

一(일)에 自性住佛性(자성주불성)이란 一切衆生(일체중생)이 本具(본구)한 眞如(진여)ㅣ 自性(자성)에 常住(상주)하야 不變不改(불변불개)함이오

二(이)에 引出佛性(인출불성)이란 衆生(중생)이 禪定(선정)을 修習(수습)하야써 本具(본구) 智慧(지혜)의 佛性(불성)을 引出(인출)함이오

三에 至德果佛性이란 修因이 滿足하야 果位에 至할 時에 本有의

佛性이 了了顯現함일새

佛性이란 覺悟의 義로서 一切衆生이 悉有 覺性을 佛性이라 名하니

性이란 不改의 義로서 因果를 通하야 自性의 不改함이라 因麥과 果

麥의 其性이 不改함과 如하니 性에 對하야 佛性이오 相에 對하야

如來니라

第一節 三因佛性과 五佛性

「涅槃經」의 所說이니 一切의 邪非를 離한 中正의 眞如에 依하야

法身의 果德을 成就할새 正因佛性이라 名하고 眞如의 理를 照了하는

智慧에 依하야 般若의 果德을 成就할새 了因佛性이라 名하고 了因을

緣助하야써 正因을 開發케 하는 一切의 善根功德에 依하야 解脫

德을 成就할새 緣因佛性이라 名하야 已上을 三因佛性이라 云하며 後
二를 加하야 五佛性이라 謂함도 有하니 四에 果果佛性이란 菩提의 果
로서 正覺의 智를 菩提라 云함일새요 五에 果果佛性이란 大涅槃으로
서 菩提의 智로써 涅槃의 理를 顯함일새니라

## 第二節 佛性戒

「梵網經」所說의 大乘戒로서 佛性戒를 佛戒라, 佛乘戒라고도 云하
니 一切衆生의 本具한 佛性이 淸淨無垢하야 一切의 諸過를 離할새
此 佛性을 體하야써 佛果에 至함으로써 諸佛이 住하는 一實相의
淨戒임으로써 大乘戒의 都名이니라
「梵網經」下에 「一切衆生이 皆有佛性이니 一切의 意와 識과 色과
心의 是情 是心이 皆入佛性戒中이라」시고 又 「一切의 有心者ㅣ 皆應

攝<sup>섭불계</sup>佛戒니 衆<sup>중생</sup>生이 受<sup>수불계</sup>佛戒하면 卽<sup>즉입제불위</sup>入諸佛位라」시며 「大<sup>내일경소</sup>日經疏」 十<sup>십칠</sup>七에 「佛<sup>불</sup>은 離<sup>이일체상</sup>一切相하고 而<sup>이주정계</sup>住淨戒하실새 所<sup>소위</sup>謂 離<sup>이제상</sup>諸相의 一<sup>일상일미</sup>相一味라 若<sup>약능</sup>能 如<sup>여시</sup>是의 離<sup>이일체상</sup>一切相코 而<sup>이주어계</sup>住於戒하면 此<sup>차계</sup>戒가 卽<sup>즉시불계</sup>是佛戒라」하니라

## 第六章 三身(삼신)과 四土(사토)

三身(삼신)이란 佛(불)의 三身(삼신)을 云(운)함이니 法(법)·報(보)·應(응) 三身(삼신)은 其名(기명)을 「法華論(법화론)」에서 取(취)한 台家所立(태가소립)으로써 眞(진)을 開(개)하고 應(응)을 合(합)한 三身(삼신)일새

一(일)에 法身(법신)이란 中道本有(중도본유)의 理體(리체)요

二(이)에 報身(보신)이란 因行功德(인행공덕)의 報(보)로써 顯發(현발)한 佛(불)의 實智(실지)라 此(차)를 二分(이분)하야 內證(내증)의 法樂(법락)을 受用(수용)하는 身(신)을 自受用報身(자수용보신)이라 名(명)하고 初地已(초지이)上(상)의 菩薩(보살)에 應現(응현)되는 報身(보신)을 他受用報身(타수용보신)이라 名(명)하니 此(차)는 次(차)의 勝應身(승응신)과 同體異名(동체이명)이오

三(삼)에 應身(응신)이란 應化身(응화신)이라고 云(운)하니 理智不二(리지불이)의 妙體(묘체)로부터 衆(중)

生(생)을 化導(화도)하기 위하야 種種(종종)으로 應現(응현)하는 身(신)이라 此(차) 亦(역) 二分(이분)하야 初(초)
地(지) 已上(이상)에 應現(응현)됨을 勝應身(승응신)이라 名(명)하니 卽上(즉상)의 他受用報身(타수용보신)이오 地前(지전)
의 二乘(이승) 及(급) 凡夫(범부)에 應現(응현)됨을 劣應身(열응신)이라 名(명)하니 釋迦如來(석가여래)의 丈六身(장육신)
이 卽是(즉시)라

此(차)의 三身(삼신) 中(중) 法身如來(법신여래)를 毘盧遮那(비로자나)라 名(명)하니 遍一切處(변일체처) 譯(역)하고
報身如來(보신여래)를 盧舍那(노사나)라 名(명)하니 淨滿(정만) 또는 光明遍照(광명변조)라 譯(역)하고 應身如來(응신여래)
를 釋迦牟尼佛(석가모니불)이라 名(명)하니 能仁寂默覺(능인적묵각) 또는 度沃焦(도옥초)라 譯(역)하니 此(차) 三(삼)
身(신)을 彼宗所立(피종소립)의 四土(사토)에 配分(배분)하면 法身(법신)은 寂光土(적광토)에, 報身(보신)은 實報土(실보토)
에, 勝應身(승응신)은 方便土(방편토)에, 劣應身(열응신)은 同居土(동거토)에 處(처)하나니라

自性(자성)·受用(수용)·變化(변화) 三身(삼신)은 其(기) 名(명)을 「佛地論(불지론)」과 「唯識論(유식론)」에서 取(취)한
法相宗(법상종)의 所立(소립)으로서 此(차) 亦(역) 眞(진)을 開(개)하고 應(응)을 合(합)한 三身(삼신)이니

一에 自性身이란 곧 上의 法身이오

二에 受用身이란 二分하야 唯佛與佛의 境界로서 佛自身만이 受用하는 法樂의 佛身을 自受用身이라 名하니 此는 大圓鏡智의 所變이오

又 初地 已上의 菩薩로 하야금 感見受用하는 法樂의 佛身을 他受用身이라 名하니 上의 勝應身인 同時에 平等性智의 所現이오

三에 變化身이란 初地 已前의 菩薩 又는 二乘 凡夫 及 諸趣의 衆生에 對하야 感見케 하는 種種의 變化身인 同時에 成所作智의 所現이오 上의 劣應身이니라

法·應·化 三身은 「最勝王經」 所說로서 眞을 合하고 應을 開한 三身이니 自性身과 自受用身을 合하야 法身이라 云하고 應化身을 開하야 他受用身을 應身, 變化身을 化身이라 謂하니라

그리고 法(법)·報(보)·化(화) 三身(삼신)은 大小乘(대소승)이 通用(통용)하나 其(기) 名(명)은 通(통)하고 其

義(의)는 別(별)하야 大乘(대승)은 已上(이상) 諸義(제의)를 攝(섭)하되 小乘(소승)은 戒(계)·定(정)·慧(혜)·解脫(해탈)·

解脫知見(해탈지견) 五品(오품)의 功德(공덕)을 法身(법신)이라 하고 王宮所生(왕궁소생)인 相好(상호)의 形(형)을 報(보)

身(신)이라 하며 獼猴(미후) 等(등)으로 化現(화현)함을 化身(화신)이라 云(운)하나니라

## 第一節 法身(법신)의 體性(체성)

法身(법신)의 體性(체성)을 論(논)함에 諸家(제가)가 不同(부동)하니

小乘(소승)은 理性(리성)을 不論(불론)하고 다만 戒(계)·定(정)·慧(혜)·解脫(해탈)·解脫知見(해탈지견) 五品(오품)의

功德(공덕)으로써 法身(법신)이라 하고 此(차)를 五分法身(오분법신)이라 稱(칭)하며

大乘(대승)의 諸家(제가)인 三論宗(삼론종)은 實相(실상)으로써 法身(법신)이라 하니 實相(실상)이란 諸法(제법)

空(공)의 空理(공리)로서 眞空無相(진공무상)이 法身(법신)의 體性(체성)일새 無邊(무변)의 身相(신상)을 現(현)한다

함이오

法相宗은 法身을 二種에 分하야 一은 三身總具의 法身이오 一은 三身中의 法身이라 總相의 法身이란 淸淨法界의 眞如와 有爲・無爲에 對한 四智 等의 五法을 法身이라 함이오 別相의 法身이란 오직 無爲의 眞如를 法身이라 함이니 前에 云함과 如하며 華嚴・天台 等의 一乘宗은 法身에 該攝과 分相의 二門을 立한 것이나 分相門의 三身 中에서 所證의 理를 法身이라 하고 能證의 智를 報身이라 함이 法相宗과 同一하나 其 理論에 있어 法相宗과 如히 凝然眞常의 眞如가 않이오 華嚴의 「萬有를 總該한 一眞法界」람과 天台의 「諸法을 圓融한 諸法實相」이람은 空理인 三論家의 云謂하는 實相이 않이오 또 法相宗과 如히 法身의 理는 無爲요 報身의 智는 有爲라 하야 無爲・有爲의 性相이 各別하다고 云謂함이 않이라 眞如의

法이 隨緣하야 萬德의 智相을 現함일새 理智가 本 不二요 法性의 體

에 스사로 能照의 智用을 兼具함일새 理·智가 本 一體라 理·智가

共히 無爲常住의 法爾요 無作이나 能照·所照와 能緣·所緣의 義相

에 의하야 法·報의 二身을 分할 뿐이라며

眞言宗은 地·水·火·風·空·識의 六大를 法身이라 云하고 此 六

大는 事法이니만큼 法身에 本來 色相을 具하고 人格을 有함이 顯敎

의 報化佛과 如하야 六大는 無碍涉入할새 差別하기 難하나 前 五大

를 自性身인 理法身 곧 胎藏界의 大日이라 하고 第六의 識大를 自受

用身인 智法身 곧 金剛界의 大日이라 하나니라

第二節 四種의 五法身

一은 「菩薩瓔珞經」의 所說일새 其 一엔 如如智法身이니 如如의 理

를 證한 實智요 二엔 功德法身이니 十力·四無畏 等 一切의 功德이

오 三엔 自法身이니 地上菩薩에 應現하는 應身으로서 天台家의 劣應身

이오 法相의 報身 中 他受用身이며 四엔 變化法身이니 台家의 劣應

身이오 法相家의 變化身이며 五엔 虛空法身이니 諸相을 離한 如如의

理라 此 中 如如智法身과 功德法身이란 報身으로서 報德을 智慧와

上과 地前의 勝劣에 分함이오 虛空法身이란 곧 法身인 바 總히 法身

功德의 二에 分함이오 自法身과 變化法身이란 應身으로서 應德을 地

이라 名함은 皆是 法身의 德相임으로써라

二는 「分別聖位經偈」에 自性 及 受用과 變化 等流의 佛德이 三

十六이오 皆同自性身하야 並 法界身故로 成三十七也라심과 「禮懺經」

에 自性身 外에 法界身을 別立하심의 證文에 依하야 四身의 外에 法

界身이 有함을 知하고 此를 解釋한 「五輪九字明秘釋」에 의한 密敎의 所立일새 一엔 自性法身이니 理智를 具足한 諸佛의 眞身이오 二엔 受用身이니 自受用과 他受用을 兼한 法身이오 三엔 變化法身이니 法爾의 暫現速隱과 九界隨類의 等流身이오 五엔 法界身이니 곧 虛空法身이며

三은 「華嚴宗」의 所立일새 一엔 法性生身이니 其 生을 論컨대 如來의 身은 法性에서 出生함일새요 二엔 功德法身이니 其 德目을 推察컨대 如來所成의 萬德일새요 三엔 變化法身이니 其 機에 對한 應을 論하건대 感而不形者ㅣ 無하고 機而不應者ㅣ 無할새요 四엔 實相法身이니 其 妙를 言컨대 不可思議일새요 五엔 虛空法身이니 其 大를 稱컨대 虛空에 彌滿하야 萬有를 包括할새라

四는 「小乘」의 所立일새 곧 五種法身이 是니라

## 第三節 法身의 無相과 有相

「涅槃經」 三十一에 「是故로 涅槃은 無相이니 善男子야 無十相故라 何等爲十고 所謂 色相·聲相·香相·味相·觸相·生·住·壞相·男相·女相이 是名 十相이라」시니 곧 娑婆世界의 一切 虛妄相을 離한 諸法空의 一實相을 云하심에 依하야 法身은 無色 無形이라 하고 色相莊嚴이 無하다 하나

台家는 이를 別敎 已下의 說이라 貶하고 圓敎의 極意에 依하면 法身이 결코 無相이 않이요 法性의 體理에 依·正、色·心을 具한지라 眞空無相의 法性이 않일새 三惑을 究竟한 淸淨의 本性에 常住의 色心이 顯現하야 依·正의 二法도 究竟이 淸淨하다 云하고

「法華經」方便品에 「是法이 住法位일새 世間相이 常住라」심과 同

提婆品에 「微妙의 淨法身에 具相三十二라」심과

「涅槃經」憍陳如品에 「色是無相이나 因滅是色하야 獲得解脫의 常住色이라」심과

「仁王經」觀空品에 「法性의 五陰인 受·想·行·識이 常·樂·我·淨이라」심을 引證하였으며

四明尊者도 「妙宗鈔」의 中에 此等의 文을 引하야 寂光有相의 旨를 顯한바 一家의 妙旨에 深符하는 同時에 「萬一祖書 中에 理性을 指하야 無相寂滅이라 云함이 有함은 理性엔 染碍의 相이 無할새 此情相을 遮하는 遮情門의 一端이니 染碍의 情相이 旣亡함에 따라 性具의 妙相이 彌顯됨을 當知」하랐으니

要컨대 無相說은 「凡所有相皆是虛妄이라」심에 依한 諸法空에 偏하고 有相說은 「若見諸相非相卽見如來라」심에 依한 實相에 偏함이 不無하니 修者는 自證摘發할지어다

## 第四節 法身說法

法身說法은 密敎의 常談이오 法身有說을 主張하야 「法身如來ㅣ 一切의 德을 具한지라 엇지 說法의 義가 無하랴」 云하고 法身說法으로써 一宗의 眉目으로 하야 顯密이 分敎하였으니 佛의 三身 中 法身이 佛의 眞身이오 報·應 二身은 爲他現身이라 衆生의 機緣에 應한 隨他意의 法일새 爲他現의 報·應 二身이 法을 說하고 法身이란 眞如法性의 理體라 寂滅無相일 뿐이오 說法의 義가 無하다 함은 顯敎의 主張이

오

密敎의 主張은 「諸法을 具한 性·相이 常爾라 人·法이 不二일새

엇지 法身의 自說을 妨하랴 他機에 投하는 隨他意의 敎門이 않이오

自性身의 自說일새 十界가 悉皆 自性에 住하는 位인지라 誰가 能化

며 所化뇨 各者 內證의 法門을 演함으로써 說法이라 云함이니 오직

自證說法과 加持說法이 有할 뿐이라」하니라

修者는 오직 「淨名疏」에 「法身이 無緣에도 冥資하야 一切를 無說

而說이시니 卽是法身說法」이람과 「四明敎行錄」四에 「當知하라 刹刹

塵塵이 俱說俱聽하야 說聽을 同時하니 妙哉라 此境이여 不可以言想

으로 求하며 不可以凡情으로 測이라 是大總相法門으로서 寂而常照의

法身 冥資之境也」람을 再吟味할진져

## 第七章 本迹二門

初地 已上의 法身菩薩이나 佛이 自己의 實身에서 許多의 應化를 變作하야써 衆生을 化導하는 妙德을 具한 그 實身을 本地라 云하고 化身을 垂跡이라 謂하니 地란 能生의 義로서 利物하기 爲하야 本身에서 萬化를 垂함일새 能現의 本을 本地라 하고 所現의 末을 垂跡이라 名하는 바 本에서 迹을 垂하고 迹에 由하야 本을 知하는 一佛과 十菩薩의 妙德이니라

그런데 此 本迹에 就하야 台家는 本高迹下・本下迹高・本迹俱高・本迹俱下의 四句로써 高下를 分別하니 初地菩薩이 二地의 身을 現하

거나 或은 八相成道의 相을 示함과 如함은 本下迹高이며 佛이 法身에서 化身을 垂하고 觀音菩薩이 三十三身을 現함과 如함이 本高迹下로써 此를 通途로 하고 法華經을 釋함에 本地門과 垂迹門의 二門으로써 大判하나니 一經 二十八品 中 前 十四品은 迹門의 序·正·流通 三分이오 後 十四品은 本門의 三分인바 迹門의 法華는 釋迦如來께서 成道後 法華會座에 至하기까지 四十餘年間에 있어 諸經의 說法에 就하야 「三乘法은 方便이오 一乘法은 眞實이라」 云하사 所說의 敎理上에 開權顯實하심이오 本門의 法華는 釋迦의 身에 就하야 王宮에 生하고 伽耶에 成道하야 于今에 至하기까지의 此身은 我의 實身이 아니라 我는 久遠實成의 法身으로서 衆生을 濟度하기 爲하야 一時 垂迹하고 伽耶成道한

應身을 現하였을 뿐이라 하사 自己의 身上에 있어 開迹顯本하신지라

以此見之컨대 法華 已前부터 法華上 開權顯實의 說法에 至하기까지

悉皆 垂迹身의 垂迹說이시오 後半이 本門 法華일새

此 本迹의 義는 佛身上의 眞·應 二身 곧 法·應 二身의 關係로서

法華 已前에도 諸 大乘經에 此 義가 瀰滿하나 다만 大乘菩薩에 限한

對說 뿐이오 아직 二乘 凡夫에 對하신 說明은 않이였으나 二乘·凡

夫에 對해서도 開說 證明하심은 本門法華의 所說뿐이니라

菩薩의 授記 作佛은 已前의 諸經에도 不少하였으나 聲聞의 授記는

迹門法華가 根本이 될지나 三昧의 境界가 多少 差異할 뿐이오 諸經

이 同一說이니라

그러나 一相一行인 一說의 實相이란 不可思議로서 無量의 說法을

## 第一節 迹門十妙

要하나 因果 自他를 總論함에 本·迹의 二種이 有하야 各其 十不可思議 곧 十妙를 具하니라

一에 境妙란 卽 理境으로서 十如等의 境이니 心佛及衆生 是三無差別의 不可思議라 經에「唯佛與佛乃能窮盡諸法實相이라」시는 同時에「所謂 諸法인 如是相 如是性 等이라」云하심이 是니라 此에 六境이 亦有하니 一에 十如의 境, 二에 十二因緣의 境, 三에 四諦의 境, 四에 二諦의 境, 五에 三諦의 境, 六에 一諦의 境이오

二에 智妙란 智는 卽 境을 全知하야 起하는 智로서 境妙로써일새 智亦隨라 函蓋相應의 不可思議니 經에「我所得智慧 微妙最第一이라」云하심이 是요

三에 行妙란 行은 곧 所修의 行으로서 妙智의 行을 引導할새 亦隨

하는 行不可思議니 經에 「行此諸道已 道場得成果라」云하심이 是요

四에 位妙란 位는 곧 諸行所歷의 位次라 十住 乃至 十地가 是로서

行妙로써일새 所證의 位 亦隨인 位不可思議니 經에 「乘是實乘遊於

四方이라」云하심이 是요

五에 三法妙란 三法은 곧 眞性·觀照·資成의 三法으로서 眞性은

是 理요 觀照는 是 慧며 資成은 是 定이니 此三法은 佛의 所證이라

妙不可思議요

六에 感應妙란 感은 衆生이오 應은 佛이라 衆生이 能히 圓機로써

佛을 感하고 佛은 곧 妙應으로써 應할새 水가 上昇하지 않고 月이

下降치 않은 그대로 一月이 衆水에 普現함과 如한 妙不可思議니 經

에「一切衆生이 皆是吾子라」 云하심이 是요

七에 神通妙란 如來無謀의 應이 善權인 方便인지라 機宜에 稱適하야 變現이 自在하니 是이 妙不可思議라 經에「今佛世尊入于三昧 是不可思議 現希有事라」하심이 是요

八에 說法妙란 大·小乘 偏·圓의 法을 說하사 咸皆 衆生으로 하야금 佛의 知見에 悟入케 하심이 妙不可思議라 經에「如來能種種分別 巧說諸法 言辭柔軟 悅可衆心이라」심이 是요

九에 眷屬妙란 佛의 出世에 따라 十方의 諸大菩薩이 皆來贊輔함이 或은 神通으로써 來生하고 或은 宿願으로써 來生하며 或은 應現으로써 來生하야 皆名眷屬하니 妙不可思議요

十에 利益妙란 佛이 法을 說하사 一切衆生으로 하야금 咸皆 本性

을 開悟케 하야써 佛의 知見에 入케 하심이 時雨가 普洽하야 大地가 利益을 蒙함과 같으니 是가 妙不可思議니라

## 第二節 境

「金光明經」에 「唯有如如 如如智 是名法身이라」 심의 如如란 理요

곧 境이라 그리하야 如如의 理法身이 胎藏界의 大日如來요 如如의 智法身이 金剛界의 大日如來라

그리고 枝末無明인 色·聲·香·味·觸·法의 六境과 根本無明인 眼·耳·鼻·舌·身·意의 六根과 此의 地·水·火·風 四大假合인 色蘊에 根據한 彼 六識인 受·想·行·識 四蘊은 實相의 空華인 同時에 그대로 如如의 境이오 相일새 그의 本因인 如如의 性理를 推究하고 또 實證해야 된다

蓋 如是相·如是性·如是體·如是力·如是作·如是因·如是緣·如是果·如是報·本末究竟 等 法華經 所說이신 十如의 境은 實證後悟의 境이오

無明·行·識·名色·六處·觸·受·愛·取·有·生·老死 等 十二 因緣支란 衆生의 三世에 涉한 六途輪廻의 次第緣起인 바 此를 觀察하야 入涅槃을 求하는 緣覺의 境이오

衆生의 生·老·病·死 四苦를 主로 한 諸苦果의 集因을 斷하고 修道證滅하는 苦·集·滅·道의 四諦란 此의 觀法을 修하야 諸法空을 證하는 聲聞의 境이오

色法이 空일새 心法도 假라 幻相·假名을 離한 諸法實相의 中道에 安住함은 空·假·中 三諦의 境이오

衆生의 業力으로 空에 依하야 有라 執着하는 俗諦를 離脫하고 中道實相의 眞諦에 着眼함은 眞·俗 二諦의 境이오 一諦의 境이란 眞諦의 一境으로서 以上 五境은 實相을 目的한 迷의 境이니라

그러나 迷悟의 差가 有할 뿐이오 境의 異함이 않일새 境의 如如理를 證하고 悟의 如如智가 生하면 本迹의 全妙를 把握할지니라

第三節 本門十妙

一에 本因이란 本初에 菩提心을 發하고 菩薩道를 修한 所修의 因이오 또 本具의 因으로서 經에「我本行菩薩道時 所成壽命今猶不盡이라」심이 是요

二에 本果란 本初所行圓妙의 因 그대로 契得하야 常·樂·我·淨

을 究竟(구경)할새니 乃是本具(내시본구)의 果(과)로서 經(경)에 「我成佛已來甚大久遠(아성불이래심대구원)이라」심이是(시)요

三(삼)에 國土(국토)란 娑婆卽寂光土(사바즉적광토)라 本因本果(본인본과)를 本具(본구)한 寂光土(적광토)ㄹ새 經(경)에 「自從是來 我常在 此娑婆世界 說法敎化(자종시래 아상재 차사바세계 설법교화)라」심이 是(시)요

四(사)에 感應(감응)이란 能感·所應(능감·소응)의 寂體照用(적체조용)이 本具(본구)하야 如鏡對物(여경대물)일새 經(경)에 「若有衆生 來至我所 我以佛眼 觀其信等 諸根利鈍(약유중생 래지아소 아이불안 관기신등 제근이둔)이라」심이 是(시)요

五(오)에 神通(신통)이란 이미 諸根(제근)을 觀察(관찰)할새 本具(본구)의 慈悲(자비) 그대로 可度(가도)할새 經(경)에 「如來秘密神通力(여래비밀신통력)이라」심과 「示己身他身 示己事他事(시기신타신 시기사타사)라」심이 是(시)요

六(육)에 說法(설법)이란 佛(불)은 常住道場(상주도량)하시고 常轉法輪(상전법륜)하실새 四辯(法·義·(사변법의)

辭(사요설무애변)・樂說無碍辯)을 本具(본구)하사 其機(기기)에 照應(조응)할새 衆生(중생)이 各得其所(각득기소)라 經(경)에

「此等我所化令發大道心(차등아소화령발대도심)하고 今皆住不退(금개주불퇴)라」심이 是(시)요

七(칠)에 眷屬(권속)이란 本地(본지)는 一切衆生(일체중생)의 廻向處(회향처)요 歸依處(귀의처)ㄹ새 九界(구계)의 衆(중) 生(생)이란 곧 其子(기자)요 眷屬(권속)이라 經(경)에 「此諸菩薩下方空中住(차제보살하방공중주) 此等是我子(차등시아자) 我則其父(아즉기부)라」심이 是(시)요

八(팔)에 涅槃(열반)이란 水的實我(수적실아)요 波的應化(파적응화)일새 有緣旣度(유연기도)에 皆取入滅(개취입멸)이라 經(경)에 「然今非實滅度而便唱言當取滅度(연금비실멸도이변창언당취멸도)라」심이 是(시)요

九(구)에 壽命(수명)이란 入滅(입멸)에 伴(반)한 壽命長短(수명장단)이나 化佛(화불) 그대로 本佛(본불)의 權(권) 現一새(현일새) 經(경)에 「處處有說名字不同年紀大小(처처유설명자부동연기대소)라」심이 是(시)요

十(십)에 利益(이익)이란 本願(본원)이 通應(통응)하야 有緣眷屬(유연권속)을 饒益(요익)할새 經(경)에 「皆令(개령) 得歡喜(득환희)라」심인져

## 第四節 本迹相攝

迹中엔 因을 開하고 果를 合하니 곧 習果와 報果를 合하야 三法妙라 하고 本中엔 因을 合하야 果를 開하니 곧 習果를 開하야 報果를 出하니 國土妙가 是라 또 迹中엔 境·智·行·位를 明示하였으나 本中엔 此를 通하야 因妙라 하고 果妙는 곧 迹中의 三法妙며 感應·神通·說法·眷屬의 四妙는 本·迹이 相同하니라

그리고 本中에 涅槃·壽命의 二妙를 開함은 釋迦佛이 法華會에 在하사 入滅을 未遂하셨으나 久遠의 諸佛이신 迦葉·燈明佛 等이 皆旣 入滅을 說破하셨을새 本佛도 必是 入滅하심을 前提로 하야 開出함이오 迹中에 此 義가 無함은 釋迦佛이 비록 入滅을 唱言하시고 未遂하셨음으로써이니 最後의 利益妙와 彼此 相同하니라

## 第八章 十不二門(십불이문)

荊溪(형계) 湛然尊者(잠연존자)의 所明(소명)인 「法華玄義(법화현의)」에 本迹十妙(본적십묘)를 釋(석)하야 十種(십종)의 不二門(불이문)을 立(립)하고 此(차)를 一念(일념)의 心(심)에 歸結(귀결)하야써 觀法(관법)의 大綱(대강)을 示(시)하고 그 深意(심의)를 發(발)하였으니 그의 本迹十妙(본적십묘)와 十不二門(십불이문)의 相攝(상섭)을 對照(대조) 圖示(도시)하면 左(좌)와 如(여)하니라

一(일)에 色心(색심)이란 色(색)은 有形質碍(유형질애)의 法(법)으로서 知覺(지각)의 用(용)이 無(무)하나 心(심)은 形質(형질)이 無(무)하되 知覺緣慮(지각연려)의 用(용)이 有(유)한 者(자)요

二(이)에 內外(내외)란 外(외)는 衆生(중생)이나 諸佛(제불)의 依報(의보)며 內(내)는 오직 自己(자기)의 心法(심법)

이오

| 本門十妙(본문십묘) | | | | | | | | | | 迹門十妙(적문십묘) | | | | | | | | | | 十不二門(십불이문) |
|---|---|---|---|---|---|---|---|---|---|---|---|---|---|---|---|---|---|---|---|---|
| 利益(이익) | 壽命(수명) | 涅槃(열반) | 眷屬(권속) | 說法(설법) | 神通(신통) | 感應(감응) | 國土(국토) | 本果(본과) | 本因(본인) | | 本因(본인) | 境(경) | 智(지) | 行(행) | 位(위) | 三法(삼법) | 感應(감응) | 神通(신통) | 說法(설법) | |
| 利益(이익) | 眷屬(권속) | | | | | | | | | | 受潤不二(수윤불이) | 權實不二(권실불이) | 三業不二(삼업불이) | 自他不二(자타불이) | 依正不二(의정불이) | 染淨不二(염정불이) | 因果不二(인과불이) | 修證不二(수증불이) | 內外不二(내외불이) | 色心不二(색심불이) |

三에 修證(수증)이란 修(수)는 修治造作(수치조작)의 功(공)이며 證(증)은 本有不改(본유불개)의 體性(체성)을 證(증)함이오.

四에 因果(인과)란 因(인)은 能生(능생)의 行(행)이며 果(과)는 所生(소생)의 德(덕)이오

五에 染淨(염정)이란 染(염)은 無明(무명)의 用(용)이며 淨(정)은 法性(법성)의 用(용)이오

六에 依正(의정)이란 二報(이보)의 依正(의정)이니 依報(의보)는 衆生所依(중생소의)의 國土(국토)와 資具(자구)

等(등)이며 正報(정보)는 能依(능의)의 心身(심신)이오

七에 自他(자타)란 三法(삼법)에 就(취)하야 論(논)컨대 他(타)는 自己(자기)에 對(대)한 佛法(불법)과 衆生

法(법)이며 自(자)는 二法(이법)에 對(대)한 心法(심법)이오

八에 三業(삼업)이란 身業(신업)은 身(신)의 發動(발동)이며 口業(구업)은 口(구)의 發動(발동)이며 意業(의업)

은 意(의)의 發動(발동)이오

九에 權實(권실)이란 權(권)은 九界(구계)와 七方便(칠방편)의 法(법)이며 實(실)은 佛界圓實(불계원실)의 法(법)

이오

十에 受潤이란 譬喩의 名으로서 受는 領納의 義니 五乘差別的 能受의 根機며 潤은 沾潤의 義니 如來 所說이신 能潤의 法雨라 此의 十皆 不二라 名함은 法華 已前은 色·心 等에 對하신 說法이 一一히 隔異함으로 二라 名하나 法華에 至하얀 一一 隔異的 偏權의 法 그대로 實相의 理를 開顯하신지라 諸法實相은 平等一如의 一法으로서 隔然不融의 法이 無할새 總히 不二라 名하니라

## 第一節 十無碍

一에 用周無碍란 佛이 刹塵 等의 處에서 法界身雲을 現하야 無邊의 業用을 起함이오

二에 相遍無碍란 佛이 十方一切世界 無量의 佛刹에서 種種히 神變

하야 皆是如來 示現受生의 相이 有하되 相을 現함에 隨하야 衆相이

皆具할새 萬德이 斯圓함이오

三에 寂用無碍란 佛은 三昧에 常住하사 爲寂不妨이실새 利物化用

이시라 卽定卽用에 無碍自在함이오

四에 依起無碍란 佛은 寂用에 無心하시되 能히 海印三昧의 力에

依하사 無碍의 用을 起하심이오

五에 眞應無碍란 眞은 곧 遮那眞身이오 應은 곧 應身釋迦라 眞身

은 是體요 應身은 是用이니 體全而起用이라 用卽是體ㄹ새 釋迦와 遮

那가 圓融自在하야 本無二體함이오

六에 分圓無碍란 分은 곧 支分이오 圓은 곧 全身이라 支分이 全身

을 不碍하고 全身이 支分을 不碍할새 遮那 一一의 身分인 手足眼耳

乃至 一毛라도 皆是 遮那의 全身임으로써요

七에 因果無碍란 佛은 昔에 菩薩의 行을 修하실새 波羅蜜의 因을 修하야 波羅蜜의 果를 證하신지라 所受의 報身과 所成의 事業도 亦

是 十方一切의 菩薩身靈을 現함이 自在無碍함이오

八에 依正無碍란 依는 依報라 곧 佛所依의 國土요 正은 正報니 곧

佛能依의 色身일새 依正이 相入하야 二智無碍함이오

九에 潛入無碍란 佛智가 衆生의 心內에 潛入함이 如來藏이라 衆生

을 作하되 自性을 不失함이 大海의 水가 風에 依하야 波를 作하되

濕性을 不失함과 如함이오

十에 圓通無碍란 佛은 大法界를 融通하야 其 身을 作하되 理론 不

具함이 無하고 事론 不攝함이 無할새 一多, 依正, 人法, 因果가 彼

此 無碍함이니 「華嚴演義秒」三의 所說이니라

## 第二節 十無盡藏

一에 信藏이란 菩薩의 淨信이 堅固하야 諸法空을 解하는 心이 退轉치 않을새 如來家에 生하야 信解를 增長하는지라 一切의 佛法을 聞持하고 衆生을 爲하야 所聞을 悉皆히 信解케 함으로써

二에 戒藏이란 菩薩이 三世諸佛의 無盡淨戒를 奉持하야 具足圓滿할새 毀犯이 無한지라 衆生이 顚倒하야 破戒함을 念慮하고 菩提를 成就하야써 眞實의 法을 說함에 따라 一切의 顚倒를 遠離케 하야 此의 淨戒를 同護共持케 하리람으로써요

三에 慚藏이란 菩薩이 過去를 憶念할새 慚天愧地를 不知하고 諸眷屬에 對하야 衆惡을 造한바 今에야 諸佛이 知하심을 覺得함에 따라

慚심(참심)이 生(생)하는지라 此(차)를 發露懺悔(발로참회)하고 梵行(범행)을 修行(수행)하야 菩提(보리)를 證得(증득)하고 衆生(중생)을 爲(위)하야 眞實(진실)의 法(법)을 說(설)하야 慚(참)을 修(수)케함으로써요

四(사)에 愧藏(괴장)이란 菩薩(보살)이 往昔(왕석)을 自愧(자괴)하야써 五欲(오욕)을 爲(위)하야 衆生(중생)에게 惡法(악법)을 敢行(감행)한 垢穢(구예)의 身(신)임을 感(감)하는 同時(동시)에 諸佛(제불)이 知(지)하심을 覺得(각득)함에 따라 愧心(괴심)이 生(생)하는지라 이를 發露懺悔(발로참회)하고 梵行(범행)을 修行(수행)하야 速(속)히 菩提(보리)를 證得(증득)하고 衆生(중생)에게 眞實(진실)의 法(법)을 說(설)하야 各自(각자)의 愧心(괴심)이 亦生(역생)케 함으로써요

五(오)에 聞藏(문장)이란 菩薩(보살)이 世間(세간) 出世間(출세간)의 一切諸法(일체제법)을 聞(문)하고 諸佛(제불)·菩薩(보살)·緣覺(연각)·聲聞(성문)의 出現(출현)과 入滅(입멸)을 悉皆(실개) 能知(능지)하는지라 衆生(중생)은 多聞(다문)이 無(무)하야 此(차)의 一切法(일체법)을 不知(부지)할새 此(차)를 念慮(염려)하고 맛당히 多聞藏(다문장)을 持(지)하야 菩提(보리)를 證得(증득)하고 衆生(중생)을 爲(위)하야 眞實(진실)의 法(법)을 說(설)하리람으로써요

六에 施藏이란 菩薩의 禀性이 仁慈하야 一切 布施를 常行할새 一
念의 悔恨心이 無한지라 果報의 勝劣을 不求하고 다만 法界衆生을
利益케 할 뿐일새요
七에 慧藏이란 菩薩이 智慧를 具足하야 世間·出世間의 一切諸法
을 知하는지라 業報에 從하야 造하는 바의 諸法은 悉皆히 虛僞요 堅
固가 않이라 衆生으로 하야금 그 實性을 知케 하고자 廣爲演說할 智
慧를 含藏함일새요
八에 念藏이란 菩薩은 痴惑을 捨離한 淨念을 具足한지라 能히 一
生 乃至 百千生의 成住壞空인 一劫 乃至 無數劫에 있어 一切諸佛이
出世하심을 憶知할새 諸佛의 名號와 授記와 修多羅 等의 十二部經을
說하고 또 衆會의 根性을 悉能히 憶念함일새요

九구에 持지장藏이란 菩보살薩이 大대위력威力을 具구할새 諸제불소설佛所說의 修수다라법인문多羅法印文

句구의리와 義理를 一일생에生에 受수지할뿐이라受持할 뿐이라 乃내지 至 無무수생제법문數生에 諸法門을 受수지하되持하되 諸제불佛

의 名명호와號와 劫겁수와數와 授수기와記와 修수다라등무진무량제법실개수지多羅 等 無盡無量의 諸法門을 悉皆 受持

함일새요

十십에辯변장이란藏이란 菩보살薩이 大대변재辯才를 具구한지라한지라 衆중생을生을 爲위하야하야 諸제법을法을

廣광연설하고演說하고 一일문일구라도文一句라도 그 義의리의理의 無무진을盡을 廣광개하야開하야 衆중생의生의 根근

機기에 따라 滿만족을足을 與함일새니與함일새니 「華화엄경嚴經」 二이십상설에十에 詳說하시니라

第三節 地지장십륜藏十輪

地지장십륜이란藏十輪이란 곧 如여래의來의 十십력인力인 바 「地지장십륜경藏十輪經」 十輪品의 說엔십륜품의 설엔

「轉전륜성왕이輪聖王이 十種의 智지력으로써力으로써 國국토의土의 人인민을民을 勸권유하고諭하고 또 懲징계하誡하

야써 自자국토로國土로 하야금 安안락을樂을 增증장하며長하며 能능히 一일체원적을切怨敵을 伏복종케從케 하

야 種種福利를 得함으로써 此를 十王輪이라 名 할새 如來께서도

十種의 智力을 成就하사 一切衆生 中에서 大梵輪을 轉하실새 此를

十種의 佛輪이라 名하나니 地藏十輪이란 곧 名句 그대로 解하야 地

性內에 含藏한 十輪을 證得하라신 密意를 了知할지니라

第四節 十玄門

一에 同時具足相應門이란 十方三世의 一切諸法은 緣起의 所以緣

으로서 同一時에 具足圓滿하야 彼此가 照應顯現할새 一切諸法이 同一

時의 同一處에 一大緣起가 具足相應할새니 唐經 妙嚴品에 「一切法門

의 無盡海가 同會一法道場中이라」 심이 是요

二에 廣狹自在無碍門이란 一法이 一切法을 緣起할새 力用의 際限

이 無함을 廣이라 名하고, 그러나 一法의 分限을 守하야 本位를 不

壞할새 狹이라 이름하니 分卽無分이오 無分卽分이라 緣起法이란 如

此히 一法에 分과 無分의 二義를 具하되 互相不妨할새요

三에 一多相容不同門이란 上의 廣狹無碍門에 依하건대 一의 勢分이 自의 一多의 勢分이

他의 一切法에 入하고 一切法의 勢分이 自의 一에 入하나 一多의

本位를 不失할새니 唐經 盧舍那佛品에 「以一國土로 滿十方하고 十方

이 入一하나 亦無餘하야 世界의 本相도 亦不壞니 無比功德인 故로

能爾라」심이 是요

四에 諸法相卽自在門이란 上의 一多相容門에 依하건대 一法의 勢

力이 一切法에 入할 時엔 곧 一切法 中의 一法이라 一切法의 外에

一法의 體가 更無하고 一切法이 一法에 入할 時엔 一切法을 一法에

全收한지라 能同의 一切法은 虛體요 所同의 一法은 有體ㄹ새 一虛一

實이 相卽이니 二鏡相照에 虛實이 和融함과 如하니 晋經 十住品에

「一卽是多요 多卽是一이라」 심이 是요

五에 隱密顯了俱成門이란 上의 義門에 의하건대 一法이 一切法

卽할 時엔 一切法은 顯하며 一切法이 一法에 卽할 時

엔 一法은 顯하고 一切法은 隱하며 一切法이 一法에 卽할 時

새니 晋經 賢首品에 「或 東方에서 見入正受하고 或 西方에서 見三昧

起하야 於眼根中에 入正受 於色法中에 三昧起라」 심이 是요

六에 微細相容安立門이란 上來 第二門의 義로써 如何한 微細의 中

이라도 一切諸法을 含容하야 頭頭物物의 悉皆 顯現함이 鏡中에 萬像

을 映現함과 如하니 微細란 곧 一毛一塵을 云함이라 晋經 毘盧遮那

品에 「一毛孔中에 無量佛刹이 莊嚴清淨하야 曠然安立이라」 심이 是요

七에 因陀羅網法界門이란 因陀羅網은 帝釋天의 宮殿에 懸한 珠網으로서 珠珠의 各各이 一切의 珠影을 現하니 此는 곧 一重의 影現이라 一珠의 中에 現하는 一切의 珠影이오 또 諸珠의 影像이 一切의 珠影을 重現할새 各各 二重의 影現이라 如此히 重重映現이 無盡無窮이니 諸法의 一一에 即入함도 亦如是하야 上의 微細相容은 一重의 即入뿐이오 아직 重重無盡의 即入은 않이나 今에 譬喩로써 其義를 明示함이오

八에 託事顯法生解門이란 上來所明의 第七門에서 一切法이 重重無盡으로 緣起한 塵塵의 法과 法이 盡是 事事無碍法界임을 知할새 一事 一塵에 就하야 無碍法界의 法門을 顯할지니 곧 一切의 寄顯表示한 法門이 皆是 此에 攝함이오

九에 十世融法異成門이란 上의 八門은 圓融無碍의 相을 橫示함에
對한 縱示의 法門으로서 十世란 過現未三世에 各具三世할새 九世요
九世가 相卽互入할새 一의 總世라 總別을 合한 十世니 十世隔然의
法이 同時에 具足顯現할새 融法이며 異成이란 別異의 法이 同時에
成就할새 晋經 初發心功德品에「知하라 無量劫이 是一念이오 知하
라 一念이 卽是無量劫이라」심이 是요

十에 主伴圓明具德門이란 이미 縱橫의 一大緣起인 萬法의 法法이
交徹하야 一法에 他가 隨伴連帶함일새 主의 一法에 他의 餘法이 集
中함이라 一例를 示하면 一佛이 主가 되야 說法하면 他의 一切佛은
伴이 되고 他佛이 說法함에도 亦如是하니 緣起의 法은 互爲主伴을
約束함과 如한지라 一法에 一切功德을 圓滿成就하였을새 圓明具德이

「探玄記」一과 「華嚴玄談」六에 詳說하였나니라

## 第五節 玄門無碍十因

一엔 唯心所現故니 諸法의 本源에 있어 別種이 各有함이 않이라 唯一인 如來藏心에서 緣起한 差別의 法일새 彼此 必然인 和融의 理가 有함이요

二엔 法無定性故니 諸法은 如來藏心의 緣起法이라 本來에 諸法의 自性이 無할새 彼此 和融의 理가 有함이오

三엔 緣起相由故니 緣起의 法은 單獨히 保體함을 不得하고 반다시 相由하야 其體를 僅成할새 和融의 理가 有함이오

四엔 法性融通故니 法性은 本來에 融通한 性일새 性과 如히 事도 亦是 融通한 必然의 理가 有함이오

五엔 如幻夢故니 諸法은 虛假無實한 幻夢과 如할새 和融의 理가 有함이오

六엔 如影像故니 諸法이 一心界에서 緣起하야 存在한 其形이 鏡中의 影像과 如할새 和融의 理가 有함이라 以上의 六因은 諸法 自爾의 德相에 就함이오 已下는 業用의 無碍에 就한 因由를 說함이라

七엔 因無限故니 菩薩이 因中에서 無限의 因을 修할새 果에 至하야 必然인 無碍의 業用을 得할새요

八엔 佛證窮故니 佛은 眞性을 證窮할새 眞性과 如히 業用도 無碍 함이오

九엔 深定用故니 深妙의 禪定力으로써임일새 業用의 無碍를 得함 이오

十엔 神通解脫故니 不思議의 神通力은 物의 羈絆을 離하야 自由自在할새 業用의 無礙를 得함이니 「華嚴玄談」 六에 詳說하니라

## 第六節 十無二

諸佛世尊 十種의 無二行自在法이 有하니

一엔 一切諸佛이 悉能히 善說授記의 言說이 決定無二함이오

二엔 一切諸佛이 悉能히 衆生의 心念에 隨順하사 其意로 하야금 滿足케 하심이 決定無二함이오

三엔 一切諸佛이 悉能히 三世一切의 諸佛과 그 所化의 一切衆生과 그 體性이 平等함을 知하심이 決定無二함이오

四엔 一切諸佛이 悉能히 世法과 諸佛의 法性에 差別이 無함을 知하심이 決定無二함이오

五(오)엔 一切諸佛(일체제불)이 悉能(실능)히 三世諸佛(삼세제불) 所有(소유)의 善根(선근)이란 同一善根(동일선근)임을 知(지)하심이 決定無二(결정무이)함이오

六(육)엔 一切諸佛(일체제불)이 悉能(실능)히 現生(현생)에 一切諸法(일체제법)을 覺(각)하고 其義(기의)를 演說(연설)하심이 決定無二(결정무이)함이오

七(칠)엔 一切諸佛(일체제불)이 悉能(실능)히 過去未來諸佛(과거미래제불)의 慧(혜)를 現在(현재)에 具足(구족)하심이 決定無二(결정무이)함이오

八(팔)엔 一切諸佛(일체제불)이 悉能(실능)히 三世一切(삼세일체)의 刹那(찰나)를 知(지)하심이 決定無二(결정무이)함이오

九(구)엔 一切諸佛(일체제불)이 悉能(실능)히 三世一切(삼세일체)의 佛刹(불찰)이 一佛刹(일불찰)의 中(중)에 入(입)함을 知(지)하심이 決定無二(결정무이)함이오

十(십)엔 一切諸佛(일체제불)이 悉能(실능)히 三世一切佛(삼세일체불)의 說法(설법) 그대로 一佛(일불)의 說法(설법)이

심을 知하심이 決定無二함이니 「宗鏡錄」九十九에 詳說하니라

## 第七節 十無依行

行法에 依하야 功德과 善根이 生하는 바 不然하고 或은 邪見에 緣하야 惡緣에 依하고 그 行法이 功德과 善根의 所依止 않임에 十種이 有하니 一은 意業不壞와 加行壞요 二는 加行不壞와 意業壞요 三은 加行·意業의 共壞요 四는 戒壞와 見不壞요 五는 見壞와 戒不壞요 六은 戒·見의 共壞요 七은 加行·意業·見·戒의 共不壞가 惡友力에 依支함이오 八은 善友力에 依支하나 愚鈍함이오 九는 種種의 財寶衆具엔 無厭足이나 追求迷亂함이오 十은 衆病 逼近에 呪術과 祠祀로써 對함이니라(大集地藏十輪經五)

## 第九章 法界(법계)

法界(법계)를 法性(법성)이라 實相(실상)이라고도 云(운)하는 同時(동시)에 其(그) 義(의)가 多種(다종)이 有(유)하나 大概(대개) 二義(이의)로써 解釋(해석)하야 一(일)은 事(사)에 就(취)하고 一(일)은 理(리)에 約(약)하니

事(사)의 法(법)이란 곧 諸法(제법)이오 界(계)란 곧 分界(분계)라 諸法(제법) 各自(각자)의 體(체)가 別有(별유)하야 分界(분계)가 不同(부동)할새 法(법)의 一一(일일)을 法界(법계)라 名(명)함도 有(유)하고 萬有(만유)를 總該(총해)하야 法界(법계)라 云(운)함도 有(유)하니 嚴家(엄가) 所判(소판)의 四種法界(사종법계) 中(중) 事法界(사법계)가 是(시)요 理(리)에 約(약)하면 法相(법상)·華嚴(화엄)의 釋意(석의)에 眞如(진여)의 理性(리성)을 指稱(지칭)하야 法界(법계)라 云(운)하고 或(혹)은 法界(법계)를 眞如法性(진여법성)이라 實相(실상)이라 實際(실제)라고도 云(운)하야 其(그) 體(체)가 一(일)이며 界(계)란 因(인)의 義(의)로서 諸聖道(제성도)

를 生할새 法界라 名함도 有하고 또 界란 性의 義으로서 諸法 所依

의 性이라 곧 諸法이 同一의 眞性일새 法界라 名함도 有하니라

## 第一節 四種法界와 入法界의 三觀

一眞如의 法界란 萬有를 總該한 窮極의 眞理요 그 義相을 分別함

에 四種이 有하니

一에 事法界란 事는 色心萬差의 事物로서 곧 松은 松이오 竹은 竹

이라 差別하야 眼前에 現하는 者니 緣起가 其相이라 此法界의 界란

分界의 義으로서 諸法의 分界를 差別하는 法界요

二에 理法界란 理는 眞如 平等의 理로서 彌勒도 如요 凡夫도 如라

法界가 平等하야 一眞如의 理니 無相이 其相이라 此法界의 界란 性

의 義로서 眞如는 諸法의 體性일새 其性이 同一한 法界요

三에 理事無碍法界란 色卽是空이오 空卽是色이라 理事의 交徹함이

水卽波요 波卽水와 如하야 互融이 其相이라 此 法界의 界란 分과 性

의 二義를 具하야 分界의 事相과 體性의 眞如가 圓融無碍한 法界요

四에 事事無碍法界란 萬法은 理性에서 緣起한 者라 理性이 圓融

과 如히 所起의 事相도 無碍하야 一父母에서 生한 兄弟姉妹의 血肉

이 相通하야 和融의 一味와 如할새 差卽涉入이 其相이라 此亦 分

性의 二義를 具하야 差別의 事相과 如히 理性과 如히 事事이 無碍涉入한

法界라

蓋一眞法界에서 此 四種法界를 義分하는 所以는 一眞法界에 眞

如·生滅의 二門이 有하니 곧 不變·隨緣의 二義라 其 隨緣의 義邊

을 取하야 事法界를 立하고 不變의 義邊을 取하야 理法界를 立하며

그 二門涉入의 義邊을 取하야 理事無碍法界를 立하고 다시 生滅門에서 事事涉入의 義邊을 取하야 事事無碍法界를 立한 바 眞如門에서 理理涉入의 義邊을 取하야 理理無碍法界를 不立함은 理란 本來 平等 하야 涉入을 更論할 差別의 理가 無함으로써라

그리고 以上 四種法界 中 第一法界를 除한 後의 三法界에서 三種의 觀法을 立하니 一에 眞空絶相觀이란 곧 理法界요 二에 理事無碍 觀이란 곧 理事無碍法界요 三에 周遍含容觀이란 곧 事事無碍法界라

此를 華嚴宗의 「華嚴法界三觀」이라 稱하는 本宗行者의 觀法이 是라 漸次 修習하야 事事無碍法界의 境에 入함을 그의 至極이라 云하나니 곧 華嚴의 入法界ㅣ是니라

## 第二節 十法界와 九界

十法界(십법계)란 四種法界(사종법계)를 橫(횡)으로 한 嚴家(엄가)의 所立(소립)이니

一(일)에 佛法界(불법계)란 自覺(자각)·覺他(각타)·覺行(각행)이 共滿(공만)한 境界(경계)요

二(이)에 菩薩法界(보살법계)란 無上菩提(무상보리)를 爲(위)하야 六度萬行(육도만행)을 修(수)하는 境界(경계)요

三(삼)에 緣覺法界(연각법계)란 入涅槃(입열반)을 爲(위)하야 在佛當時(재불당시)엔 十二因緣觀(십이인연관)을 修(수)하고 無佛時代(무불시대)엔 宿因(숙인)으로써 因緣觀(인연관) 或(혹)은 飛花落葉(비화낙엽) 等(등)의 外緣(외연)에 因(인)하야 獨覺自修(독각자수)하는 境界(경계)요

四(사)에 聲聞法界(성문법계)란 在佛當時(재불당시)엔 入涅槃(입열반)을 爲(위)하야 四諦(사체)의 觀法(관법)을 修(수)하고 無佛時代(무불시대)엔 佛道(불도)의 聲(성)으로써 一切(일체)로 하야금 聞(문)케 하야 寶所(보소)에 悉(실)히 歸(귀)케 함이 大乘聲聞(대승성문)이며 其他(기타)는 小乘聲聞(소승성문)의 境界(경계)요

五(오)에 天法界(천법계)란 上品(상품)의 十善(십선)과 禪定(선정)을 兼修(겸수)하고 天界(천계)에 生(생)하야 靜妙(정묘)의 樂(락)을 受(수)하는 境界(경계)요

六에 人法界란 五戒 又는 中品의 十善을 修하야 人中의 苦樂을 受하는 境界요

七에 阿修羅法界란 下品의 十善을 行하야 通力自在를 得한 非人의 境界요

八에 餓鬼法界란 下品의 五逆이나 十惡을 犯하야 飢渴의 苦를 受하는 惡鬼의 境界요

九에 畜生法界란 中品의 五逆이나 十惡을 犯하야 呑噉殺戮의 苦를 受하는 畜類의 境界요

十에 地獄法界란 上品의 五逆이나 十惡을 犯하야 寒熱叫喚의 苦를 受하는 最下의 境界라

要컨대 感報의 界分에 十種이 不同할새 十法界라 云하나 理에 있

언 單一法界에 十界를 各具하야 오직 人法界에서 十法의 境界를 區
　　단일법계　십계　　각구　　　　　인법계　　　십법　경계　구
分하고 此를 大別하면 佛究竟覺의 悟界와 其他 九界의 迷界에 分할
분　　차　대별　　　불구경각　오계　기타 구계 미계　분
뿐일새 迷界를 九界라고도 總稱하나니 理와 事가 契合하나니라
　　　미계　구계　　　총칭　　　리　사　계합

## 第十章 十身(십신)

「華嚴經(화엄경)」에 二種(이종)의 十身(십신)을 說(설)하셨으니 一(일)은 融三世間十身(융삼세간십신)이오 二(이)는 佛具(불구)의 十身(십신)이니

一(일)에 衆生身(중생신)이란 六途(육도)의 衆生(중생)이오 二(이)에 國土身(국토신)이란 六途衆生(육도중생)의 依處(의처)요 三(삼)에 業報身(업보신)이란 上(상)의 二身(이신)을 生(생)한 業因(업인)일새 以上(이상)의 三身(삼신)은 染分(염분)에 屬(속)하고 四(사)에 聲聞身(성문신)이란 諦觀(체관) 等(등)으로써 涅槃(열반)을 求(구)하는 者(자)요 五(오)에 獨覺身(독각신)이란 參禪(참선) 等(등)으로써 獨覺自修(독각자수)하는 者(자)요 六(육)에 菩薩身(보살신)이란 六度(육도) 等(등)으로써 菩提(보리)를 求(구)하는 者(자)요 七(칠)에 如來身(여래신)이란 因圓果滿(인원과만)의 妙覺(묘각) 佛身(불신)이오 八(팔)에 智身(지신)이란 佛身所具(불신소구)인 能證(능증)의 實智(실지)요 九(구)에 法身(법신)이란

佛身所具인 所證의 眞理ᄅ새 以上 六身은 淨分에 屬하고 十에 虛空
身이란 染淨 二分의 相을 離한 染淨의 所依인 周遍法界로서 無形量
의 實體라 諸相이 離함을 表하야 虛空이라 云함은 融三世間十身인바
此 十身의 第二인 國土身은 곧 國土世間의 根本이오 第一인 衆生
身과 第三인 業報身 乃至 第六 菩薩身은 衆生世間이오 後의 四身은
正覺世間일새 此 十身은 三世間을 融攝한 毘盧正覺의 體임으로 融三
世間의 十身이라 云하고 또 此 十身은 毘盧遮那佛의 覺體임을 解知
하는 所知의 境임으로 解境의 十身이라고도 云하며 此 十身中의 第
七 如來身 上에 十身을 立하야 佛具의 十身이라 云하는 바 此 十身
에 就하야 經中 三處에 說하신 名字가 稍異하나 舊經二十六의 所說
에 據하건대

一에 菩提身이란 後에 正覺佛이라 云하야 梵漢이 相異할 뿐으로써

八相成道의 正覺을 示現하신 佛身이라 世間에 住하시되 涅槃에 不着

하시고 生死에도 不着하시며 無着의 道에 乘하사 正覺을 大成하셨으

므로 無着佛이라 正覺佛이라고도 云하나 其意는 同하고

二에 願身이란 後云의 願佛로서 兜率天에 生하신 願佛身이오

三에 化身이란 後云의 化佛 又는 涅槃佛로서 王宮에 生하신 化身

인바 化란 涅槃을 必示함으로써

四에 住持身이란 後云의 住持佛 又는 持佛로서 滅後엔 法身舍利로

써 佛法을 住持함이오

五에 相好莊嚴身이란 後云의 業報佛로서 無邊의 相好로써 莊嚴하

는 佛身인 바 此는 곧 萬行의 業因에 應酬한 功德인 業報의 佛身이

오

六육에 勢力身세력신이란 後云후운의 心佛심불로서 佛불의 慈心자심으로써 一切일체를 攝伏섭복하

심일새요

七칠에 如意身여의신이란 新譯신역의 意生身의생신이오 後云후운의 如意佛여의불로서 地前地上지전지상

의 菩薩보살에 對대하사 如意여의 現示현시하시는 佛身불신이오

八팔에 福德身복덕신이란 後云후운의 三昧佛삼매불로서 三昧삼매에 常住상주하심이니 三昧삼매는

곧 最上최상의 福德복덕임으로써요

九구에 智身지신이란 後云후운의 性佛성불로서 四智사지 等등 本有본유의 性德성덕을 具구하심으

로써요

十십에 法身법신이란 後云후운의 法界佛법계불로서 智身지신 所了소료의 本性본성인 바

此차를 法법·應응·化화 三身삼신에 配배하면 法身법신과 智身지신은 法身법신이요 勢力身세력신·

如意身(여의신)·住持身(주지신)·菩提身(보리신)은 應身(응신)이요 化身(화신)·相好莊嚴身(상호장엄신)·願身(원신)·福德身(복덕신)은 化身(화신)이며 又(또) 此(차) 十身(십신)을 上의 解境十身(해경십신)에 對하야 行境十身(행경십신)이라 云하니 修行(수행)하야써 感得(감득)하는 佛의 十身(십신)임으로써니라

## 第十一章 眞如(진여)

眞如(진여)란 梵音(범음)의 部多多他多(부다다타다)로서 「金剛經(금강경)」의 梵本(범본)에 眞如性(진여성)이라 譯(역)하니 眞(진)이란 眞實(진실)의 義(의)요 如(여)란 如常(여상)의 義(의)라

諸法(제법)의 體性(체성)이 虛妄(허망)을 離(이)한 眞實(진실)임으로써 眞(진)이오 眞性(진성)이 常住(상주)하야 不變不改(불변불개)임으로써 如(여)니 或(혹)은 圓成實性(원성실성)이라 法性(법성)이라 實相(실상)이라 佛性(불성)이라, 如來藏(여래장)이라, 法界(법계)라, 法身(법신)이라, 自性淸淨心(자성청정심)이라고도 云(운)하나

同體異名(동체이명)인 바 「起信論(기신론)」에 所謂(소위) 眞生未分(진생미분)의 一心(일심)인 一眞如(일진여)가 是(시)요

二眞如(이진여)라 함은 多種(다종)이 有(유)하니

一(일)엔 隨緣眞如(수연진여)와 不變眞如(불변진여)로서 無明(무명)의 緣(연)에 隨(수)하야 九界(구계)의 妄法(망법)을

起할새 隨緣眞如요 隨緣하야 妄法을 成하되 그 眞性은 不變할새

變眞如라 隨緣의 義邊으론 眞如가 곧 萬法이오 不變의 義邊으론 萬

法이 곧 眞如람이니 華嚴終教와 天台別教 已上의 所談이오

二엔 空眞如와 不空眞如로서 眞如의 染法을 離함이 明鏡과 如할새

空眞如요 眞如의 淨法에 一切를 具함이 明鏡에 萬像을 現함과 如할

새 不空眞如람이니 「起信論」 等의 所說이오

三엔 清淨眞如와 染淨眞如로서 此는 上의 隨緣眞如와 不變眞如람

의 異名이니 「釋摩訶衍論」 三에 出함이오

四엔 有垢眞如와 無垢眞如로서 衆生所具의 眞如를 有垢라 云하고

諸佛所顯의 眞如를 無垢라 謂함이니 「大乘止觀」 二에 說함이오

五엔 在纏眞如와 出纏眞如로서 此는 上의 有垢眞如와 無垢眞如람

의 異名이니 「起信論疏」에 出함이오

六엔 生空眞如와 法空眞如로서 人我를 空한 所顯의 眞如를 生空이라 云하고 法我를 空한 所顯의 眞如를 法空이라 謂함이니 「唯識論」의 所說이오

七엔 依言眞如와 離言眞如로서 眞如의 體가 本來에 言辭의 相과 心念의 相을 離하였을새 離言眞如요 假名의 言說에 依하야 其相을 顯할새 依言眞如니 亦是 「起信論」의 所說이오

八엔 安立眞如와 非安立眞如로서 此는 前의 依言眞如와 離言眞如의 異名이니 「探玄記」 等의 所說이오

九엔 相待眞如와 絶待眞如로서 此는 上의 安立眞如와 非安立眞如의 異名이니 「華嚴大疏鈔」의 所說이니라

## 第一節 三眞如(삼진여)와 七眞如(칠진여)

一에 無相眞如(무상진여)란 遍計所執(변계소집)의 虛相(허상)이 無(무)한 諸法(제법)의 實相(실상)을 云(운)함이오

二에 無生眞如(무생진여)란 實生(실생)이 無(무)한 諸法(제법)의 因緣生(인연생)을 云(운)함이요

三에 無性眞如(무성진여)란 妄情所執(망정소집)의 實性(실성)이 無(무)한 言亡慮絕(언망려절)을 云(운)함이니 此(차)

의 三眞如(삼진여)는 「唯識論(유식론)」 所說(소설)의 三無性(삼무성)의 依(의)하야 立(립)함이며

一에 善法眞如(선법진여)란 眞如(진여)가 隨緣(수연)하야 善法(선법)을 成(성)한 眞如(진여)요

二에 不善法眞如(불선법진여)란 眞如(진여)가 隨緣(수연)하야 不善法(불선법)을 成(성)한 眞如(진여)요

三에 無記法眞如(무기법진여)란 眞如(진여)가 隨緣(수연)하야 無記法(무기법)을 成(성)한 眞如(진여)니 此(차)의

三眞如(삼진여)는 「雜集論(잡집론)」에 出(출)하니라

그리고 「解深密經(해심밀경)」 分別瑜伽品(분별유가품)과 「唯識論(유식론)」 八(팔)에 七眞如(칠진여)를 說(설)하니

一에 流轉眞如(유전진여)란 有爲法流轉(유위법유전)의 實性(실성)이오

二에 實相眞如란 二無我境의 實性이오

三에 唯識眞如란 染淨法 唯識의 實性이오

四에 安立眞如란 苦諦의 實性이오

五에 邪行眞如란 集諦의 實性이오

六에 淸淨眞如란 滅諦의 實性이오

七에 正行眞如란 道諦의 實性인 바 流轉·安立·邪行의 三眞如는

佛에게 不當하고 實相·唯識·淸淨의 三眞如는 根本智의 境이며 餘의 四眞如는 後得智의 境이라 詮門에 要約한 義說로서 七眞如를 說하나 詮을 廢하고 如의 體를 論하면 七卽一如니라

第二節 菩薩十地所得의 十眞如

一에 遍行眞如란 我法二空의 所顯으로서 一法에 諸法이 含藏할새

遍(편)行(행)않음이 없음으로써요

二에 最勝眞如(최승진여)란 無邊(무변)의 德(덕)을 具足(구족)하야 一切法(일체법)에서 最勝(최승)함으로써요

三에 勝流眞如(승류진여)란 此眞如(차진여) 所流(소류)의 敎法(교법)이 至極(지극)히 殊勝(수승)함으로써요

四에 無攝受眞如(사섭수진여)란 我執(아집) 等(등)의 繫屬(계속)이 無(무)함으로써요

五에 無別眞如(오무별진여)란 眼(안) 等(등) 異類(이류)의 差別(차별)이 無(무)함으로써요

六에 無染淨眞如(육무염정진여)란 本性(본성)이 元來(원래)에 無染(무염)할새 다시 洗淨(세정)할 수 없음으로써요

七에 法無別眞如(칠법무별진여)란 諸法(제법)이 種種(종종) 安立(안립)하되 其性(기성)에 있어 別異(별이)가 無(무)함으로써요

八에 不增減眞如(팔부증감진여)란 淨染(정염)에 隨(수)한 增減(증감)의 執(집)을 離(이)함으로써니 此(차)의

又名인 相土自在所依眞如를 證得已하면 身相을 現하고 國土를 現함에 自在를 得함으로써요

九에 智自在所依眞如란 此眞如를 證得已하면 無碍解의 自在를 得함으로써요

十에 業自在等所依眞如란 此眞如를 證得已하면 一切 神通의 作業

多羅尼定門에서 皆 自在를 普得함으로써라

眞如의 性은 實無差別이지만 勝德에 隨하야 十種을 立하니라

台家는 此를 別敎의 十地 所得이라 云하고 法華 所說의 唯佛與佛

乃能窮盡 諸法實相 如是等의 十眞如라 稱하야 十如是를 圓敎의 十眞如라

是와 十眞如란 名義가 相同하다 云하고 此를 無作의 無作이라 謂하

나 十眞如는 身證의 境界요 十如是는 悟道의 境界니라

그리고 一에 眞如 二에 法界 三에 法性 四에 不虛妄說 五에 不變
異性 六에 平等性 七에 離生性 八에 法定 九에 法住 十에 實際 十一
에 虛空界 十二에 不思議界 等을 十二眞如라 或은 十二無爲라, 十二
空이라, 名하니 此는 身證心悟인 證悟의 境界니라

## 第十二章 忍

「瑜伽論」에 「云何名忍고 自無憤勃하야 不報他怨일새 故名忍」이랐고 「唯識論」 九에 「忍이란 以無嗔으로 精進하야 審慧하되 及彼所起의 三業에 處性」하랐고 「大乘義章」 九에 「慧心의 安法함이 名之爲忍」이랐고 同十一에 「於法의 實相에 安住함이 爲忍」이랐으니 道理에 安住하야써 心을 不動함이 忍일새 道理를 體하야 不嗔不惱함이 二忍 中의 衆生忍이오 그 無生의 法理에 安住하야 心을 不動함이 無生法 忍이며 또 疾病이나 水火나 刀杖이나 이 衆苦가 逼迫하되 法에 住하야 此를 安忍하고 恬然不動함이 前의 衆生忍인 同時에 安受苦忍이오

法(법)을 觀察(관찰)하야 心(심)을 實相(실상)의 理(리)에 安住(안주)함이 前(전)의 無生法忍(무생법인)인 同時(동시)에 觀察法忍(관찰법인)이며 彼(피) 衆生忍(중생인)인 安受苦忍(안수고인)에 二忍(이인)이 又(우) 有(유)하니 人(인)의 恭敬(공경)·供養(공양)에 於(어)하되 能忍(능인)하야 執着(집착)하지 않음이 一(일)이오 人(인)의 嗔罵打害(진매타해)에 於(어)하되 嗔恨(진한)을 不生(불생)함이 其二(기이)며 이 亦(역) 有(유)하니 一(일)은 非心法(비심법)의 寒熱風雨飢渴老病死(한열풍우기갈노병사) 等(등)에 於(어)하되 能忍(능인)하야 惱怨(뇌원)이 無(무)함이오 二(이)는 心法(심법)인 嗔恚憂愁(진에우수) 等(등)의 諸煩惱(제번뇌)에 於(어)하되 厭棄(염기)가 無(무)함이니라

그러나 忍辱(인욕)에 限(한)하고 法(법)을 不知(부지)하면 凡夫(범부)요 觀法(관법)이 不能(불능)하면 小乘(소승)이며 能忍而安住不動(능인이안주부동)하면 大乘(대승)인 同時(동시)에 方可謂之(방가위지)의 忍(인)이니라

## 第一節(제일절) 三忍(삼인)과 四忍(사인)

三忍(삼인)에 種種(종종)이 有(유)하나 此(차)는 「無量壽經(무량수경)」 第四十八願(제사십팔원)에 聲聞者(성문자)의

得三法忍願을 擧하사 第一法忍·第二法忍·第三法忍이라 言하실 따름이오 其 名을 不擧하실새 此에 就하야 諸解가 不同하니 「法位」는 云하되 「此는 仁王經에 說하신 五忍의 初三으로서 곧 伏忍·信忍·順忍」이랐고 「憬興」은 云하되 「此는 伏忍 中의 下·中·上 三忍」이랐고 「玄一」은 云하되 「此는 下說의 音響忍·柔順忍·無生忍의 三」이랐으니 亦是 「無量壽經」에 「往生極樂의 人은 七寶樹林의 音聲을 聞하고 三種의 忍을 得한다」하사

一에 音響忍이란 音響에 由하야 眞理를 悟得함이오

二에 柔順忍이란 悟理의 慧心 그대로 眞理에 隨順할 따름이오

三에 無生法忍이란 無生의 實性을 證하고 諸相을 離하는 悟道의 至極이며

『思益經』四忍法品에「菩薩의 四法이 有하야 毀禁의 罪를 出한다」

시고 菩薩四忍을 說하시니

一에 得無生忍이란 一切諸法의 自性이 空寂하야 本來에 不生함일 새요

二에 得無滅法忍이란 一切諸法이 元來無生이라 亦是 無滅일새요

三에 得因緣忍이란 一切諸法이 皆是 因緣의 和合에 依하야 生할 따름일새 自性이 無함으로써요

四에 得無住忍이란 諸法에 住着이 無함을 無住람일새 菩薩이 此의

四忍을 證하면 能히 毀犯 禁戒의 罪를 超出한다심이니 곧 實相懺悔 니라

第二節 五忍과 十三觀門

舊譯「仁王經」敎化品에 「佛言大王하사대 五忍이 是菩薩의 法이니 伏忍의 上·中·下와 信忍의 上·中·下와 順忍의 上·中·下와 無生忍의 上·中·下와 寂滅忍의 上·下를 名爲諸佛菩薩의 修般若波羅蜜이라」시고 同受持品에 「大牟尼께서 言하사대 有修行十三觀門의 諸善男子가 爲大法王이라 從習忍으로 至金剛頂이 皆爲法師를새 依持하라 建立하니 汝等大衆은 應如佛供養而供養之하라 應持百萬億天이 香과 妙華하야 而以奉上이라」시고 同 嘉祥疏에 「伏忍의 上·中·下者는 習忍이 下요 性忍이 中이오 道種忍이 上이라 在三賢位요 信의 上·中·下者는 初地가 下요 二地가 中이오 三地가 上이며 順忍의 上·中·下者는 四地가 下요 五地가 中이오 六地가 上이며 無生忍의 上·中·下者는 七地가 下요 八地가 中이오 九地가 上이며 寂

滅忍의 上下者는 十地가 下요 佛地가 上이랐으니

一에 伏忍이란 習忍·性忍·道種忍의 三賢位에 在한 菩薩이 아직 煩惱의 種子는 未斷이나 此를 制伏하야 不起케 하는 忍이오

二에 信忍이란 初地부터 三地까지에서 貪惑을 斷盡하고 眞性을 見하야 正信을 얻는 忍이오

三에 順忍이란 四地부터 六地까지에서 嗔惑을 斷盡하고 菩提의 道에 順하야 無生의 果에 趣向하는 忍이오

四에 無生忍이란 七地부터 九地까지에서 痴惑을 斷盡하고 諸法無生의 理에 悟入한 忍이오

五에 寂滅忍이란 十地와 妙覺에서 涅槃의 寂滅에 究竟한 忍이라

忍은 忍可 又는 安忍의 義로서 其 理를 決定하고 不動함일새 十三觀

門이란 上의 十四忍 中、上寂滅忍의 妙覺位를 除한 十三忍의 修法이라 十三觀門으로써 修하는 者를 大法王이라 云하시고 如佛供養하라시니라

第三節 十忍과 十四忍

一에 音聲忍이란 上의 音響忍이오

二에 順忍이란 上의 柔順忍이오

三에 無生忍이란 上의 無生忍이며

四에 如幻忍이란 諸法이 因緣에 依하야 生함일새 그 實性의 無함

이 幻化性의 空寂함과 猶如한 양 了達하고 此를 信忍함이오

五에 如焰忍이란 一切의 境界가 陽焰의 本性이 空寂함과 如한 양 了達하고 此를 信忍함이오

六에 如夢忍이란 一切의 妄心은 夢境의 眞實이 無함과 如한 양 了達하고 此를 信忍함이오

七에 如響忍이란 一切 世間의 言語 音聲은 因緣和合에 依하야 生할새 谷響의 眞實이 無함과 如한 양 了達하고 此를 信忍함이오

八에 如影忍이란 色身은 五陰의 積集에 依하야 成할새 本體의 無함이 影과 如한 양 了達하고 此를 信忍함이오

九에 如化忍이란 世間의 諸法은 無而忽有하고 有而還無하야 體의 眞實이 無하기 化事와 如한 양 了達하고 此를 信忍함이오

十에 如空忍이란 世間 出世間 種種의 諸法은 虛空에 色相이 無함과 如한 양 了達하고 此를 信忍함이니

已上 十忍은 「華嚴經 指掌」과 「三藏法數」에 論함이오 三賢十聖을

十三忍이라 云하시고 이에 正覺忍을 加하사 十四忍이라 하심은 「仁王經」 十에 說하시니라

## 第十三章 五十六位(오십육위)와 四滿成佛(사만성불)

菩薩乘(보살승)의 階位(계위)에 있어 諸經論(제경론)의 所說(소설)이 種種不同(종종부동)하니 「大日經(대일경)」엔 十位(십위)만을 說(설)하시고 「勝天王般若經(승천왕반야경)」엔 十地(십지)와 妙覺(묘각)의 十一位(십일위)를 說(설)하시고 「金光明經(금광명경)」엔 十地(십지)의 十位(십위)를 說(설)하시고 十住(십주)의 十位(십위) 또 十地(십지)의 十位(십위)를 說(설)하시고 「仁王般若經(인왕반야경)」엔 十信(십신)·十住(십주)·十行(십행)·十廻向(십회향)·十地(십지)·妙覺(묘각)의 五十一位(오십일위)를 說(설)하시고 一部(일부)의 「華嚴經(화엄경)」과 「菩薩瓔珞經(보살영락경)」 等(등)엔 等覺(등각)을 加(가)하사 五十二位(오십이위)를 說(설)하시고 「首楞嚴經(수릉엄경)」엔 煖(난)·頂(정)·忍(인)·世第一(세제일)의 四善根(사선근)을 加(가)하사 五十六位(오십육위)를 說(설)하심에 對(대)하야 「唯識論(유식론)」엔 十住(십주)·十行(십행)·十廻向(십회향)·十地(십지)·妙覺(묘각)의 四十一位(사십일위)를 說明(설명)하고 「智度論(지도론)」엔 此(차)에 等覺(등각)을 加(가)하야

四十二位를 說明한바 已上의 諸位에 就하야 凡·聖을 分別하면「大日經」所說의 十位中 初三位는 凡位요 後七位는 賢聖位며「勝天王般若經」의 十位와「金光明經」의 十一位는 皆是 聖位며「智度論」所說의 十位中 初二位는 凡位요 後八位는 賢聖位며「唯識論」所說의 四十一位中 十住·十行·十廻向의 三十은 賢位요 十地 妙覺은 聖位니 此는 곧 天台別敎와 華嚴終敎의 乘位에 合하나 萬一 二宗 圓敎의 乘位에 依하면 悉皆 聖位라「智度論」所說의 四十二位도 此에 準하야 知할지오「華嚴·瓔珞」等의 五十二位中 初 十信은 凡位요 住·行·廻向 三位는 別敎와 終敎에선 賢位요 圓敎에선 聖位라며 十地·等·妙의 十二位는 二敎나 圓敎나 聖位랄새 五十六位도 此에 準하야 知할지라

要컨대 諸說이 差異함은 곧 修·證에 先後함이니 次를 參酌하야

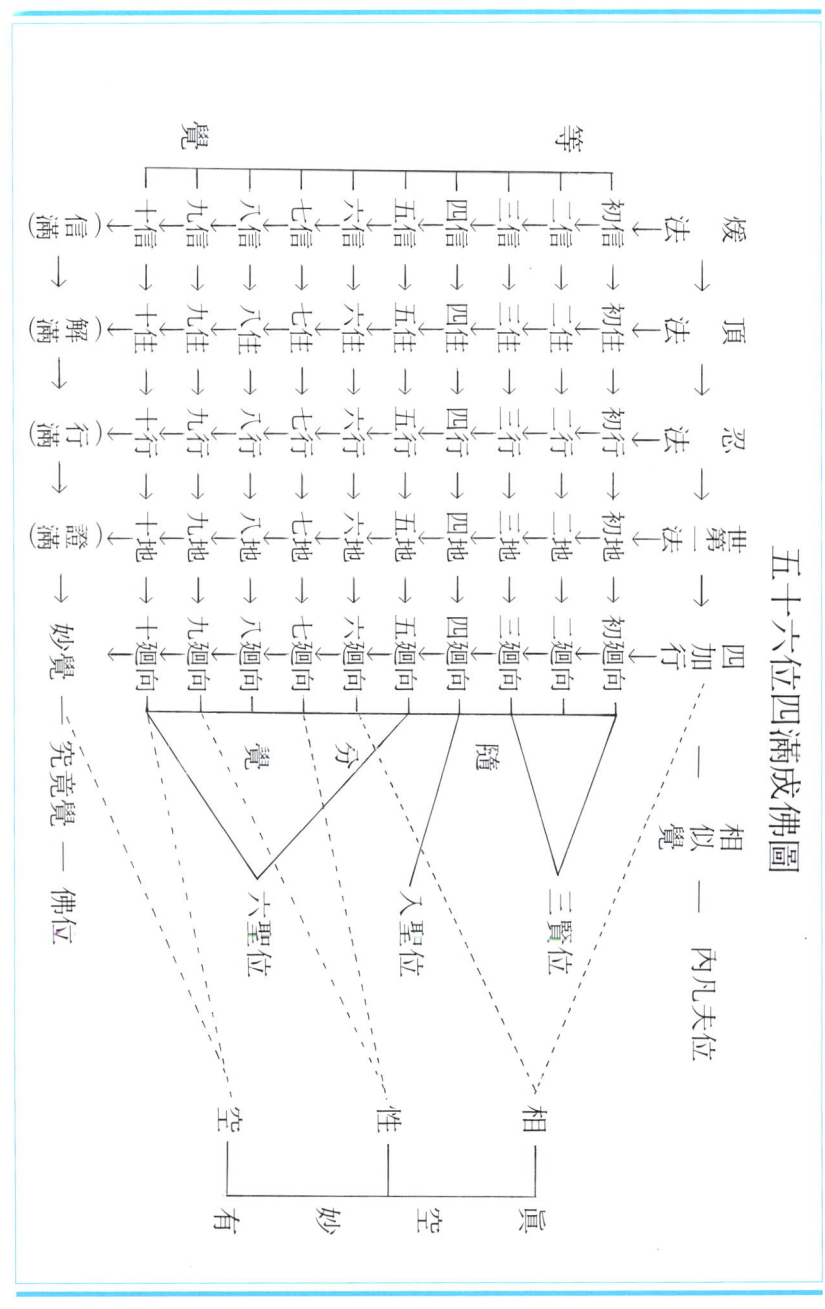

五十六位四滿成佛圖

먼저 修·證의 圓義 吟味에 努力할지오 十廻向을 十地에 前後함은
因果의 差가 有할 뿐이니라

## 第一節 加行의 四善根

煖이란 色陰의 區宇를 打開하는 前相이오 頂이란 欲界頂天인 緣慮
의 質多心相을 披雲見月格으로 直見하는 法相이오 忍이란 此 位에서
欲界의 假相은 虛空과 如함을 了達하야 此를 信忍함이오 世第一이란
欲界世間의 頂法에 安住하고 動搖가 無하야 世間에 第一法일새이니

俱舍宗에선 四諦觀으로 十六行相을 觀察하고 成實宗에선 無常觀
으로 五蘊을 觀察하야 相似의 涅槃智가 生함을 四品에 分하야 下
를 煖法、中을 頂法、上을 忍法、上上을 世第一法이라 名하고 法相

大乘은 初의 明得定을 煖法、明增定을 頂法、印順定을 忍法、無間定

을 世제일法이라 稱하며 또 聲聞·獨覺·佛 三乘에 三品의 四善根이 有하니 聲聞과 部行獨覺은 煖·頂 二善根 已生의 位에서 正覺位에 轉入하나니 彼는 萬一 成佛前에 忍을 得하면 此는 惡趣를 已脫하야 利物化生이 不能함으로 生의 化用을 不要하는 獨覺을 轉成하며 麟角獨覺과 佛은 煖 等의 善根에서 成菩提에 至하기까지 一座를 不離할새 四善根에 轉退할 理가 無하니라

第二節 十信

佛의 敎法에 入코자 하는 者는 먼저 十信으로써 하는 바 證前엔 迷信이오 證後엔 正信이라 信位에서 벌써 凡聖이 區別되니 注意할지어다

一에 信心이란 一切의 妄想을 滅盡하고 中道純眞함을 云함이오

二에 念心이란 眞信이 明了하야 一切에 圓通할새 幾多의 生死를 經하드라도 現生의 一念을 遺忘하지 않음이오

三에 精進心이란 妙圓純眞의 精明으로써 眞淨에 進趣함이오

四에 慧心이란 心의 精이 現前할새 純眞의 智慧가 自然 發起함이오

五에 定心이란 智明을 執持할새 周遍이 湛寂하야 心을 一境에 常凝함이오

六에 不退心이란 定光이 發明할새 明性에 深入하야 오직 有進無退함이오

七에 護法心이란 心이 進하야 安然할새 一切 佛法을 保持하고 十

方如來와 氣分交涉함이오
八에 廻向心이란 覺明을 保持할새 能히 妙力으로써 佛光 廻照를
感하고 佛에 向하야 安住함이오
九에 戒心이란 心光이 密廻할새 無爲에 安住하야 遺失이 無함이오
十에 願心이란 戒에 住하야 自在할새 十方에 遊하되 悉皆 願에 隨
함이니라.

### 第三節 十住

住란 如法解에 立脚함이니

一에 發心住란 信心의 用을 涉入한 圓成一心의 位요

二에 治地住란 心이 明淨함이 瑠璃 內에 精金을 現함과 如히 前의

妙心으로 履治하는 境地를 云함이오

三에 修行住란 前의 地를 涉知하야 明了할새 十方에 遊履하되 留碍가 없음이오

四에 生貴住란 佛의 氣分을 受하야 彼此에 冥通할새 비로소 如來種에 入함이오

五에 方便具足住란 自利와 利他의 方便을 具足할새 如來行動함이오

六에 正心住란 行動에 限할배 않이라 心相도 佛과 同一함이오

七에 不退住란 身心이 合一하야 日日 增長함이오

八에 童眞住란 佛具의 十身을 一時 具足함이오

九에 法王子住란 生貴住까지를 入聖胎라 云하고 童眞住까지를 長養聖胎라 謂하고 此 住에선 相形이 具足하야 비로소 出胎할새요

十에 灌頂住란 菩薩이 이미 佛子가 되야 能히 佛事를 行함에 佛이 智水로써 灌頂함이니 刹帝利 王子의 受職灌頂과 如함이니라

## 第四節 十行

一에 歡喜行이란 佛子가 된 菩薩이 如來의 妙德으로써 十方에 隨順할새요

二에 饒益行이란 一切衆生을 利益케 할새요

三에 無瞋恨行이란 自覺과 覺他에 違逆이 無함으로써니 又는 無恚라

四에 無違逆行이라고도 云함이오

四에 無盡行이란 衆生의 機類에 隨하야 其身을 現하되 三世가 平等하야 十方에 通達할새 利他의 行이 無盡함이오

五에 離痴亂行이란 種種의 法門이 不同하드라도 一切가 合同하야

差誤(차오)가 無(무)함이오

六(육)에 善現行(선현행)이란 이미 痴亂(치란)을 離(이)할새 能(능)히 同類中(동류중)에 異相(이상)을 現(현)하고 一一(일일)의 異相(이상)에 同一相(동일상)을 現(현)하야 同異(동이)가 圓融(원융)함이오

七(칠)에 無着行(무착행)이란 十方虛空(시방허공)에 微塵(미진)을 滿足(만족)하고 一一塵中(일일진중)에 十方界(시방계)를 現(현)하되 塵界(진계)에 留碍(유애)가 無(무)함이오

八(팔)에 尊重行(존중행)이란 難得行(난득행)이라고 云(운)하니 前(전)의 種種現行(종종현행)은 오직 般若(반야)의 觀照(관조)하는 力(역)일새 六度中(육도중)에 特(특)히 般若波羅蜜(반야바라밀)을 尊重(존중)함이오

九(구)에 善法行(선법행)이란 圓融(원융)의 德(덕)으로써 能(능)히 十方諸佛(시방제불)의 軌則(궤칙)을 現成(현성)함이오

十(십)에 眞實行(진실행)이란 前(전)의 圓融德相(원융덕상)은 一一(일일)이 皆是(개시) 淸淨無漏(청정무루)로서 一眞(일진) 無爲(무위)의 實性(실성)일새 本來(본래)부터 如常(여상)할새니라

## 第五節 十地心(십지심)

菩薩(보살)의 十地(십지)는 이미 二章 三節에 略述(약술)한 배라 此엔 그의 異名(이명)인 十地心의 名數(명수)만 列擧(열거)하니 一에 初地의 四無量心(사무량심)은 種子(종자)요 二에 地의 十善心(십선심)은 芽(아)요 三地의 明光心(명광심)은 苞(포)요 四地의 焰慧心(염혜심)은 葉(엽)이오 五地의 大勝心(대승심)은 花(화)요 六地의 現前心(현전심)은 果(과)라 七에 七地의 無生心(무생심)은 受用種子(수용종자)요 八에 八地의 不思議心(부사의심)은 爲無畏依(위무외의) 果中之果(과중지과) 九에 九地의 慧光心(혜광심)은 有進求佛慧生(유진구불혜생)이라 最勝心(최승심)이오 十에 十地의 受位心(수위심)은 곧 決定心(결정심)인 바 此의 二心은 第八心中에서 開出(개출)하였으나 一一地中에 此의 十心이 亦在하니 此는 「瓔珞本業經」上과 「大日經疏(대일경소)」三에 詳說(상설)하였나니라.

## 第六節 十廻向(십회향)과 等妙(등묘)

一은 救護一切衆生廻向이오 二는 不壞廻向이오 三은 等一切佛廻向이오 四는 至一切處廻向이오 五는 無盡功德廻向이오 六은 入一切平等廻向이오 七은 隨順衆生廻向이오 八은 眞如相廻向이오 九는 無縛無着廻向이오 十은 法界無量廻向으로서 十信·十住·十行이 因이 되고 十地가 果가 될 時엔 此의 因이 果에 對한 十廻向이오 十地가 될 時엔 妙覺에 對한 十廻向일새 十住 或 十地의 十位에 約하心은 其意에 있어 十信·十住·十行·十廻向·十地 五重의 十位요 十位를 五十六에 開하心은 十重의 五位에 前後를 加하심인 바 其 後에 異說의 煩을 要함은 先修後證에 立脚함이니라

그리고 等覺位를 加減하心은 等覺의 境界를 別示하실 時엔 加하시고 諸位의 隨分覺이 될 時엔 減하시며 妙覺은 諸位의 圓成을 意味할

時(시)엔 減(감)하시고 因位(인위)에 對(대)하사 別示(별시)를 必要(필요)로 하실 時(시)엔 加(가)하신 바

修者(수자)는 맛당히 修證(수증)의 圓義(원의)를 吟味(음미)하는 同時(동시)에 十(십)의 位妙(위묘)를 諦察(체찰)할 지니라

## 第十四章 三界(삼계)

凡夫(범부)가 生死往來(생사왕래)하는 世界(세계)를 三(삼)에 分(분)하니

一(일)에 欲界(욕계)란 婬欲(음욕)과 食欲(식욕)을 主(주)로 하고 諸欲(제욕)을 從(종)으로 한 有情(유정)의 世界(세계)로서 上(상)은 六欲天(육욕천)으로부터 中(중)은 人界(인계)의 四大洲(사대주)를 經(경)하야 下(하)는 無間地獄(무간지옥)에 至(지)하기까지를 云(운)함이오

二(이)에 色界(색계)란 色(색)은 質碍(질애)의 義(의)으로서 有形(유형)의 物質(물질)을 云(운)함이니 此界(차계)는 欲界(욕계)의 上(상)에 在(재)하야 婬·食(음식) 二欲(이욕)을 主(주)로 한 諸欲(제욕)을 離(이)한 有情(유정)의 世界(세계)로서 身體(신체)의 依處(의처)나 物質的(물질적) 物(물)은 總(총)히 殊妙精好(수묘정호)할새니 此(차) 色界(색계)를 禪定(선정)의 淺深麁妙(천심추묘)에 由(유)하야 四級(사급)의 四禪天(사선천)이라 或(혹)은 靜慮(정려)라 云(운)하

고(此中)에서 或(혹)은 十六天(십육천)을 立(립)하며 或(혹)은 十七天(십칠천)을 立(립)하며 或(혹)은 十八天(십팔)天(천)을 立(립)함이오

三(삼)에 無色界(무색계)란 物質的(물질적)의 色(색)이 都無(도무)할새 身體(신체)나 依處(의처)가 無(무)하고

직心識(심식)으로써 深妙(심묘)한 禪定(선정)에 住(주)할 따름이라 다만 果報(과보)가 色界(색계)보다

勝(승)한 義(의)에 就(취)하야 其(기) 上(상)에 在(재)하다심이니 此(차)에 亦是(역시) 四天(사천)이 有(유)하야

或(혹)은 四無色(사무색)이라 四空處(사공처)라 云(운)하는바

要(요)컨대 三界(삼계)란 色陰(색음)을 銷却(소각)하는 三品(삼품)의 程度(정도)를 示(시)한 者(자)로서 枝末(지말)

無明(무명)인 六境(육경)이 欲界(욕계)요 根本無明(근본무명)인 六根(육근)이 色界(색계)요 受(수)·想(상)·行(행)·識(식)의

染識(염식)인 六識(육식)이 無色界(무색계)라 六境(육경)·六根(육근)·六識(육식)의 十八天(십팔천)으로 色界(색계)를 無(무)

色界(색계)까지 延長(연장)함이 法合(법합)하니 厖大(방대)한 欲界(욕계)와 細微(세미)한 無色界(무색계)는 色界(색계)에

立脚(입각)한 禪定(선정)으로써 分明(분명)히 自證劃定(자증획정)할지오 同時(동시)에 欲界(욕계)의 四大的(사대적) 假(가)

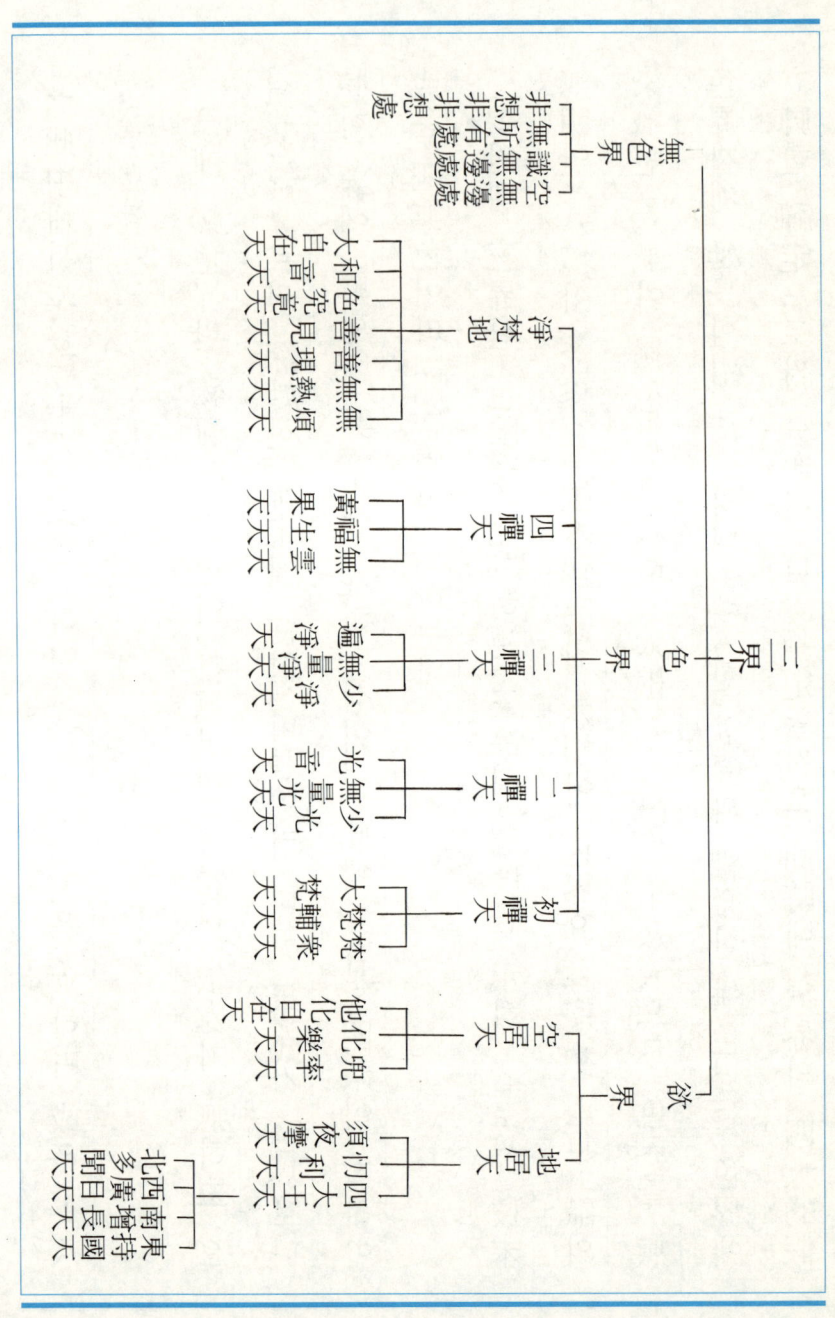

# 第三篇 首楞嚴三昧圖訣 上

想인 六境이 虛妄不實함을 信忍한 四善根이 信位에서 그의 實相을 證하고 此地에 住하야 解行一如로써 受·想·行·識 四陰의 滅盡에 따라 常·樂·我·淨을 成就할새 名이 四滿成佛의 妙覺인 바 解悟에 있언 一念에 三界를 超越할 수 있으나 證悟에 있언 界分이 本有하니 三界를 圖示하면 如左하니라

## 第一節 四禪定

前의 四善根이란 곧 地·水·火·風 四大의 顯界인 色蘊을 打成一片하는 境界요

四禪定이란 密界의 그 實色을 證見하는 同時에 受·想·行·識 四蘊의 四禪으로써 常·樂·我·淨 四德의 四定에 轉入하는 境界니 곧

四無色의 境界一相을 觀察함은 四禪이오 그의 思惟로써 一行함은 四

定(정)이라 空無邊處(공무변처)를 觀(관)하고 念(념)하야 色界(색계)의 金塵相(금진상)을 見(견)하고 欲界(욕계)의 虛妄相(허망상)을 一掃(일소)한 涅槃界(열반계)의 淨德(정덕)을 證(증)함은 初禪定(초선정)이오 識無邊處(식무변처)를 觀(관)하고 念(념)하야 微塵(미진)의 阿耨色(아누색)을 見(견)하는 同時(동시)에 水性(수성)的 受陰(수음)을 걷고 淨心(정심)의 我德(아덕)을 證(증)함은 二禪定(이선정)이오 無所有處(무소유처)를 觀(관)하고 念(념)하야 色究竟(색구경)의 極微相(극미상)을 見(견)하는 同時(동시)에 火性(화성)的 想陰(상음)을 轉(전)하야 一道光明(일도광명)의 常德(상덕)을 證(증)함은 三禪定(삼선정)이오 非想非非想處(비상비비상처)를 觀(관)하고 念(념)하야 微微(미미)의 隣虛相(인허상)을 見(견)하는 同時(동시)에 風(풍) 性(성)的 行陰(행음)을 轉(전)하야 樂德(낙덕)을 證(증)함은 四禪定(사선정)일새 四禪定(사선정)이란 곧 娑婆(사바) 卽(즉) 寂光土(적광토)임을 見(견)하고 娑婆世界(사바세계) 그대로 極樂世界(극락세계)임을 證(증)함이니라 그리하야 欲界(욕계)의 惑網(혹망)을 超脫(초탈)하고 色界(색계)에 生(생)할새 諸功德(제공덕)을 生(생)하는

依地根本이 되는지라 四禪定을 本禪이라고도 稱하니 身에 動·痒·

輕·重·冷·煖·澁·滑의 八觸이 生하고 心에 空·明·定·智·善

心·柔軟·喜·樂·解脫·境界相應의 十功德이 生함은 初禪定에 入

한 證相이며 初禪부터 鼻·舌 二識이 無하고 二禪부턴 五識을 모두

離하고 다만 意識만 有하니 或은 眼·耳·身 三識과 相應하는 바 意識의

意識과 相應하고 意識의 樂受가 有하야 三禪과 相應의 喜受가 有하야

喜悅이 麁大할새 喜受요 樂受가 낳이로되 三禪엔 亦是 意識만이 有

하야 樂·捨 二受가 相應하되 怡悅의 相이 至極淨妙할새 樂受며 四

禪엔 亦是 意識뿐이오 오직 捨受와 相應할 뿐이니라

그리고 相에 있어 四禪에 각각 三級씩 有하고 性에 있어 四級 乃

至 八級을 言하는 바 天이란 密界의 地相으로서 色界 十二天에 無色

界의 淨梵地를 加하야 色界라 總稱함도 有하니 곧 禪定의 次序니라

그런데 四大의 實色인 줄 是認할 뿐이오 四大의 虛相을 離한 實相임을 感得못함은 凡夫의 所見일새요 四陰을 四德으로 轉換 못함은 外道의 淺見일새 다만 根機에 있을 따름이오 三界에 있지 않음을 了知하는 同時에 四禪定을 外道禪이라 貶하고 近來의 死禪 곧 無記定이나 妄想定인 邪定의 修行을 能事로 自認하는 啞羊僧을 警戒하노라

四禪定이란 三乘聖者의 共修하는 根本禪임을 再吟味하기 바라며 滅盡定을 거쳐 究竟成就할지니라

第二節 滅盡定

「大乘義章」二에 「滅盡定者는 謂諸聖人이 患心勞慮하야 暫滅心識

함이니 得一有爲의 非色心法하야 領補心處함을 名 滅盡定이랐고 同九에 「滅受想者는 偏對受想二陰하야 彰名함이라 想絕受亡이 名 滅受想이오 滅盡定者는 通對一切의 一心心數法하야 以彰名也니 心及心法의 一切俱亡이 名爲滅盡」이랐으며 「俱舍論」 五에 如說컨대 「復有別法하니 能令心心所로 滅함을 名無想定이오 如是히 復有別法하니 能令心心所로 滅함을 名滅盡定」이랐고 同述記 七本에 「彼心心所의 滅을 名滅定이오 恒行인 染汚의 心 等이 滅故로 卽此亦名 滅受想定이라」하야 滅盡定을 滅受想定이라고도 名하고 六識의 心心所를 滅盡하는 禪定의 名으로서 그 加行方便에 特히 受의 心所와 想의 心所를 厭忌하야 此를 滅함일새 加行에 從한 滅受想定이오 不還果 以上의 聖者가 涅槃에 假入하는 想을 起하야 此의 定에 入함일새 極長이 七

曰(왈)이라 滅盡定(멸진정)인 양 解(해)하나 換言(환언)하면 滅盡定(멸진정)이란 色陰(색음)을 滅盡(멸진)함에 따라 受(수)·想(상)·行(행)·識(식) 四陰(사음)의 染心(염심)을 滅盡(멸진)하는 三昧(삼매)의 名(명)이니 初(초)·二地(이지)에서 受陰(수음)을 五(오)·六地(육지)에서 想陰(상음)을 七(칠)·八地(팔지)에서 行陰(행음)을 九(구)·十地(십지)에서 識陰(식음)을 上下品(상하품)의 十重(십중) 五位(오위)로 滅盡(멸진)함이오 또는 十住位(십주위)에서 受陰(수음)을 十行位(십행위)에서 想陰(상음)을 十廻向位(십회향위)에서 行陰(행음)을 十信位(십신위)에서 色陰(색음)을 十地(십지)位(위)에서 識陰(식음)을 五重(오중) 十位(십위)로 滅盡(멸진)함이니 十位論(십위론) 三地(삼지)부터 次第(차제)로 滅盡(멸진)함이니라 곧 先修後證(선수후증)과 先證後修(선증후수)의 別(별)은 姑捨(고사)하고 色蘊(색온) 又(우)는 此(차)에 染汚(염오)한 四蘊(사온)의 染心(염심)을 滅盡(멸진)하고 淨心(정심)에 住(주)하야 常樂(상락)의 一大人我(일대인아)를 成就(성취)하는 滅盡三昧(멸진삼매)의 名(명)이니라 그리하야 四禪·四定에 此를 加하고 九次第定이라 稱하는 바 四禪·四定은 三乘聖者와 外道가 共修하나 第九의 滅盡定은 聖者에 限하는 同時에 外道는 法相에만 限하고 正道에 不在하며 根機에 따라 次第漸修 又는 間超와 頓超의 別이 有하니라

## 第三節 兜率內院

兜率이란 上足이라, 妙足이라, 知足이라, 喜足이라, 譯하는 바 欲界의 夜摩天과 樂變化天의 中間에 在한 第四重의 大處로서 內外處에 分하야 그 內院을 彌勒菩薩의 淨土라 云하고 外院을 天衆의 欲樂處라 謂할새 兜率內院이란 菩薩 最後身의 住處라 釋迦如來께서도 菩薩身의 最後에 此處에 住하시다가 此生을 終하시고 人間에 下生하사 成道하신지라 只今은 彌勒菩薩의 最後身이 住하시는 淨土인바 彼天

에서 四千歲間 此에 住하신 後 人間에 下生하사 龍華樹下에서 成佛하시니 彼天의 四千歲는 人間의 五十六億七千萬歲에 當한다 說하셨나니라

그리고 「普曜經」 一엔 「其 兜率天에 有大天宮하니 名曰 高幢이라 廣長이 二千五百六十里인 바 菩薩이 常坐하고 爲諸天人하야 敷演經典이라」시고 「彌勒上生經」엔 「爾時 此宮에 有一大神하니 名 牢度跋提라 卽從座起하야 遍禮十方佛하고 發弘誓願하되 若我福德이 應爲彌勒菩薩의 造善法堂하야 令我額上에서 自然出珠하게 하소서 旣發願已에 額上에서 自然히 出 五百寶珠라」하시고 「乃至 化爲四十九重의 微妙寶宮이라」 說하신 密意를 把握할지니라

그리하야 「金剛頂經」 一에 「往詣須彌盧頂의 金剛摩尼寶峰樓閣이

라」심과 「攝眞實經섭진실경」에 「時시의 薄伽梵박가범이 住妙高山頂주묘고산정의 三十三天帝釋天삼십삼천제석천 宮中궁중 摩尼最勝樓閣마니최승루각하실새 三世諸佛심세제불의 常說處상설처라」신 極義극의를 觀破관파하고 修行수행의 一步일보를 進진함이 緊긴하니라

## 第十五章 須彌山(수미산)

須彌(수미)란 妙高(묘고)라, 妙光(묘광)이라, 安明(안명)이라, 善積(선적)이라, 善高(선고)라, 譯(역)하는 器世界(기세계)의 最下(최하)에 風輪(풍륜), 其上(기상)에 水輪(수륜), 其上(기상)에 金輪(금륜)이 有(유)하고 其上(기상)에 九山八海(구산팔해)가 有(유)하니 持雙(지쌍)·持軸(지축)·擔木(담목)·善見(선견)·馬耳(마이)·象鼻(상비)·持邊(지변)·須彌(수미)의 八山八海(팔산팔해)와 鐵圍山(철위산)과 아울너 九山八海(구산팔해)요 九山八海(구산팔해)의 中心(중심)이 須彌山(수미산)인데 入水(입수)하기 八萬由旬(팔만유순)이오 出水(출수)하기 八萬由旬(팔만유순)인 그 頂上(정상)이 帝釋天(제석천)의 所居(소거)요 그 半腹(반복)이 四大王天(사대왕천)의 所居(소거)로서 그 周圍(주위)에 七香海(칠향해)와 七金山(칠금산)이 有(유)하고 第七金山(제칠금산)의 外(외)에 鹹海(함해)가 有(유)하야 그 外圍(외위)가 鐵圍山(철위산)이며 鹹海(함해)의 四方(사방)에 贍部洲(섬부주) 等(등) 四大洲(사대주)가 有(유)하니라 그리고 須彌山(수미산)의 水上高(수상고)가 三百三十六萬里(삼백삼십육만리)람과 四寶合成(사보합성)이람의 說(설)이 有(유)하니 「註維摩經(주유마경)」一(일)에 「肇曰(조왈) 須彌山(수미산)은 곧 帝釋天所住(제석천소주)의 金剛山(금강산)也(야)요 秦言(진언) 妙高(묘고)니 處大海之中(처대해지중)하야 水(수)의 上(상)이 方高三百三十六萬里(방고삼백삼십육만리)」랐고 「勝鬘寶窟中本(승만보굴중본)」에 「須彌(수미)는 此言(차언) 妙高(묘고)요 亦名(역명) 安明(안명)이오 亦言(역언) 善積(선적)인 바 林公(임공)의 須彌留(수미류)는 此言(차언) 善高(선고)니 記(기)」一(일)에 「蘇迷盧山(소미로산)은 唐言(당언) 妙高山(묘고산)이니 舊曰(구왈) 須彌(수미)와 又曰(우왈) 須順婁(수후루)는 西域(서역)」랐고 「皆訛略也(개와략야)요 四寶(사보)가 合成(합성)하야 在大海中(재대해중)이라」랐고 「慧琳音義(혜림음의)」一(일)에 「或 云(운) 須彌山(수미산)과 彌樓山(미루산)은 皆(개) 梵音(범음)의 聲轉不正也(성전부정야)요 正云(정운)의 蘇迷嚧(소미로)란 唐云(당운) 妙高山(묘고산)이니 四寶所成故(사보소성고)로 曰妙(왈묘)요 出過衆山(출과중산)이라 曰高(왈고)요 或云(혹운) 妙光(묘광) 山(산)이란 以四色寶(이사색보)의 光明(광명)이 各異照世故(각이조세고)로 名妙光也(명묘광야)」랐나니라

## 第一節 須彌四層(수미사층)

蘇迷盧山(소미로산)에 四(사)의 層級(층급)이 有(유)하니 水際(수제)로부터 第一層(제일층)을 盡(진)하기까지 十千踰繕那(십천유선나양)의 量(양)이 有(유)한지라 如是(여시) 乃至(내지) 第四(제사)의 層(층)을 盡(진)하기까지 亦然(역연)한바 此(차)의 四層級(사층급)은 妙高山(묘고산)의 側傍(측방)에서 出(출)하야 그 下半(하반)을 圍繞(위요)하니 最初(최초)의 層級(층급)은 出水(출수)하기 十六千(십육천)이오 第二(제이)・第三(제삼)・第四(제사)의 層級(층급)은 그 次第(차제)와 如(여)히 八千(팔천)・四千(사천)・二千(이천)이라 그에 藥叉神(약차신)이 有(유)하니 堅手(견수)라 名(명)함은 初層級(초층급)에 住(주)하고 持鬘(지만)이라 名(명)함은 第二層級(제이층급)에 住(주)하고 恒憍(항교)라 名(명)함은 第三層級(제삼층급)에 住(주)할새 此(차)의 三(삼)은 皆是(개시) 四大天王(사대천왕) 所屬(소속)의 大衆(대중)이오 第四(제사)의 層級(층급)은 四大天王(사대천왕)과 及其諸(급기제) 眷屬(권속)이 居(거)함이라 妙高山(묘고산) 四外(사외)의 層級(층급)에 四大王衆(사대왕중)과 그 眷屬(권속)이 共居(공거)함이라 軸(축) 等(등)의 七金山(칠금산)에도 天衆(천중)이 亦居(역거)하는지라 皆是(개시) 四大王所部(사대왕소부)의 封邑(봉읍)이오 地(지)에 依(의)하야 住(주)함으로써 四大王衆天(사대왕중천)이라 名(명)하니 欲界天中(욕계천중)에서

此天이 最廣하나니라 此는 「俱舍論」 十一과 「正法念經」 二十二 乃至 二十四에 詳說하셨나니라

## 第二節 地獄

須彌山 下半의 傍係에 八寒地獄과 八熱地獄이 橫竪로 次第하였고

八熱地獄에 各各 十六의 遊增地獄이 有하니 一大地獄의 四門에 各各

煻煨增과 屍糞增과 鋒刃增과 烈河增의 四處가 有할새 合하여 十六處

요 八大地獄의 十六遊增을 都合하야 一百二十八의 遊增地獄이 有하

니라

그리하야 八寒地獄이란 一에 頞部陀는 皰라 譯하니 極寒이 逼身할

새 身上에 皰를 生함이오 二에 尼剌部陀는 皰皰라 譯하니 嚴寒이 逼

새 身할새 身分 皰裂함이오 三에 頞吃咤와 四에 臛臛婆와 五에 虎虎婆의

三은 逼寒(핍한)되야 口中(구중)에서 如斯(여사)한 異聲(이성)을 發(발)함이오 六(육)에 縕鉢羅(온발라)는 青(청)
蓮華(련화)라 譯(역)하니 嚴寒(엄한)이 逼迫(핍박)하야 身分折裂(신분절렬)함이 青蓮華(청련화)와 如(여)함이오 七(칠)
에 鉢特摩(발특마)는 紅蓮華(홍련화)라 譯(역)하니 身分折裂(신분절렬)함이 紅蓮華(홍련화)와 如(여)함이오 八(팔)
에 摩訶鉢特摩(마하발특마)는 大紅蓮華(대홍련화)라 譯(역)하니 身分折裂(신분절렬)함이 大紅蓮華(대홍련화)와 如(여)함이며
八熱地獄(팔열지옥)이란 一(일)에 等活地獄(등활지옥)은 有情衆生(유정중생)이 種種(종종)의 所刺磨擣(소자마도)에 遇(우)
하되 涼風(양풍)이 暫吹(잠취)하면 蘇甦(소소)하야 如前(여전)함이오 二(이)에 黑繩地獄(흑승지옥)은 먼저
黑繩(흑승)으로써 支體(지체)를 秤量(칭량)한 後(후)에 斬鋸(참거)함일새요 三(삼)에 衆合地獄(중합지옥)은 衆多(중다)
의 苦具(고구)가 俱來(구래)하야 逼身(핍신)하되 衆合相害(중합상해)함일새요 四(사)에 號叫地獄(호규지옥)은 衆
苦(고구)가 逼迫(핍박)할새 奇異(기이)히 悲號(비호)하고 怨叫(원규)의 聲(성)을 發(발)함일새요 五(오)에 大叫(대규)
地獄(지옥)은 劇苦(극고)가 逼迫(핍박)할새 延(연)하야 大哭聲(대곡성)을 發(발)함일새요 六(육)에 炎熱地獄(염열지옥)
은 火炎(화염)이 起身(기신)하야 周圍(주위)에 熾盛(치성)할새 苦熱(고열)에 難堪(난감)함일새요 七(칠)에 大(대)

熱地獄은 呼吸이 大熱로 化함일새요 八에 無間地獄은 受苦할뿐이오

捨苦의 時間이 無함일새니라

## 第三節 四洲地獄

須彌山 四方의 鹹海에 四大洲가 有하니

一에 南贍部洲 或 南閻浮提란 林이나 或은 菓로써 立名함이오

二에 東勝身洲 或 東弗婆提란 身形이 殊勝할새 勝身이라고도 名함

이오

三에 西牛貨洲 或 西瞿陀尼란 牛를 貿易함일새요

四에 北瞿盧洲 或 北鬱單越이란 四洲中에 國土가 最勝할새 勝處라

고도 譯名하는 바 此 四洲에 地獄을 按配하면 東勝身洲와 西牛貨洲

엔 邊地獄만 有하고 正地獄은 無하며 南贍部洲엔 正·邊의 兩地獄이

俱구有유하고 北북瞿구盧로洲주엔 兩양地지獄옥이 俱구無무하니라

## 第四節 轉전法법輪륜의 輪윤王왕曼만다라四사輪륜

轉전法법輪륜의 四사輪륜과 轉전輪륜王왕의 四사輪륜과 曼만다라의 四사輪륜을 別별示시하면

一일에 金금剛강輪륜이란 東동方방 阿아閦축佛불의 法법輪륜이오 二이에 寶보輪륜이란 南남方방 寶보

生생佛불의 法법輪륜이오 三삼에 法법輪륜이란 西서方방 阿아彌미陀타佛불의 法법輪륜이오 四사에 羯갈

磨마輪륜이란 北북方방 不불空공成성就취佛불의 法법輪륜이니 此차는 轉전法법輪륜의 四사輪륜이며

一일에 金금輪륜이란 金금輪륜王왕의 四사洲주, 二이에 銀은輪륜이란 銀은輪륜王왕의 西서·東동

南남三삼洲주, 三삼에 銅동輪륜이란 銅동輪륜王왕의 東동·南남 二이洲주, 四사에 鐵철輪륜王왕의 南남贍섬

部부一일洲주 等등을 領영有유한 標표幟치니 此차는 轉전輪륜王왕의 輪륜寶보며

一일에 本본尊존이 黃황色색일새 地지輪륜曼만다라에 住주하니 方방形형의 金금輪륜이오 二이에

本본尊존이 白백色색일새 水수輪륜曼만다라에 住주하니 圓원形형의 水수輪륜이오 三삼에 本본尊존이

赤色<sub>적색</sub>일새 火輪曼茶羅<sub>화륜만다라</sub>에 住<sub>주</sub>하니 三角形<sub>삼각형</sub>의 火輪<sub>화륜</sub>이오 四<sub>사</sub>에 本尊<sub>본존</sub>이 黑色<sub>흑색</sub>일새 風輪曼茶羅<sub>풍륜만다라</sub>에 住<sub>주</sub>하니 半月形<sub>반월형</sub>의 風輪<sub>풍륜</sub>이라 此<sub>차</sub>는 四種<sub>사종</sub>의 曼茶羅<sub>만다라</sub>니 輪圓具足<sub>윤원구족</sub>의 義<sub>의</sub>니라

## 第十八章 曼茶羅(만다라)

曼茶羅(만다라)란 舊譯(구역)엔 壇(단)이라 또는 道場(도량)이라 譯(역)하니 此(차)는 體(체)에 就(취)한 正義(정의)요 新譯(신역)엔 輪圓具足(윤원구족)이라 또는 聚集(취집)이라 譯(역)하니 此(차)는 義(의)에 就(취)한 本義(본의)라

곧 方圓(방원)의 土壇(토단)을 築(축)하고 諸尊(제존)을 此(차)에 安置(안치)하야 齋供(재공)함은 此(차) 曼茶羅(만다라)의 本體(본체)로써 壇中(단중)에 諸尊(제존)의 諸德(제덕)을 聚集(취집)하야 一大法門(일대법문)을 成(성)하니 轂(곡)·輞(망)·輻(폭)의 三(삼)이 具足圓滿(구족원만)하야 車輪(거륜)을 成(성)함과 如(여)함이 곧 曼茶羅(만다라)의 義(의)으로서 常稱(상칭)의 曼茶羅(만다라)란 此(차)를 圖畵(도화)한 바니 四種曼茶羅(사종만다라) 中(중) 大曼茶羅(대만다라)에 該當(해당)한 大曼茶羅(대만다라)니라

一에 大曼茶羅란 諸尊을 總集한 壇場과 及其 諸尊의 形體와 並其 壇場의 全體 又는 諸尊의 一一을 圖畵한 者니 곧 曼茶羅의 總體일새 大요 大란 五大의 義요 또 廣大의 義라 他의 三種도 五大所成이지만 特히 總體인 廣大의 義邊을 取하야 大라 名함이오

二에 三昧耶曼茶羅란 諸尊의 手에 執持한 器杖과 印契를 繪畵한 者니 三昧耶란 本誓의 義로서 諸尊의 本誓를 表幟하야 天魔는 勿論 이오 諸尊의 自身도 此를 違越하기 不能한 誓約의 幖幟임으로써요

三에 法曼茶羅란 諸尊의 種子를 書畵한 眞言과 一切經의 文字와 義理임으로써요

四에 羯磨曼茶羅란 羯磨는 作業의 義로서 곧 鑄造의 形像이니 諸尊의 威儀와 作業을 泥塑 等으로 鑄造함이니 此 四曼 中 初의 一은

總體요 後의 三은 別德이라

「秘藏記鈔」二에 「此 四曼을 四의 智印」이랐고 「諸部要目」에 「一切의 印契는 一切의 法要니 四智印으로 攝盡할새 大智印이란 五相으로 成本尊의 瑜伽하고 三昧耶印이란 以二手로 和合하야 金剛縛을 發生한 印이오 法智印이란 本尊의 種子인 法身의 三摩地인 一切契經의 文義요 羯磨印이란 以二金剛拳으로 如執持器杖의 幖幟니 如身의 威儀形」이랐고 「秘藏記本」에 「四種曼荼羅의 一인 大曼荼羅는 五大也니 謂繪像形體 等也요 二인 三昧耶曼荼羅는 諸尊의 所執持器杖의 印契요 三인 法曼荼羅는 種子也요 四인 羯磨曼荼羅는 威儀也」랐으니 瑜伽師는 맛당히 參酌할지어다

그리고 理體의 胎藏界曼荼羅와 智德의 金剛界曼荼羅와 胎・金 兩

部⁽부⁾의 二重曼茶羅⁽이중만다라⁾와 世尊⁽세존⁾의 一切支分⁽일체지분⁾이 皆悉出現如來之身⁽개실출현여래지신⁾이라 신 支分⁽지분⁾

生曼茶羅⁽생만다라⁾와 娑婆卽寂光土⁽사바즉적광토⁾인 淨土曼茶羅⁽정토만다라⁾와 十法界⁽십법계⁾의 十界曼茶羅⁽십계만다라⁾ 等⁽등⁾의

境界⁽경계⁾를 自證了別⁽자증요별⁾할지어다.

뿐만 아니라 聖者⁽성자⁾의 法號⁽법호⁾나 又⁽또⁾는 經題⁽경제⁾와 어떠한 三昧名⁽삼매명⁾이라도 一⁽일⁾

聞⁽문⁾에 便了⁽편료⁾하나니라.

首楞嚴三昧圖訣⁽수릉엄삼매도결⁾ 上終⁽상종⁾

丙戌春⁽병술춘⁾ 於⁽어⁾ 雲門庵⁽운문암⁾ 碧山閒人⁽벽산한인⁾ 撰⁽찬⁾

# 第四篇

## 宇宙의 本質과 形量

## 대 답

金陀(금타) 和尙(화상)께서 著述(저술)한 바, 未曾有(미증유)한 破天荒(파천황)의 宇宙論(우주론)은 단순한 思辯的(사변적)인 所産(소산)이 아닐 뿐 아니라, 證驗(증험)·科學的(과학적)인 試圖(시도)외는 그 次元(차원)을 달리한 純粹(순수) 直觀的(직관적)인 禪定(선정)을 通(통)한 洞察(통찰)이기 때문에, 그 內容(내용)에 있어 現行(현행) 天文學(천문학)과 懸隔(현격)한 差異(차이)가 있음을 도리어 當然(당연)한 일일 것이다.

그리고 現代(현대) 天文學(천문학) 또한 아직도 暗中摸索(암중모색)의 領域(영역)을 벗어나지 못하는 實情(실정)이니, 設使(설사) 金陀(금타) 和尙(화상)의 天文說(천문설)이 하나의 假說(가설)에 지나지 않는다고 할지라도, 이 나무나 巨創(거창)하고 合理的(합리적)인 體系(체계)를 어느 뉘라서 敢(감)히 否定(부정)할 수가 있을 것인가?

또한, 和尙(화상)의 宇宙論(우주론)은 어디까지나 佛說(불설)에 그 根柢(근저)를 두었으며,

佛敎(불교) 宇宙觀(우주관)인 三千大千世界(삼천대천세계)를 10億(억) 宇宙(우주)에 關(관)한 初有(초유)의 體系化(체계화)일 感(감)인할 때, 참으로 貴重(귀중)한 佛敎(불교) 文獻(문헌)이 아닐 수 없다.

그래서, 特(특)히 佛敎人(불교인)으로서는 佛敎(불교) 宇宙觀(우주관)에 對(대)한 깊은 考慮(고려) 없이 단만 一知半解(일지반해)한 天文常識(천문상식)만으로 淺薄(천박)한 批判(비판)을 함부로 한다면, 도리 여 謗佛毁法(방불훼법)의 허물이 되지 않을 수 없을 것이다.

그런데, 和尙(화상)의 宇宙論(우주론)이 적으기 難解(난해)한 것은 天文學(천문학) 本來(본래)의 性格上(성격상) 어쩔 수 없을 뿐 아니라, 本書(본서) 自體的(자체적)인 註解(주해)가 具體的(구체적)인 註解(주해)가 原理(원리)의 論述(논술)이기 때문에 不得已(부득이)한 일이니, 모름지기 眞摯(진지)한 姿勢(자세)로 熟讀(숙독) 吟味(음미)한다면, 반드시 貴重(귀중)한 助道(조도)의 資糧(자량)이 될 것을 確信(확신)하는 바이다.

俊學(준학) 清華(청화) 合掌(합장)

# 序文

一微(일미)를 誤見(오견)하면 妄想(망상)이 되고, 正見(정견)하면 眞覺(진각)이 된다. 一切萬事(일체만사)가 自己(자기)의 見解(견해)에 依(의)하여 眞妄(진망)이 揀別(간별)될 뿐 一眞法界(일진법계)로서 一切衆生(일체중생)이 本來(본래) 眞佛(진불)이 없으며 器世間(기세간) (現象界(현상계))이 대로가 一眞法界(일진법계)로서 一切衆生(일체중생)이 本來(본래) 眞佛(진불)의 化身(화신)이며, 個別的(개별적) 化身(화신)이 바로 本身(본신)을 떠나 있음이 아니므로 凡夫(범부)라 이름하고, 顚倒妄想(전도망상)하여 迷惑(미혹)이 되고 스스로 凡夫(범부)라 이름하나 大人(대인)에게는 聖凡(성범)이 없다.

"만약 사람이 三世(삼세)의 一切(일체) 佛(불)임을 了知(요지)하고자 하면, 마땅히 法界性(법계성)을 觀(관)할지니, 一切(일체)가 唯心(유심)의 所造(소조)니다." (若人欲了知(약인욕요지) 三世(삼세) 一切佛(일체불) 應觀法界性(응관법계성) 一切唯心造(일체유심조))함은 華嚴偈(화엄게)이다.

法界性(법계성)을 見(견)하고 그 以下(이하)는 色法(색법)으로써 全攝(전섭)하며, 以上(이상)은 心法(심법)으로 全收(전수)하니,

色卽是空이요 空卽是色이며, 空이란 色礙가 없는 不但空인 眞空을 말하며, 色이란 質礙이면 그림자와 걸이 眞空體의 妙用인 假相을 말하므로, 卽體卽用으로서 性·相이 一如이며, 卽心卽佛이므로, 三世一切가 普賢境이다.

證明이 없이 妄見을 세위서 眞理라고 생각하며, 主客이 顚倒한 事實의

그리다, 迷惑人은 大日心體가 質礙的 그림자에 가리워, 眞智의 마저 否認한다.

이에, 몇 가지 例를 들면, 熱이 地輪界(地球와 地球의 牛徑을 倍增

한 球狀의 虛空身을 云함) 自身의 熱임을 모르고, 熱源이 太陽에 있다 고 하며, 光明 또한 地球 自我의 光明임을 모르고 太陽이 光源이다

한다. 그리고, 月은 太陽의 反映體다 한다.

그러나, 輓近 飛行術이 發達하자, 태양을 向하여 上昇할수록 冷氣가 더하요고, 또한 어둠을 느끼며, 달밤에는 溫氣가 느껴지는 事實은 무엇이다 하는가? 理由인가? 또는 月의 上弦과 下弦에는 地球의 그림자에 가리운 表徵이다 하는데 과연 의문이 없을 것인가?

現代 科學 文明을 자랑하면서, 아직도 銀河水가 무엇임을 分明히 알지 못하며, 日月星宿가 虛空에 浮遊하고 있는지, 그리고 左轉 또는 右轉하지 아니치 못할 理由가 那邊에 있는지, 이에 對한 解明이 曖昧하며, 曆年一時가 365日과 6時 未滿임을 經驗하면서 太陽과 地球의 距離가 無關한 事實이다 생각하고, 굳이 地球의 23440倍나 말하며, 빛(光)이 太陽에서 地球까지 旅行하는 데, 8分 20秒 걸린다고 한다. 아무튼 數字는 形式科學에 屬하나 要는 主觀點

이 어디에 있느냐가 問題이다.

二十世紀 文明이 여지껏 宇宙를 解剖하지 못하며, 肉眼의 慧性을 回復한 天眼에 依해서만 發見할 수 있는, 陽核의 發見하려고 虛勞를 金塵을 原子核의 本質을 分析科學에 依하여 發見하려고 虛勞를 함은, 正眼이 있는 者 앞을 삼가하고 있을 수 없으니, 正見이 있는 者 계적을 빼고 일여서다! 그리고 聖人들이 認定한 바, 長久한 歲月을 두고, 빼가 되고 괴가 되고 살이 된 精神文明을 登場시켜다!

本說 "宇宙의 本質(法界性)과 形量(行相)"인 片言隻句가 萬에 이같이도 正道를 指示하는 助道的 資糧이 될 수 있다면, 幸甚하기 그지없다.

그리고 本說을 六節로 大別하고 百項으로 小分하였으니, 一貫된

道理로 始終하였으며, 더욱이 胎藏界의 數値로써 一律的으로 計算한 數字이므로, 百中 그 一을 認定할 때, 百을 또한 否認할 수 없을 것이므로, 贅言이면서 이를 附言하는 바이다.

壬午 6月 9日

於 井邑 內藏山 碧蓮禪院　　釋 金 陀 識

## 卷頭

### 數妙偈

一是不空萬法起焉　滿十俱空非空而空　三假相應非本非迹　三法輾轉因果同時

本具四大居常五位　四大互因二八成實　七依一實六輪常轉　二四三五爲因果

五位三法合藏一實　九果八因包和常住　胎藏十六隨緣比周　一地三水五火七風

三五爲本一七示迹　七三滿數五一過半　滿者欲平過半生歪　離垢一地十五金剛

等體金塵遍滿十方　一切萬有隨器分資　雖現此身內外正依　地水火風四界贔持

金塵合空性相難分　細根麁境隱顯左右　金塵一七便成水塵　三七陰七七陽性

七七起風又七化土　地塵五分四水一火　左轉水地引同斥異　右轉風火引異斥同

地下風動水資火噴　緣起若存緣滅若亡　隱性顯相二名一實　欲隱無內欲顯無外

## 目 次

- 머리말 ·················· 232
- 서 문 ·················· 253
- 卷 頭(數妙偈) ·················· 330

### 第一 列曜의 形態와 比重

1. 日의 心空과 面隙은 月이 地球를 抱出한 迹門이다. ·················· 343
2. 月頭의 尖相은 日로부터의 抽出相으로서 月尻의 空洞은 地球가 剝出된 跡印이다. ·················· 344
3. 地球가 卵形임은 月을 模擬한 때문이며, 地藏心珠는 先天의 遺物이다. ·················· 346

4. 地球과 日球 ……………………………………………………… 347
5. 月의 求積 ……………………………………………………… 349
6. 日·月·地의 比 ………………………………………………… 351
7. 日·地 間의 距離 ……………………………………………… 352
8. 月·地 間의 距離와 日·月 間의 距離 ……………………… 353
9. 月底 凹處의 淺深 및 그 容積 ……………………………… 355
10. 地球의 軌道와 公轉의 度數 ………………………………… 356
11. 陽·陰曆 時分의 差 및 一朔望間에 있어서의 地球의 進度 … 357
12. 一朔望 間에 進하는 月途의 길이 ………………………… 358
13. 月의 十回 右轉에 伴한 地球의 左轉 回數 ……………… 359
14. 地球 公轉 五回로서 日球가 一回 左旋한다. …………… 359

15. 恒星 亦是 旋廻한다. ……………………………………………360
16. 地球가 私轉하기 $7^{16}$回로서 空劫이 된다. ……………………361
17. 成・住・壞・空 四劫의 期間 …………………………………362
18. 住劫 中 過去 現在 未來 三劫의 期間 …………………………363
19. 우리(我) 宇宙의 一圓 …………………………………………363
20. 日體 7倍의 質量을 有한 星霧系 ………………………………365
21. 月體 55倍의 質量을 有한 火星界 ………………………………367
22. 月體 9倍의 質量을 有한 月世界 …………………………………368
23. 月體 36倍의 質量을 有한 木星의 區字 …………………………369
24. 月體 20倍의 四大 金星과 地體 128倍인 八位의 金星 ………370
25. 地體 944倍의 質量을 有한 四七星宿界 ………………………370

26. 地體 8倍인 地輪界 ····· 371
27. 列曜 空型의 樣相 ····· 372
28. 內宙 外宇와 銀河水 ····· 372
29. 恒星과 遊星 ····· 374
30. 七曜의 差別 ····· 375
31. 四大 客塵 ····· 376
32. 列曜 輪界의 密度 ····· 377
33. 輪界와 光明 ····· 378
34. 左旋塵과 右旋塵 ····· 379
35. 磁金塵과 電金塵 ····· 381
36. 宇宙의 原動力 ····· 381

## 第二 地塵世界와 地球

37. 地下의 六級層과 地上의 六輪圈 ······ 382
38. 地球의 解體 ······ 383
39. 地上 六輪圈의 體積 ······ 384
40. 輪圈別 地塵의 分布 ······ 385
41. 輪圈別 地塵 體積의 比率 ······ 387
42. 地輪界의 四大塵積과 冷·熱量 ······ 389
43. 月下 十界의 相距와 地球 木星 間의 連絡線 ······ 390
44. 四七星宿界의 質量 ······ 392
45. 四七星宿界 質量의 差別 ······ 394

## 第三 水塵 世界와 日球

46. 日身의 八級 分開 ······················································· 395
47. 日心에서 地軌까지의 經由 區宇 ······································· 397
48. 日心에서 虛無界까지의 距離 ··········································· 399
49. 日心에서 水星界까지의 距離 ··········································· 400
50. 日心에서 假空界까지의 距離 ··········································· 402
51. 宇宙의 極中에서 極邊까지의 距離 ···································· 403
52. 日球의 解體 ································································ 403
53. 水星界 十八個階의 區宇에 있는 全 水星의 位數 ················· 404
54. 水星群의 總體積과 別體積 ·············································· 406

55. 假空界 四個級 三十四個階別의 總 水塵量 ················· 407
56. 眞空界의 水塵量과 星霧系의 總 質量 ················· 409

## 第四 火塵世界와 月曜

57. 九個曜의 距離와 質量 ················· 410
58. 月世界에서 木星의 區宇를 넘어 火星界까지의 距離 ················· 411
59. 火星 內界 下 二個層 十三個段의 火塵量 ················· 414
60. 火星 外界 下 二個層 十三個段의 火塵量 ················· 416
61. 火星 內界 上 三個層 十二個段의 區宇에 있어서의 火星의 位數 ················· 417
62. 火星 外界 上 三個層 十二個段의 區宇에 있어서의 火星의 位數 ················· 418
63. 火星의 總別 體積과 總 火塵量 ················· 420

## 第五. 風塵世界와 木星

64. 電子의 量과 電波가 미치는 區域 ································ 421
65. 木星 區宇 下 五個層의 陰性火塵量 ···························· 424
66. 木星 區宇 上 三個層에 있어서의 三品 木星의 體積과 그 陰性 火塵 ···· 425
67. 日球의 冷量과 引力量 ················································ 426
68. 星霧系의 冷量과 引力量 ············································· 427
69. 宇宙의 左旋塵에 딸미암은 水平力量 ··························· 427
70. 火星界의 熱量과 動力量 ············································· 427
71. 月世界의 熱量과 動力量 ············································· 427
72. 木星 區宇의 陰性 熱量과 靜力量 ································· 428

73. 全 宇宙에 있어서의 右旋 斥力量 ······································· 428
74. 全 宇宙에 있어서의 左旋 引力量 ······································· 429
75. 月로 하여금 木星과 力線을 連繫시키는 地輪界의 引力量과 冷量 ······································· 429
76. 地輪界의 陽性 火塵과 陰性 火塵의 分量 ······································· 430
77. 地輪界의 風塵量과 冷熱의 體積 ······································· 430
78. 地輪界의 動力과 靜力 또는 右旋風力量과 斥力量 ······································· 431
79. 四七 星宿界의 冷量과 引力量 ······································· 432
80. 四七 星宿界의 兩性 熱量과 風塵量 ······································· 432
81. 四七 星宿界의 動力과 靜力 또는 風力量 ······································· 433

## 第六 金塵世界와 金星

82. 四大金星과 八位金星의 總別 體積 ································· 434
83. 列曜 또는 流質 根據의 全體積 ································· 434
84. 宇宙의 金塵量 ································· 436
85. 冷化 金塵 ································· 437
86. 熱化 金塵 ································· 437
87. 中和 金塵 ································· 438
88. 冷力化 金塵 ································· 439
89. 熱力化 金塵 ································· 439
90. 月의 熱力으로 말미암은 土星界의 冷光化 金塵 ································· 439

第四篇 宇宙의 本質과 形量

- 91. 日의 冷力에 由한 土星界의 熱光化 金塵 ······ 440
- 92. 金星 또는 土星界에 있어서의 日光과 月光의 比量 ······ 440
- 93. 에테르와 金塵 ······ 441
- 94. "이ㅡ자"와 金塵 ······ 441
- 95. 識力과 神力 ······ 441
- 96. 識光과 智光 ······ 442
- 97. 智力과 神通力 ······ 442
- 98. 菩薩 十力과 如來 十力 ······ 443
- 99. 識神의 力量과 業力 ······ 443
- 100. 金塵과 大千世界 ······ 444

# 宇宙의 本質과 形量

## 第一. 列曜의 形態와 比量

### 1. 日(太陽)의 心空과 面隙을 月이 地球를 抱出한 迹門이다.

日面에 黑點이 있는 것은 보이는 것은 地球 36倍 容積의 空隙으로서 凹版의 龍型과 類似하고 또한 中心에는 地球 180倍 容積의 空間이 있어서 立人像의 鑄型에 類似한데 이는 地球 216倍 大의 月이 地球를 안(抱)고 나온 空跡으로서 空跡의 $\frac{5}{6}$가 日心이 되고 $\frac{1}{6}$이 面門이 되여 버틴 形業이다. 그리고 日球는 地球의 27000倍 大의 體積이 有하므로 先天의 日球 一圓의 半徑 1080 中 36이 地球, 180이 月身, 864가 日身의 輪廓이 되므로 地球는 1, 月은 5, 日은 24의 比率이 되며 따라서 全半徑의 $\frac{4}{5}$는 日身, $\frac{1}{5}$은 月身과 地球가 되고 月 · 地 合相半徑의 $\frac{5}{6}$는 月身

이때 $\frac{1}{6}$은 地球가 된다. 그러므로 後天의 半徑 36이 亦是 地球, 216이 月體, 1080 그대로가 日

球가 되며 日의 心空과 面際은 月體의 $\frac{5}{6}$와 $\frac{1}{6}$ 即 月과 地球와의 半徑의 比로써 配分한 迹門

이다.

따라서, 地球 半徑의 6배가 月의 半徑이며 地球 半徑의 30배가 日球의 그것이고 半徑의 5배가 月의

의 斷面積 또는 表面積의 $6^2$배가 月의 그것이고 $30^2$배가 日球의 그것이며, 體積은, 地球의 $6^3$

倍가 月이 되고 $30^3$배가 日이 된다. 그리고 日 半徑의 5배가 月 半徑이 되므로 平面은 月의 $5^2$

倍가 日이며 立體는 月의 $5^3$배가 日이 되므로 各其 半徑을 示한 以上 纖論할 나위도 없이 丁認

할 수 있을 것이다.

2. 月顚의 尖相은 日로부터의 抽出相으로서 月尻의 空洞은 地球가 剖判된 跡印이다.

要컨대, 地見가 月胎에 씨여(包) 日腹에서 分娩된 生有와 中有에 있어서의 三位의 比量이

月面에 구름이 낀 것처럼 보이는 것은 地球가 月에서 最後 剖判된 形跡으로서 所謂 地球의

## 第四篇 宇宙의 本質과 形量

鎔形이므로 空洞의 壁面은 地球面과 凹凸 相反하여 空洞의 凸處는 地球의 江·海가 되고 凹處는 山岳이 되므로 그 容積은 地球의 體積과 相等하고 空洞의 最深處가 $4\frac{19}{36}$, 最淺處가 $\frac{163}{360}$, 平均 깊이가 $2\frac{353}{720}$ 이 된다. 그리고, 凹處의 面積은 全面의 約 $\frac{1}{5}$ 에 該當하며 凹處가 凹處 아닌 곳과 比는 1:4가 되어 瓢蠱形(표주박)이 되며 背上의 狀態는 錐形인데 그 形貌가 稱秤(고 결)과 相等한다. 그리고 縱斷面은 三角形, 橫斷面은 逃差를 有한 圓形으로서, 月底의 直徑은 月頭先 直徑의 10倍가 되고 底半徑은 日半徑의 $\frac{1}{3}$ 이며 上半徑은 $\frac{1}{30}$ 이 되므로 그 尖相을 想像하기에 足하다.

月半徑 216이란 이를 平均한 것이며 月底半徑과 等한 月半高인 360의 $\frac{3}{4}$ 과 $\frac{19}{36}$ 가 力點이 되어 木星과 地球사이의 力線을 죄어 맴과 同時에 半徑으로 한 力帶의 길이가, 月 自體의 廻轉에 따른 月途에 있어서 準尺이 되므로 그것이 錐抹의 形임은 前後가 合致하여 비록 이 强한 月이라 할지라도 日身에서 長期間을 要하여 抽出된 形貌로서 形貌 자체

3. 地球가 卵形으로 月을 模擬한 때문이며 地藏心珠는 先天의 遺物이다.

地球의 南極은 月의 胎中에 있을 때 尖端인 上方을 向한 곳이며 北極은 地球가 下垂해서 膨滿된 것이므로 南極은 北極에 比하여 尖削的으로서 火體를 象徵하여 不滿的으로서 水體를 象徵한다. 그리고 南北의 經이 길고 東西의 緯가 짧으므로 이것이 卵形이 되며 縱經의 比 9와 橫經의 比 8로 이루어진 楕圓形이다.

따라서 8과 9와의 積數 72로써 平均 直徑으로 하고 半徑 36의 根數 6이 地藏心珠의 半徑이 되며, 30의 地身, 180의 月身, 864의 日身으로 하여금 抱擁된 先天의 唯一 心珠이다. 그리고 그 $6^2$이 地半徑, $6^3 \times 5$가 日半徑이 되며, 日半徑의 10倍(滿數), 月平均半徑의 10倍, 地半徑의 10倍를 伸張한 先天 半徑의 滿數에서 地藏心珠의 法力點인 $\frac{1}{6}$과 地球의 力點인 地半徑의 $\frac{1}{4}$과 月體의 力點인 月平均半徑의 $\frac{3}{4}$을 꼴어 당진 길이가 內宙의 半徑이 되고

가 月의 火性임을 象徵하고 水性인 日球의 圓相과 配對한다.

等距離의 길이를 外宇로 延長함이 宇宙의 半徑이 되어 大界의 輪廓이 定해짐과 同時에 地·月의 三大를 이루고 列曜가 그 分을 守한다. 그리고 地球 地藏心珠의 $6^3$인 地球 體積의 1080倍의 地塵이 土星世界(八位金星을 包含)를 構成하고, 地球 體積의 $6^3$인 月體, 9倍의 月世界가 되며, 月體 55倍의 火塵이 火星世界가 되고, 月體의 20倍가 四大 金星이 되며, 月體 36倍의 陰性 火塵이 木星의 宇宙가 되는데, 이를 合하면 天體의 125倍인 日體 一個의 體積에 相當하며, 다시 日球 7倍의 水塵의 星霧界가 되므로 地藏心珠의 6은 實로 宇宙 總力量의 根數다. 그리고 地球 體積의 $\frac{1}{6^3}$에 相當한 體積이 地球의 中心에 眞空으로 되어 있으므로 이를 地藏心珠라 稱하며 眞空이란 "다만(但) 空"이 아닌 때문이다.

## 4. 地球와 日球

(a) $9 \times 8 = 72 = 36 \times 2$     地球의 平均直徑

(b) $36 = 6^2$     地球의 平均半徑

(c) $36 \times \dfrac{22 \times 2}{7} = \left(\dfrac{1584}{7}\right) = 226\dfrac{2}{7}$  地球의 平均周圍

(d) $36^2 \times \dfrac{22}{7} = \left(\dfrac{28512}{7}\right) = 4073\dfrac{1}{7}$  地球의 平均斷面積

(e) $4073\dfrac{1}{7} \times 4 = \left(\dfrac{114048}{7}\right) = 16292\dfrac{4}{7}$  地球의 表面積

(f) $36^3 \times \dfrac{22 \times 4}{7 \times 3} = \left(\dfrac{4105728}{21}\right) = 195510\dfrac{6}{7}$  地球의 體積

(g) $6^3 \times 5 = 1080$

(h) $1080 \times 2 = 2160$  日球의 直徑

(i) $2160 \times \dfrac{22}{7} = \left(\dfrac{47520}{7}\right) = 6788\dfrac{4}{7}$  日球의 周圍

(j) $1080^2 \times \dfrac{22}{7} = \left(\dfrac{25660800}{7}\right) = 3665828\dfrac{4}{7}$  日球의 斷面積

(k) $3665828\dfrac{4}{7} \times 4 = 14663314\dfrac{2}{7}$  日球의 表面積

(l) $1080^3 \times \dfrac{22 \times 4}{7 \times 3} = \left(\dfrac{110854656000}{21}\right) = 5278793142\dfrac{6}{7}$  日球의 體積

(m) $\dfrac{886837248}{21}$ (月의 體積) $\times \dfrac{5}{6} = \dfrac{739031040}{21} = 35191954\dfrac{2}{7}$  日心 空間의 容積

### 349　第四篇 宇宙의 本質과 形量

(n) $\dfrac{8868372 48}{21} \times \dfrac{1}{6} = \dfrac{147806208}{21} = 7038390\dfrac{6}{7}$　日面空隙의 容積

(o) 2160(日球의 直徑)÷72(地球의 平均直徑)＝30倍

(p) $\dfrac{47520}{7}$(日球의 周圍)÷$\dfrac{1584}{7}$(地球의 周圍)＝30倍

(q) $\dfrac{25660800}{7}$(日球의 斷面積)÷$\dfrac{28512}{7}$(地球의 平均斷面積)＝900倍

(r) $\dfrac{102643200}{7}$(日球의 表面積)÷$\dfrac{114048}{7}$(地球의 表面積)＝900倍

(s) $\dfrac{147806208}{7}$(日球의 實際容積)÷$\dfrac{41057 28}{7}$(地球의 體積)＝36倍

(t) $\dfrac{739031040}{21}$(日球의 裏空容積)÷$\dfrac{4105728}{21}$(地球의 體積)＝180倍

(u) $\dfrac{11085465600 0}{21}$(日球의 體積)÷$\dfrac{4105728}{21}$(地球의 體積)＝27000倍

## 5. 月의 求積

(a) $6^2 = 36$　　月의 上底半徑

(b) $36 \times 2 = 72$　　月의 上底直徑

| | |
|---|---|
| (c) $36 \times 10 = 360$ | 月의 下底半徑 |
| (d) $360 \times 2 = 720$ | 月의 下底直徑 |
| (e) $6^3 = 216$ | 月의 平均半徑 |
| (f) $216 \times 2 = 432$ | 月의 平均直徑 |
| (g) $360 \times \frac{3}{4} + (1 - \frac{17}{36}) = 270\frac{19}{36}$ | 月의 力帶半徑 |
| (h) $270\frac{19}{36} \times 2 = 541\frac{1}{18}$ | 月頭의 周圍 |
| (i) $72 \times \frac{22}{7} = \frac{1584}{7} = 226\frac{2}{7}$ | 月底의 周圍 |
| (j) $720 \times \frac{22}{7} = \frac{15840}{7} = 2262\frac{6}{7}$ | 月의 平均周圍 |
| (k) $432 \times \frac{22}{7} = \frac{9504}{7} = 1357\frac{5}{7}$ | 月體力帶의 길이 |
| (l) $541\frac{1}{18} \times \frac{22}{7} = \frac{107129}{63} = 1700\frac{29}{63}$ | 月의 平均斷面積 |
| (m) $432^2 \times \frac{22}{7} = \frac{1026432}{7} = 146633\frac{1}{7}$ | |

(n) $146633\frac{1}{7} \times 4 = 586532\frac{4}{7}$ 月의 表面積

(o) $360^2 \times \frac{22}{7} = \frac{2851200}{7} = 407314\frac{2}{7}$ 月底의 面積

(p) $216^3 \times \frac{22 \times 4}{7 \times 3} = \frac{8868837248}{21} = 422030345\frac{1}{7}$ 月의 體積

## 6. 日・月・地의 比

(a) $2160$(日球의 直徑) $\div 432$(月의 平均直徑) $= 5$倍

(b) $\frac{47520}{7}$(日球의 周圍) $\div \frac{9504}{7}$(月의 平均周圍) $= 5$倍

(c) $\frac{25660800}{7}$(日球의 斷面積) $\div \frac{1026432}{7}$(月의 平均斷面積) $= 25$倍

(d) $\frac{102643200}{7}$(日球의 表面積) $\div \frac{4105728}{7}$(月의 表面積) $= 25$倍

(e) $\frac{1108546560000}{21}$(日球의 體積) $\div \frac{8868837248}{21}$(月의 體積) $= 125$倍

(f) $432$(月의 平均直徑) $\div 72$(地球의 平均直徑) $= 6$倍

(g) $\frac{9504}{7}$(月의 平均周圍) $\div \frac{1584}{7}$(地球의 平均周圍) $= 6$倍

7. 日·地 間의 距離

(a) 1080(日半徑)×10 + 216(月平均半徑)×10 + 36(地球半徑)×10 = 13320 日地間의 伸滿距離

(b) 216(月平均半徑)×$\frac{3}{4}$ + 36(地半)×$\frac{1}{4}$(地力의 比) + $\frac{1}{6}$(地藏心珠의 法力點) = $171\frac{1}{6}$

(c) 216(月平半)×$\frac{1}{4}$ + 36(地半)×$\frac{3}{4}$(地力의 補比) = 81 日球의 引力에 依하여 短

(月의 力과 地球의 力에 依하여 引縮된 距離)

縮되고 또는 法力에 依하여 伸長할 수 있는 增減限度의 距離

(h) $\frac{15840}{7}$(月의 底面 周圍) ÷ $\frac{1584}{7}$(地球의 平均周圍) = 10倍

(i) $\frac{1026432}{7}$(月의 平均斷面積) ÷ $\frac{28512}{7}$(地球의 平均斷面積) = 36倍

(j) $\frac{2851200}{7}$(月의 底面積) ÷ $\frac{28512}{7}$(地球의 平均斷面積) = 100倍

(k) $\frac{4105728}{7}$(月의 表面積) ÷ $\frac{114048}{7}$(地球의 表面積) = 36倍

(l) $\frac{886837248}{21}$(月의 體積) ÷ $\frac{4105728}{21}$(地球의 體積) = 216倍

(d) 13326(日地間의 伸滿距離)−171$\frac{1}{6}$(月 또는 地球의 力에 依하여 引縮된 距離)=13148$\frac{5}{6}$ 日地間의 不均距離

(e) 13148$\frac{5}{6}$(日地力點間의 平均距離)+81(日地間 伸長限度의 距離)=13239$\frac{5}{6}$ 日地間이 最遠이 되엿을 때의 距離(大寒節)

(f) 13148$\frac{5}{6}$(日地力點間의 平均距離)−81(日地間 短縮限度의 距離)=13067$\frac{5}{6}$ 日地間이 最近이 되엿을 때의 距離(大暑節)

(g) 13148$\frac{5}{6}$(日地力點間의 平均距離)−1080(日半徑)−36(地半徑)=12032$\frac{5}{6}$ 日・地 兩面間의 平均距離

8. 月・地間의 距離와 日・月間의 距離

(a) 13148$\frac{5}{6}$(日・地力點間의 平均距離)×$\frac{1}{6}$(地藏心珠失力의 比)=2·91$\frac{17}{36}$ 月・地 間의 距離
(地球의 中心에서 月體力點까지의 距離로서 何時도 變動이 없음.

(b) $13148\frac{5}{6}$(日·地力點間의 平均距離)×$\frac{5}{6}$(地藏心珠法力의 補比)=$10957\frac{13}{36}$ 日月間 最近이

(c) $13148\frac{5}{6}$(日地力點間의 平均距離)+$2191\frac{17}{36}$(月地間의 距離)=$15340\frac{11}{36}$ 日月間 最遠이 되엿을 때의 距離

(d) $2191\frac{17}{36}$(月地間의 距離)÷36(地半)=$60\frac{1133}{1296}$倍

(e) $10957\frac{13}{36}$(日月間 最近距離)÷216(月半)=$50\frac{5665}{7776}$倍

(f) $15340\frac{11}{36}$(日月間 最遠距離)÷216(月平半)=$71\frac{144}{7776}$倍

(g) $2191\frac{17}{36}$(地球의 中心에서 月體力點까지의 距離)+$270\frac{19}{36}$(月體의 力點에서 月의 中心까지의 距離)=2462 地球의 中心에서 月의 中心까지의 距離

(h) 2462(地月中心間의 距離)−360(月體의 半高)−36(地半徑)=2066 地面에서 月面까지의 距離

## 9. 月底 凹處의 淺深 및 그 容積

(a) $2191\frac{17}{36}$(地心에서 月體力點까지의 距離) − 36(地半) = $2155\frac{17}{36}$ 月의 力點에서 地面까지의 距離, 또는 月의 力點에서 地半의 길이를 延長한 點에서 地心까지의 距離

(b) $6^3 \times 10 = 2160$ 月底 洞穴의 없을 경우 月의 力點에서 地心까지의 距離 서 $31\frac{17}{36}$을 延長한 假力點에서 地心까지의 距離

(c) 2160(月底에 洞穴없을 경우 假力點에서 地心까지의 距離) − $2155\frac{17}{36}$(月의 力點에서 地面까지의 距離) = $4\frac{19}{36}$ 月底 洞穴의 最深處로서 地・月 剖判 當時의 最後分界이며 成하던 初期에는 地球가 日・月의 最中에 內包되어 있었으나, 漸次 露出될 때마다 月體 乐性과의 臨界線을 보인 最後의 限界가 跡印이 되는 最深處中.

(d) $4\frac{19}{36}$(月底凹處의 最深處) $\times \frac{1}{10}$(月體 成滿의 比) = 洞穴의 最淺處

(e) $\{4\frac{19}{36}$(洞穴의 最深處) $+ \frac{163}{360}$(洞穴의 最淺處)$\} \div 2 = 2\frac{353}{720}$ 洞穴의 平均값이

(f) $\dfrac{4105728}{21}$ (地球의 體積으로서 이것이 洞穴의 容積) $\div \dfrac{1793}{720}$ (平均값이) $= 78509\dfrac{24783}{37653}$ 月面에

(g) $407314\dfrac{2}{7}$ (月底의 全面積) $- 78509\dfrac{24783}{37653}$ (洞穴의 表張面積으로서 月底 全面積의 約 $\dfrac{1}{5}$ 이다.

$= 328804\dfrac{23628}{37653}$ 月底의 凹處가

아닌 面積으로서 洞穴의 表張面積의 約 4倍이다.

## 10. 地球의 軌道와 公轉의 度數

(a) $13148\dfrac{5}{6}$ (日地間의 平均距離로서 이것이 地球軌道의 內輪 即 內宙의 半徑) $\times 2 = 26297\dfrac{2}{3}$ 內

宙의 直徑으로서 우리 宇宙의 半徑과 等하며 內宙를 外宇에 延長시킨 것이다.

(b) $26297\dfrac{2}{3}$ (地球 軌道 內輪의 直徑) $\times \dfrac{22}{7}$ (圓周率) $= \dfrac{1735646}{21} = 82649\dfrac{17}{21}$ 이것이 內宙外 外宇

外의 分界線인 地球 軌道의 길이다.

(c) $\dfrac{1735646}{21}$ (地球 軌道의 길이) $\div \dfrac{1584}{7}$ (地球의 平均周圍) $= \dfrac{78893}{216} = 365.24537\dot{0}$ 地球 軌道 一

周의 私轉回數로서 이것이 太陽曆의 日時

(d) $13148\frac{5}{6}$(日地心間의 平均 距離)÷36(地半徑)=365.245370

(e) $2191\frac{17}{36}$(月 地間의 距離)÷6(地藏心珠의 半徑)=365.245370

(f) $10957\frac{13}{36}$(日 月間 最近의 距離)÷{36(地半)-6(地藏心珠의 半徑)}=365.245370 日地間의 距離에 對한 地球 半徑의 倍數인 (d)와 (e)는 地球公轉度數의 輪合을 證한다. 從來 日地間의 距離가 地半徑의 23440倍라 함은 云云의 說은 道理에 不合理하므로 太陽曆의 日數가 23440個日이 될 때까지 保留할 問題이다.

11. 陽·陰曆 時分의 差 및 一朔望間에 있어서의 地球의 進度

(a) 365.245370(陽曆의 日時)×$\frac{1}{36}$(日球의 黑龍身에 대한 地球의 比)=10.14570473 25∞ 陽曆에 대한 陰曆의 差

(b) 365.245370(陽曆의 日時)×$\frac{35}{36}$(日球의 黑龍身에 대한 地球의 補比)=355.0996656378∞ 陰曆의 日時

(c) $\dfrac{1735646}{21}$(地軌의 길이) $\times \dfrac{35}{36}$(黑龍身에 대한 地球의 補比) $\times \dfrac{1}{24}$(陰曆 全朔望에 대한 一朔望間의 比) $= \dfrac{4339115}{1296} = 3348\dfrac{107}{1296}$ 一朔望 間에 있어서의 地球의 進度

## 12. 一朔望 間에 進하는 月途의 길이

(a) $2191\dfrac{17}{36}$(地 月 間의 距離) $\times 2 = 4338\dfrac{17}{18}$ 이것이 地球를 繫樞로 하여 月이 廻廻하는 輪廓의 直徑으로서 月 活動 區宇의 幅이다.

(b) $\left\{\dfrac{157786}{36}(月 旋廻 輪廓의 直徑) \div \dfrac{4339115}{1296}(一朔望 間의 地球 進度)\right\} \times \dfrac{7}{10}$(勾股에 대한 弦의 比) $= \dfrac{70135877}{12960} = 5411\dfrac{9317}{12960}$ 對角 直徑

(c) $\dfrac{70135877}{12960}$(對角直線) $\times \dfrac{11}{7}$(半圓率) $= \dfrac{110213521}{12960} = 8504\dfrac{1681}{12960}$ 이것이 地軌를 心棒으로 하여 月이 螺旋形으로 前右間方을 向하여 曲進하는 弧線의 길이로서 一朔望 間에 進하는 月途의 길이이다.

13. 月의 十回 右轉에 伴한 地球의 左轉 回數

(a) $\frac{110213521}{12960}$ (一朔望 間에 進하는 月途의 길이) ÷ $\frac{107129}{63}$ (月體力帶의 길이) = $\frac{771494647}{154265760}$ =

5.001∞ 이것이 一朔望間에 있어서의 月의 右轉 回數이며 5回强으로서 朔이 되고 10回强으로서 望이 된다. 또한 2.5回와 7.5回로서는 潮滅을 보게 된다.

(b) $\frac{4339115}{1296}$ (一朔望間에 있어서의 地球의 進度) ÷ $\frac{1584}{7}$ (地球의 平均周圍) = $\frac{30373805}{2052864}$ =14.

7958194015∞ 이것이 月體右轉 5回强에 대한 地球의 左轉回數로서 即一朔望間의 平均日時다.

(c) 14.7958194040157(一朔望間의 平均日時)×2=29.5915388031∞ 一朔一望의 平均 月命으로서 이것이 月體 十回强右轉에 伴한 地球의 左轉 回數다.

14. 地球 公轉 5回로서 日球가 一回 左旋한다.

(a) $\frac{47520}{7}$ (日球의 周圍)× $\frac{1}{5}$ = $1357\frac{5}{7}$ 地球一回의 公轉에 대한 日球左旋의 度數로서 月의 平

均周圍의 길이와 等함.

(b) 81(日 地間 伸縮限度의 距離)×$\frac{1}{49}$(日球 圓心應變 限度의 比)=1.653∞ 日球 圓心應變限度의 距離로서 $\frac{9^2}{72}$의 限度內에서 球心點을 바꾸는데 이것이 日球一回左旋에 있어서의 限度이다.

(c) $\frac{47520}{7}$(日球의 周圍)×5=$\frac{237600}{7}$=33942$\frac{2}{7}$ 水星界 第一階의 內周를 一周함에 대하여 日球가 5回 左旋하는 延度數로서 月 平均 周圍의 25倍 延長한 것과 相等하며 地球의 25回 公轉을 要한다.

15. 恒星 水星 旋廻한다.

(a) 25217$\frac{2}{3}$(日球의 中心에서 水星界 第一階의 內周邊際까지의 距離)×$\frac{22×2}{7}$=158511$\frac{1}{21}$ 日球의 5回左旋에 대하여 第一階의 水星이 此의 內周의 길이인 軌道를 一周한다.

(b) 25253$\frac{2}{3}$(日球의 中心에서 水星界 第二階의 內周邊際까지의 距離)×$\frac{22×2}{7}$=158737$\frac{1}{3}$ 第一

階의 水星이 그 軌道의 內周를 五回 旋廻하면 第二階의 水星이 그 內周의 길이를 一周한다. 이와 같이 水星이 5周할 때마다 上階의 水星이 一周하면서 段段히 올라가서 第十四階의 水星이 3回 廻周할 時間이 經過하면 空劫의 最期가 된다.

### 16. 地球가 私轉하기 $7^{16}$回로서 空劫이 된다.

(a) $7^{16} = 33232930569601$ 이것이 成功의 初期에서 大千世界가 全部 空이 될 때까지의 地球 私轉을 要하는 回數로서 即 成・住・壞・空 四劫 期間의 日時이다.

(b) $33232930569601 (四劫) \div \dfrac{78893}{216} (陽曆\ 一年間\ 日時) = 90987958412\dfrac{35900}{78893}$ 年 星霧系의 (恒星인) 水星界 第十四階의 水星이 그 軌道의 內周를 旋回하기 3回를 要하는 年數이다.

(c) $5^{15} \times 3 = 91552734375$ 星霧系의 恒星인 水星界 第十四階의 水星이 그 軌道의 內周를 旋回하기 3回를 要하는 年數이다.

(d) $91552734375 (成功) - 90987958412\dfrac{35900}{78893} (成功\ 初期에서\ 空劫\ 最期까지의\ 年數) = 564775962\dfrac{42993}{78893}$ 大千世界가 온전히 空이 되어 次期成功가 진히 줄이 될 때까지의 年數이다.

지 經過하는 期間의 年數

## 17. 成・住・壞・空 四劫의 期間

(a) $7^{10} = 282475249$ 成劫 初期부터 成劫 終期까지의 日數로서 이를 成劫 十期라 한다.

(b) $7^{14} - 7^{10} = 677940597600$ 住劫 四期의 日數

(c) $7^{15} - 7^{14} = 4069338437094$ 壞劫 一期의 日數

(d) $7^{16} - 7^{15} = 28485369059658$ 空劫 一期의 日數

(e) $282475249$(成劫十期의 日數)$\div \frac{78893}{216}$(陽曆 一年間 日數)$= 773384\frac{69872}{78893}$年

(f) $677940597600$(住劫 四期의 日數)$\div \frac{78893}{216} = 1856123725\frac{45175}{78893}$年

(g) $4069338437094$(壞劫 一期의 日數)$\div \frac{78893}{216} = 11141382662\frac{59138}{78893}$年

(h) $28485369059658$(空劫 一期의 日數)$\div \frac{78893}{216} = 77989678639\frac{19501}{78893}$年

(i) $90987958412\frac{35900}{78893}$(四劫 十六期間의 年數)$+ 5647775962\frac{42993}{78893}$(次期 成劫까지 經過期間의

## 18. 住劫 中 過去・現在・未來 三劫의 期間

(a) $7^{12}-7^{10}=1355881952$ 過去 莊嚴劫의 日數로서 $37122474\frac{40350}{78893}$年

(b) $7^{13}-7^{12}=8304772 3206$ 現在의 賢劫 日數로서 $227375156\frac{30188}{78893}$年

(c) $7^{14}-7^{13}=58133 4062442$ 未來 星宿劫의 日數로서 $159162 6094\frac{53530}{78893}$年

年數 $=9155273 4375$年

## 19. 우리(我) 宇宙의 一圓

(a) $13148\frac{5}{6}$(日・地間의 距離로서 地球 軌道인 內輪을 內宙의 半徑)$\times 2=26297\frac{2}{3}=\frac{78893}{3}$ 內宙半徑의 等距離를 外宙에 延長한 距離이므로 이것이 我宇宙 一圓의 半徑이 된다.

(b) $\frac{78893}{3}$(宇宙의 半徑)$\times 2=\frac{157786}{3}=52595\frac{1}{3}$ 宇宙의 直徑

(c) $52595\frac{1}{3}$(宇宙의 直徑)$\times \frac{22}{7}=\frac{3471292}{21}=165299\frac{13}{21}$ 宇宙의 周圍

(d) $\left(\frac{78893}{3}\right)^2\times\frac{22}{7}=\frac{136930319878}{63}=2173497140\frac{58}{63}$ 宇宙의 斷面積

(e) $\left(\dfrac{78893}{3}\right)^2 \times \dfrac{22\times 4}{7} = \dfrac{5477721279512}{63} = 86939885563\dfrac{43}{63}$ 宇宙의 表面積

(f) $\left(\dfrac{78893}{3}\right)^3 \times \dfrac{22\times 4}{7\times 3} = \dfrac{432113749045402l6}{567} = 762105377505ll\dfrac{479}{567}$ 이것이 我宇宙의 全體積으

로서 一切萬有의 束索이다.

(g) $\dfrac{157786}{3}$ (宇宙의 直徑)÷72(地球直徑)$=730\dfrac{53}{108}$倍

(h) $\dfrac{3471292}{21}$ (宇宙의 周圍)÷$\dfrac{1584}{7}$(地球의 周圍)$=730\dfrac{53}{108}$倍

(i) $\dfrac{13693031987S}{63}$ (宇宙의 斷面積)÷$\dfrac{28512}{7}$(地球의 斷面積)$=533616\dfrac{92675}{128304}$倍

(j) $\dfrac{5477721279512}{63}$ (宇宙의 表面積)÷$\dfrac{114048}{7}$(地球의 表面積)$=533616\dfrac{92675}{128304}$倍

(k) $\dfrac{4321137490454021G}{567}$ (宇宙의 體積)÷$\dfrac{4105728}{21}$(地球의 體積)$=389802074\dfrac{10397959}{13856832}$倍

(l) $\dfrac{157786}{3}$ (宇宙의 直徑)÷432(月의 平均直徑)$=121\dfrac{485}{648}$倍

(m) $\dfrac{13693031987S}{63}$ (宇宙의 斷面積)÷$\dfrac{1026432}{7}$(月의 平均 斷面積)$=14822\dfrac{3171971}{4618944}$倍

(n) $\dfrac{5477721279512}{63}$ (宇宙의 表面積)÷$\dfrac{4105728}{7}$(月의 表面積)$=14822\dfrac{3171971}{4618944}$倍

(o) $\dfrac{4321137490454021}{567}$ (宇宙의 體積) ÷ $\dfrac{8868372^{48}}{21}$ (月의 體積) = $1804639\dfrac{5625916472}{23944605696}$ 倍

(p) $\dfrac{157786}{3}$ (宇宙의 直徑) ÷ 720(月의 底面直徑) = $73\dfrac{53}{1080}$ 倍

(q) $\dfrac{3471292}{21}$ (宇宙의 周圍) ÷ $\dfrac{15840}{7}$ (月의 底面周圍) = $73\dfrac{53}{1080}$ 倍

(r) $\dfrac{1369303198^{78}}{63}$ (宇宙의 斷面積) ÷ $\dfrac{2851200}{7}$ (月의 底面積) = $5336\dfrac{2145539}{12330400}$ 倍

(s) $\dfrac{157786}{3}$ (宇宙의 直徑) ÷ 2160(日球의 直徑) = $24\dfrac{1133}{3240}$ 倍

(t) $\dfrac{3471292}{21}$ (宇宙의 周圍) ÷ $\dfrac{47520}{7}$ (日球의 周圍) = $24\dfrac{1133}{3240}$ 倍

(u) $\dfrac{12693031987^8}{63}$ (宇宙의 斷面積) ÷ $\dfrac{25660800}{7}$ (日球의 斷面積) = $592\dfrac{10478873^9}{11547360^0}$ 倍

(v) $\dfrac{547721279512}{63}$ (宇宙의 表面積) ÷ $\dfrac{1026432^{00}}{7}$ (日球의 表面積) = $592\dfrac{10478873^9}{11547360^0}$ 倍

(w) $\dfrac{4321137490454021^6}{567}$ (宇宙의 體積) ÷ $\dfrac{11085465600^0}{21}$ (日球의 體積) = $14437\dfrac{4260629952^7}{3741344640^{00}}$ 倍

## 20. 日體 7倍의 質量을 有한 星霧系

日球는 宇宙의 中央에 處하고, 星霧系는 邊方의 外壘가 된다. 그리고, 日體 7倍의 質量으로

써, 極邊에 沿하여 日球의 半徑에 相當한 距離의 두께, 이를 三分하면, 極邊으로부터 216은 質身이 滅盡한 곳이므로 滅盡界 또는 眞空界다 하고, 그 다음의 432는 日身두께(厚)의 $\frac{1}{2}$인 內輪身의 7倍에 相當한 水塵이 充塡되어 있을 뿐 星體가 없으므로 無星界(假空界라 하다)라 하고, 그 다음의 432는 日球表輪身의 7倍에 相當한 水塵이 成體하여 同界의 全體積이 되며, 通 十八階 四級別 5548788坐의 水塵이 配布되어 있어, 그 形이 모두 日球와 같으며, 個別 體積의 $\frac{5}{750}$는 心空이 되고, $\frac{1}{750}$은 面膜으로 나타난다. 그리고, 日球와 같이 水塵體의 左旋球이므로 引力이 體當하여 서로 牽制하므로 列曜 또는 萬物이 그 體의 左旋球이므로 引力이 서로 牽制하여 日球外 相俟하여 서로 牽制하므로 列曜 또는 萬物이 그 힘을 得하여 安立하고 日球 또한 中央에 處할 수 있게 됨을 얻은 바를 釣合에 依한 것이며, 內宙外 外宇와의 界線인 地球의 軌道는 日球와 水星間에 서로 釣合에 依한 釣合線이므로, 右旋의 月體 또는 水星의 斥力과 相俟하여 地球가 左轉하지 않을 引力에 依한 釣合線이므로, 右旋의 月體 또는 水星의 斥力과 相俟하여 地球가 左轉하지 않을 수 없는 事實이 된다.

## 21. 月體 55倍의 質量을 有한 火星界

이 月體의 39倍에 相當하며 모두가 各個體積의 $\frac{3}{3^6-3^2}$, $\frac{4}{3^7-3^3}$, $\frac{5}{3^8-3^4}$, $\frac{8}{3^9-3^5}$, $\frac{9}{3^{10}-3^2}$, $\frac{10}{3^{11}-3^3}$, 等 六品의 火星 264960位의 全體積

이 月體의 잗이 右旋 右向의 火塵體이므로 斥力이 豊富하고, 日球 또는 水星 群의 左旋 引力과 相俟하여 宇宙의 風塵이 動하므로 地球 또한 廻轉한다.

으로 左旋하는 水塵體 等이 서로 牽引하는 釣合에 依하여 水平線上에 기울(측)을 生하므로 地軸을 비
롯하고, 右旋 右向하는 火塵體가 斥力을 發하여 浮游와 相等한 地球는 그 波
敎의 渦에 依하여 所謂 私轉이 되고서 相起하여 前進에 依하여 地軸線上에 公轉이란
齒車의 跡이 적혀지면서 中心 탑인 日球를 軸으로 하여 內宙 外宙의 界線을 밟아 들이는
火塵體의 强力한 程度를 推察할 수가 있다.

그리고, 火星界 5個層 中 上 3個層이 火星群이 依據하는 곳이며 下 2個層이 月體16倍의 火塵이 잠겨 있는데 共히 內宙 外宇의 界線을 넘을 수 있으나 그 軌는 月과 함께 하므로 火星界는 內界와 外界가 自然히 揀別된다.

또한 上記 六品의 火星 亦是 前 三品은 內界의 3個層을, 後 三品은 外界로 하며 火塵 또한 內界는 下 1層에 月體의 1倍, 2層은 2倍이며, 外界의 下 1層은 月體의 6倍, 2層은 7倍가 된다.

## 22. 月體 9倍의 質量을 有한 月世界

月의 中心點으로부터 1080을 半徑으로 한 區宇를 月世界라 하며, 此 두께(厚)에서 月體의 半高인 360을 控除한 720의 사이에 8個段이 있는데 等距離의 一段마다 月體 一個에 相當한 火塵이 月體를 떠나지 않고 內外界를 通하여 그 行動을 月과 함께 하므로 此를 月輪身이라 하며, 이에 月體를 넣어서 9段이 있으므로 月下 十界에 對하여 月上 九體라고 한다.

## 23. 月體 36倍의 質量을 有한 木星의 區宇

月上 九體에 接하여 亦是 1080의 두께(厚)인 木星의 區宇가 있으며, 遊星 全界를 一圍을 되게 하는 功能의 主人公인 主星 一位는 月體橫의 6倍을 有하나, 月體外 相反해서 左旋體임과 同時에 陰性 火塵의 菱形體이므로 各 尖端은 陰極이 되고 下方 一角은 陽極인 月頭의 尖端을 相對로 하여 서로 吸引하며 背方의 三個 木星은 後方 三個 月體 배문에 同性 相排斥되어 左旋 轉함과 同時에 第三層 九位의 木星 또한 그리한다.

그리고, 中層 三位 木星 배문에 下層의 十位 木星이 左旋 右轉함에 따라 月體와 火星의 右旋 右轉에 馬力을 加하게 된다. 더우기 同區宇의 火塵이 陰性이므로 上方 火星界을 끌어 들이는 데 助力하여 月로 하여금 土星界와 그 力線을 끌어당기게 된다.

그리고 第二層 三位의 木星은 各各 月體의 $\frac{7}{3}$倍이고 第三層의 九位는 $\frac{8}{9}$倍이며 同一 8個層 中 下 5個層의 質量을 順次와 如히 1, 2, 3, 4, 5倍이므로 合하여 月體의 15倍가 되고 主星 一

位외 從星 十二位의 體積은 月體의 21倍이며 모두 合하여 36倍가 된다.

## 24. 月體 20倍의 四大 金星과 地體 128倍의 八位의 金星

月體 5倍의 體積을 有한 金星 四位가 日輪界에 沿하여 正 四方에 配位되어 日月의 中間을 守하며, 또한 地球 128倍인 八位의 金星이 月區와 土星界外의 中間을 護한다. 그리고 宇宙 全界에 있어서의 金塵의 겨레(族)로서 나타나 一切 萬有가 되는 에너지를 말으며 그 形態는 卵形이고 體積의 $\frac{1}{216}$ 이 心空이 되어 있다.

## 25. 地體 944倍의 質量을 有한 四七星宿界

月體 5倍에 相當한, 地體의 1080倍 中 八位 金星의 分 128과 地輪界 分 8을 控除한 944가 四七星宿界를 構成하며 그 中 4가 四七星宿 中 第一의 四個星 體積인 8이 第二의 四個星, 12가 第三의 四個星, 16이 第四의 四個星, 20이 第五의 四個星, 24가 第六의 四個星, 28이 第七의 四個星의 體積으로서 112가 全體積이며, 그 七倍인 784가 二十八宿 輪界 內의 地塵量이고 48

은 土星界의 流通 地塵量이다. 二十八宿는 地球外 한가지 土星으로서 輪界 內에는 반드시 地塵을 要한다.

## 26. 地體 8倍의 地輪界

1이 地球가 되고 7이 輪界 內의 地塵이다. 地球는 土星界의 中央을 占하고 나아가서는 全遊星界의 繫樞이 되며 遊星界는 地球를 中心으로 旋廻하면서 日球를 쫓게 되므로 地球는 實로 宇宙의 焦點이다. 地輪界는 地球 本位의 小宇宙로서 地半徑 等距離의 길이를 延長한 外宇가 輪界이므로 地輪界는 此 地輪界의 引力에 依하여 遊星界은 中軸에 그 力線을 걸어 당겨 一團이 되며 또한 類한 此에 依하여 光을 發하고 風이 起한다. 地輪界 內의 小宇宙外 外界의 大宇宙를 別途로 取扱하여 無理 없을 程度이며 輪界線을 限度로 하여 勢力圈을 달리 하므로 界外는 左旋力에 支配되고 界內는 右旋力에 支配된다.

## 27. 列曜 空型의 樣相

日球의 空心은 如來像, 同表隊은 龍形, 月의 空洞은 獅子形, 火星은 36賢을 비롯하여 昆廬에 이르기까지 各種 各樣의 動物의 型이 모양 지어지고 水星界 下 第1級星에는 騎形的 人形으로서, 牛頭人身 또는 馬頭人身, 雙頭 或은 多頭, 多手, 多足, 合背 等의 騎形이 現하고 第二級 星에는 正常的 人形이나 通俗 人形이며, 第三級星에는 僧形, 菩薩像이며, 木星의 中心에는 個個의 象形이고, 또한 四大 金星의 像이며 地球의 心球에는 그러고 假力士像이 있고 四七 星宿의 中心에는 王侯의 像이며 人位의 金星에는 刀杖을 持한 空界에는 體를 이루지 敎彩가 나타나 있는데 各種 各樣의 植物이 그려져 있다.

## 28. 內宙 外宇와 銀河水

地球 軌道의 內部을 內宙라 하고 內宙 半徑의 等距離를 延長한 것이 外宇이므로 外宇의 體積은 內宙體積의 7倍이다. 그리고 日體의 7倍가 星霧系가 되어 日 半徑 等距離의 두께(厚)를 가

지고 邊方을 지키며 宇宙의 一氣를 水準케 하므로 內宙 水塵의 磁氣는 日球를 向하며 外

宇 水塵의 磁氣는 邊方을 向하며 한다. 따라서 그 分際線인 軌道 위에 半橫이 된 地輪界 또한

그 氣에 乘하여 所謂 成層圈 內에 있어서 單體의 殼(存在形態…譯者註)가 分解되고 地球의 上

下部가 左右 即 內宙와 外宇와의 사이가 갈라진다. 그리고 邊方의 星霧系가 地上에서 바라보

면 안개(霧)와 같이 認定되는데 이는 水星界의 背後에 있는 假定界(銀河水)의 假面이며, 星案

은 5548788位나 되는 水星群의 모습이다.

## 29. 恒星과 遊星

遊星界에 있어서 一定 場所에 恒在하는 것과 같이 보이는 것을 恒星이라 云하며 그렇지 않

음 遊星이라 云하나, 實은 모두 다 遊星임을 認定하지 않을 수 없다. 恒星이라고 하면 日球外

水星을 말하나 此는 遊星界에 對해서만 恒星이 되며 그 自身은 恒星이 아니기 때문이다.

土星界의 南北斗 14星은 地球와 함께 一日 一回 私轉하나 東西의 二4星은 一日에 그 軌道를

一周하고 이렇게 하기 7回로서, 木星이 月頭를 접어 당기며 月輪界를 一周하므로 月面이 地面의 場所에 따라서 照面을 달리하여 朔望의 差가 있으며, 頭先의 向方에 依하여 月面의 緣에 가 리워서 上弦 또는 下弦이 되므로 月 自體는 何時도 盈虛의 差가 없고, 또한 地球의 그림자에 덮임으로 事實이다. 그리고 또한 이렇게 하기 7回로서 火星이 自體를 一周하게 되므로써 遊星은 恒星에 對하여 文字 그대로 遊星인 것이다.

## 30. 七曜의 差別

日球를 日曜, 月體를 月曜, 火星을 火曜, 水星을 水曜, 木星을 木曜, 金星을 金曜, 土星을 土曜라 云하며 이것이므로 七曜라 謂한다. 그리고 列曜의 數가 幾多 有한지라도 七曜에 例섭되며 日·水 二曜의 全質量과 土曜質量의 $\frac{1}{5}$은 水塵의 系統이며, 月·火·木 三曜의 全質量과 土曜質量의 $\frac{4}{5}$는 水塵의 系統이고, 金星도 또한 그 比率은 土曜와 等하나 水·火· 二塵의 自性 아니라 이것이 金塵의 本性으로 되어 있는데 그 差異가 있을 뿐이다.

第四篇 宇宙의 本質과 形量

日·水 二曜를 恒星의 系列, 月·火·木·土 四曜를 遊星의 系列을 한다면 金星은 絶對 恒星일 것이며, 日·水·木·土 四曜와 八位 金星과 四大金星은 左旋하며, 月·火 二曜 右旋體이며, 日·水 二曜는 冷體, 月·火·木 三曜는 熱體, 金·土 二曜는 溫體가 된다.

그러고 恒星群은 守座班이므로 座를 옮기지 않고 遊星群은 移動班으로서 右向 進하면서 刻刻 그 處所를 變動한다. 그러나 恒星의 守座班은 遊星의 移動班에 對해서만 그 軌를 달리하기 때문이다.

### 31. 四大 客塵

日球 體積의 9倍(月의 1125倍, 地의 243000倍)가 宇宙 全界에 있어서의 全質量(根金塵)의 體積과 相當하며, 그 內譯의 $\frac{8}{9}$이 水塵 體積, $\frac{1}{9}$의 $\frac{4}{5}$가 火塵 體積, $\frac{1}{5}$이 地塵 體積이므로, 水塵 體積은 月體積의 1000倍, 火塵 體積은 月體積의 100倍, 地塵 體積은 月體積의 25倍가 되고, 다시 地塵 體積의 $\frac{4}{5}$가 水塵, $\frac{1}{5}$이 火塵이 된다.

그리고 水塵 體積의 3倍가 冷量의 體積, 水塵 體積의 5倍가 熱量의 體積이 되고, 冷量 體積과 熱量 體積의 差인 月體 2500倍는 이것이 冷量의 剩餘가 아니과 風塵量이 된다.

水塵이 冷性을 起하고 火塵이 熱性을 發하므로 動하지 않을 수 없으며, 動함에는 風性을 지않을 수 없으므로 冷·熱 兩性이 相殺되면 다 함께 없어져서 風塵만 남게 되는데, 地·水·火·風 四大의 客塵이 이것이다. 만약 溫量을 求하려면 地塵量의 七倍를 要한다.

## 32. 列曜 輪界의 密度

列曜 自體 半徑의 길이를 延長하여 自體積의 7倍를 增加한 것이 自體의 質量 또는 固定 質量이 서로 融通하는 區域이므로 自體 質量의 密度와 輪界 內의 密度는 언제나 一致한다.

日曜와 水曜는 水塵인 曜體 1과 冷量 3이 質量의 比가 되고, 輪界의 體積에 比하여 $\frac{4}{8}$ 로 0.5의 密度를 보이며, 月·火 二曜는 火塵인 曜體 1과 熱量 5가 質量의 比가 되고 輪界의 體積에 比하여 $\frac{6}{8}$ 로 0.75의 密度를 보인다. 그리고 金星 도한 地金塵인 曜體 1과 溫量 7이 質量의 比

가 되고 $\frac{8}{8}$은 1이 그 密度이나, 地球와 四七 星宿는 溫量의 代身으로 同性의 第二의 地塵을 要하여 輪界를 成하므로 曜體 1과 質의 7과가 質量이 된다.

그런데 日·水 二曜는 球形으로서 輪相 또한 球形이며, 月·火 二曜는 錐形, 金·土 二曜는 輪相 亦是 卵形이다. 그리고 色相 또한 曜體에 따라서 다르며, 月·火 二曜는 赤色, 木曜는 瓦斯色, 土曜는 黃色을 多分히 띠었는데, 此 現象은 黃昏에 볼 수 있고 또한 六色이 있어서 七色을 主色으로 하여 그 從色이 無數이며, 日·水 二曜는 淨白色으로서 他에 이 없으므로 地輪界의 紫·籃·青·綠·黃·朱·紅인 所謂 太陽 "스펙트럼"은 此 日球의 冷光으로 말미암은 地輪界의 "스펙트럼"임을 알 수 있다.

## 33. 輪界와 光明

列曜 어느 것이나 光明 없는 것이 없다. 그리고 曜體의 大小를 不拘하고 그 光量이 各自의 輪界를 넘지 않음을 原則으로 하며, 日·月 또한 그러하다. 他界에 있어서 그 光體는 認定되나

그 光量이 自輪界를 넘어서 他界에 到達한다 함은 道理가 不許하므로 自界의 光明을 自界가 받는 것이다.

특히 冷體인 日·水 二曜는 靜光인 동시에 熱體에 比하여 微光이다. 그러나 熱體와 한가지 常光으로서 起滅이 없다.

그런데 土星界는 熱體인 自界의 冷體가 熱體에 誘發되어 冷光을 發하고, 冷體인 日球에 面하면 自界의 熱體가 反動해서 斥力이 許하는 限 이를 發光하여 輪界線에 이르되 日界의 引力과 合流하여 되돌아오는데, 마치 水中에 있어서의 發光體의 全反射 作用과 類似하므로 引嚂하기에 足하다.

특히 日球는 潔白色으로서 雜色이 없으므로 七色의 "스펙트람"이 있을 道理가 없으며, 地輪界는 靑·黃·赤·白·黑의 五色이 混和되어 있어 5 自乘의 指數가 들어 無量色이 있게 된다.

만약 日球가 地球에 對하여 光源이라고 한다면, 于先 地輪界에 晝夜의 別이 없을 것이다. 그것은 "光源이 物體보다 小할 時는 本陰은 어디까지나, 멀더지나 光源이 大할 時는 本陰은 物體의 背後 或은 어느 距離에 있어서 消滅한다" 함은 物理學上의 定義인데, 大量인 日球의 質量은 地球 質量의 324439倍 만고 云하기 때문이다.

그리고 日球가 地球에 對하여 熱源이라고 한다면 地球는 火聚가 되어서 그 一部도 冷却할 거둘이 없을 것이다.

## 34. 左旋塵과 右旋塵

地塵의 $\frac{4}{5}$는 水塵이며 $\frac{1}{5}$은 火塵이므로 이를 解體할 경우는 地性을 얻을 수가 없다. 水塵 或은 火塵의 塵體만 또한 地性을 帶하므로 따로서는 水·火 二塵을 認定할 수가 없다. 冷熱의 差가 風塵이므로 水·火 二塵을 認定하지 않고서는 風塵을 認定할 수가 없다.

아무튼 四大塵이 一身이 되어 떠날 수 없는 事實이므로 四大를 또한 客塵이라고 할 수 없으며 다 걸이 一金塵의 四大 作用이다. 左旋 金塵이며 右旋 金塵이 火塵이다. 그리고 그 塵體가 地性이며 左旋 或은 右旋이 風性으로서, 左旋은 右旋에 對해서만 左旋, 右旋은 左旋에 對해서만 結局 左右의 名과 旋廻의 相이 남을 뿐으로서 名·相을 떠나면 空일 것 이다.

그러나 다만 空(但空)이 아닌, 質身의 窮竟으로서 分析할 수 없는 하나의 主塵을 이에 金塵 이라 云한다.

그리고 左旋塵은 同性相引, 異性相斥의 特性이 있고, 右旋塵은 同性相斥, 異性相引의 特性 이 있기 때문에 드디어 四性의 差別이 起하므로 同性相引을 水性, 異性相斥을 地性, 同性相斥 을 火性, 異性相引을 風性이라 云하므로, 四塵이란 한 지라도 一金塵이 左旋 或은 右旋으로 말미 암아 四相을 呈하는 것이다.

## 35. 磁金塵과 電金塵

左旋 金塵이 右旋 金塵에 對하여 磁氣가 生하고, 右旋 金塵이 左旋 金塵에 對하여 電氣를 發하므로 左旋 金塵을 磁氣塵, 右旋 金塵을 電氣塵이라 한다.

그리고 日球와 水星은 左旋體이므로 右旋體인 月 또는 火星에 對하면 磁氣가 生하여 이것이 引力이 되고, 右旋體는 左旋體에 對하여 電氣를 發하여 이것이 斥力이 된다.

要컨대 磁氣는 左旋力에 伴하고, 電氣는 右旋力에 伴한다. 따라서 宇宙의 平衡的 引力은 霧系 左旋塵體의 磁氣에 맡미암은 左旋力이며, 기울음(差)을 生하는 斥力은 遊星界의 電氣에 맡미암은 右旋力이다.

## 36. 宇宙의 原動力

月體積의 3000에 相當한 全冷量의 $3^{10}$=59049倍인 月體積의 177147000倍가 引力總量으로서 月體積의 500倍인 全熱量의 $5^6$=15625倍 곧 7812500倍가 斥力總量이며, 兩者의 差인

1693345000이 左旋 風力이므로, 地球 또한 이 左旋 風力으로 말미암아 左轉함을 알 수 있다.

그리고 日球의 引力量인 125×3×59049=20268375와 月體의 斥力量인 1×5×15625=78125와

의 差인 20190250의 左旋 風力이 木星에 影響하여 木星이 全 宇宙의 左旋 風車가 되고 遊星界

의 首班인 月을 牽制하면서 土星界의 左旋力과 合勢해서 中을 得함으로써 萬有가 安立할 수 있

는 것이다.

## 第二. 地壓世界와 地球

### 37. 地下의 六級層과 地上의 六輪圈

(a) 6(地藏心珠의 半徑)+6(地殼 第一重의 두께)+6(地殼 第二重의 두께)+6(地殼 第三重의
두께)+6(地殼 第四重의 두께)+6(地殼 第五重의 두께=地表殼의 두께)=36 地球의 半徑

(b) 6(地上 第一輪圈의 두께)+6(地上 第二輪圈의 두께)+6(地上 第三輪圈의 두께)+6(地上
第四輪圈의 두께)+6(地上 第五輪圈의 두께)+6(地上 第六輪圈 即 地輪界 末圈의 두께)=

## 38. 地球의 解體

36地上 六輪圈의 두께 即 地面에서 地輪界까지의 距離로서 地球 半徑과 等함.

36(地球의 半徑)+36(地上 六輪圈의 두께)=72 地心에서 地輪界線까지의 距離로서 이것이 地輪界의 半徑이다.(地球의 直徑과 等함)

(a) 6(地藏心珠의 半徑)³×$\frac{88}{21}$(球形立體率)=905$\frac{1}{7}$ 地藏心珠의 體積으로서 地球體積의 $\frac{1}{216}$에 相當함.

(b) $(12^3-6^3)\times\frac{88}{21}$=6336  地殼 第一重의 體積

(c) $(18^3-12^3)\times\frac{88}{21}$=17197$\frac{5}{7}$  地殼 第二重의 體積

(d) $(24^3-18^3)\times\frac{88}{21}$=33490$\frac{2}{7}$  地殼 第三重의 體積

(e) $(30^3-24^3)\times\frac{88}{21}$=50451$\frac{17}{21}$  地殼 第四重의 體積

(f) $(36^3-30^3)\times\frac{88}{21}$=87129$\frac{19}{21}$  地殼 第五重의 體積

## 39. 地上 六輪圈의 體積

(a) $(42^3 - 36^3) \times \dfrac{88}{21} = 114953\dfrac{1}{7}$  地上 第一輪圈의 體積

(b) $(48^3 - 42^3) \times \dfrac{88}{21} = 155350\dfrac{2}{21}$  地上 第二輪圈의 體積

(c) $(54^3 - 48^3) \times \dfrac{88}{21} = 194035\dfrac{1}{21}$  地上 第三輪圈의 體積

(d) $(60^3 - 54^3) \times \dfrac{88}{21} = 245293\dfrac{5}{7}$  地上 第四輪圈의 體積

(e) $(66^3 - 60^3) \times \dfrac{88}{21} = 299602\dfrac{2}{7}$  地上 第五輪圈의 體積

(f) $(72^3 - 66^3) \times \dfrac{88}{21} = 359341\dfrac{5}{7}$  地上 第六輪圈의 體積

(g) $72^3 \times \dfrac{88}{21} = 1564086\dfrac{6}{7}$  이것이 地球를 包含한 地輪界의 全體積으로서 地球 體積의 8倍에

(h) $\left\{36^3 - (35\dfrac{5}{6})^3\right\} \times \dfrac{88}{21} = 2702\dfrac{71}{81}$  地殼 第五重에 屬한 地表의 體積

(i) $\left\{36\dfrac{5}{6}^3 - (35\dfrac{4}{6})^3\right\} \times \dfrac{88}{21} = 2677\dfrac{482}{567}$  地殼 第五重에 屬한 內地表의 體積

(g) $36^3 \times \dfrac{88}{21} = 195510\dfrac{6}{7}$  地心과 地身이 一體가 된 地球의 全體積

相當함.

(h) $1564086\frac{6}{7}$(地輪界의 全體積) $-195510\frac{6}{7}$(地球의 體積) $=1368576$ 地上 六輪圈의 全體積

(i) $\{(36\frac{1}{6})^3 - 36^3\} \times \frac{88}{21} = 2728\frac{11}{567}$ 地上 第一輪圈에 屬한 成層圈 體積

(j) $\{(36\frac{2}{6})^3 - (36\frac{1}{6})^3\} \times \frac{88}{21} = 2753\frac{158}{567}$ 地上 第二成層圈 體積

※ 1368576 地上六輪圈의 體積으로서 地球의 7倍에 相當한 等體積의 地塵이 充填된 品

域이다.

### 40. 輪圈別 地塵의 分布

(a) $905\frac{1}{7}$(地藏心珠의 體積)$\times 7 = 6336$ 第六輪圈의 地塵 體積

(b) $6336$(地殼 第一重의 體積)$\times 7 = 44352$ 第五輪圈의 地塵 體積

(c) $17197\frac{5}{7}$(地殼 第二重의 體積)$\times 7 = 120384$ 第四輪圈의 地塵 體積

(d) $33490\frac{2}{7}$ (地殼 第三重의 體積) ×7 = 234432 第三輪圈의 地塵 體積

(e) $50451\frac{17}{21}$ (地殼 第四重의 體積) ×7 = $353162\frac{2}{3}$ 第二輪圈의 地塵 體積

(f) $87129\frac{19}{21}$ (地殼 第五重의 體積) ×7 = $609909\frac{1}{3}$ 第一輪圈의 地塵 體積

(g) $195510\frac{6}{7}$ (地球의 體積) ×7 = 1368576 六個輪圈의 全地塵 體積

(h) $2702\frac{71}{81}$ (地表의 體積) ×7 = $18902\frac{11}{81}$ 成層圈의 地塵

(i) $18920\frac{11}{81}$ (成層圈의 地塵 體積) + $905\frac{1}{7}$ (地藏心珠의 體積과 等한 成層圈內의 單體量) = $19825\frac{158}{567}$

이것이 成層圈內 全地塵 體積이며 開闢 當時 地藏心珠의 體積과 等한 單體의 質이 그 法力點인 $\frac{1}{6}$ 에 相當한 成層圈의 두께를 限度로 하여 加重 分布된 것이다.

(j) $2677\frac{482}{567}$ (內地表의 體積) ×7 = $18744\frac{77}{81}$ 第二級 成層圈의 地塵 體積

## 41. 輪圈別 地塵 體積의 比率

(a) $\{609909\frac{1}{3}$(第一輪圈의 地塵 體積)+$905\frac{1}{7}$(成層圈 內의 加重 分布된 單體量)$\}\div 114953\frac{1}{7}$
(第一輪圈의 體積)=5.3136 第一輪 內 地塵 體積의 比率

(b) $353162\frac{2}{3}$(第二輪圈 內의 地塵 體積)÷$155350\frac{2}{21}$(同圈의 體積)=2.34393 第二輪圈 內 地塵 體積의 比率

(c) 234432(第三輪圈 內의 地塵 體積)÷$194035\frac{1}{21}$(同圈의 體積)=1.20958 第三輪圈 內 地塵 體積의 比率

(d) 120384(第四輪圈 內의 地塵 體積)÷$245293\frac{5}{7}$(同圈의 體積)=0.49077 第四輪圈 內 地塵 體積의 比率

(e) 44532(第五輪圈 內의 地塵 體積)÷$299602\frac{2}{7}$(同圈의 體積)=0.14804 第五輪圈 內 地塵 體積의 比率

(f) 6336(第六輪圈 內의 地塵 體積)÷359341$\frac{5}{7}$(同圈의 體積)=0.01763 第六輪圈 內 地塵 體積의 比率

(g) 1564086$\frac{6}{7}$(地輪界의 總 地塵 體積)÷1564086$\frac{6}{7}$(地輪界의 總體積)=1 이와 같이 地輪界의 同一比率이 되나, 地性이 體를 成하여 差別의 輪層이 生함에 따라, 六個輪層이 平均 0.6에 가까운 過量의 數字를 보임으로써 第一性을 現한다. 이러한 第二性이 나타남이 成劫後의 住相으로서 이것이 自滅함을 壞劫의 滅相이라 云한다. 그리고 空劫에는 오로지 1이 된다.

(h) 18920$\frac{11}{81}$(成層圈 內의 地塵 量)÷2728$\frac{11}{567}$(同圈의 單體量)=7.26728 成層圈 內 地塵 體積의 平均 比率

(i) 18744$\frac{77}{81}$(第二成層圈 內의 地塵 體積)÷27531$\frac{158}{567}$(同圈의 體積)=6.80823 第二成層圈 內 地塵 體積의 平均 比率

(j) 7.26728(成層圈의 比率)-6.80823(次級의 比率)=0.45905 이것이 成層圈 內外 密度의 差 地塵 體積의 平均 比率

## 42. 地輪界의 四大塵과 冷熱量

(a) $195510\frac{6}{7}$(地球의 體積)×8=$1564086\frac{6}{7}$ 地輪界의 體積

(b) $1564086\frac{6}{7}$(地輪界의 總 地塵 體積)×$\frac{4}{5}$=$1251269\frac{17}{35}$ 水塵 系統의 地塵 體積

(c) $1564086\frac{6}{7}$(地輪界의 總 地塵 體積)×$\frac{1}{5}$=$312817\frac{13}{35}$ 火塵 系統의 地塵 體積

(d) $1251269\frac{17}{35}$(地輪界의 水塵 體積)×7×3=$26276659\frac{1}{5}$ 同界 冷量

(e) $312817\frac{13}{35}$(地輪界의 火塵 體積)×49×5=$76640256$ 同界 熱量

(f) $76640256$(同界 熱量)−$26276659\frac{1}{5}$(同界冷量)=$50363605\frac{4}{5}$ 地輪界의 右旋 風塵量

(g) $1564086\frac{6}{7}$(地輪界의 總 地塵 體積)×343(7³)=$536481792$ 同界의 總 地塵量

(h) $536481792$(同界 總 地塵量)×$\frac{4}{5}$=$429185433\frac{3}{5}$ 同界 水塵 系統의 地塵量

(i) $536481792$(同界 總 地塵量)×$\frac{1}{5}$=$107296358\frac{2}{5}$ 同界 火塵 系統의 地塵量

인데 數字의 差보다도 單體 有無가 重大한 差이다.

## 43. 月下 十界의 相距와 地球 木星 間의 連絡線

(a) 36(地心에서 地面까지의 距離)×2=72 地心에서 地輪界線까지의 距離로서 地藏心珠의 半徑인 6의 12倍다.

(b) 72(地心에서 地輪界까지의 距離)+10(四七星宿界와의 間隔 距離)=82 地心에서 第一四星界의 內周까지의 距離

(c) 82+ {36×3(第一四星界의 두께)} =190 地心에서 第一四星界 外周까지의 距離

(d) 190+5(間隔距離)=195 地心에서 第二 四星界 內周까지의 距離

(e) 195+36×4=339 地心에서 第二 四星界 外周까지의 距離

(f) 339+5=344 地心에서 第三 四星界 內周까지의 距離

(g) 344+36×5=524 地心에서 第三 四星界 外周까지의 距離

(h) 524+5=529 地心에서 第四 四星界 內周까지의 距離

(i) 529+36×6=745 地心에서 第四 四星界 外周까지의 距離

(j) 745÷5=750 地心에서 第五 四星界 內周까지의 距離

(k) 750+36×7=1002 地心에서 第五 四星界 外周까지의 距離

(l) 1002÷5=1007 地心에서 第六 四星界 內周까지의 距離

(m) 1007+36×8=1295 地心에서 第六 四星界 外周까지의 距離

(n) 1295÷5=1300 地心에서 第七 四星界 內周까지의 距離

(o) 1300+36×9=1624 地心에서 第七 四星界 外周까지의 距離

(p) 1624+10(八位 金星界外의 間隔 距離)=1634 地心에서 八位 金星界 內周까지의 距離

(q) 1634+36×10=1994 地心에서 八位 金星界 外周까지의 距離

(r) 1994+108(月로外의 間隔 距離)=2102 地心에서 月面까지의 距離

(s) 2102+4$\frac{19}{36}$(月面 凹處의 最深處)=2106$\frac{19}{36}$ 地心에서 月面의 最深處까지의 距離

(t) $2106\frac{19}{36} + 84\frac{34}{36}$(月面 深處에서 力點까지의 距離)=$2191\frac{17}{36}$ 地의 中心에서 月의 力點까지의 距離로서, 月에 對한 地球 引力의 焦點이다.

(u) $2191\frac{17}{36} + 270\frac{19}{36}$(月의 力點에서 中心까지의 距離)=2462 地・月心 間의 距離

(v) 2462+360(月의 半高)=2822 地心에서 月頭의 끝까지 距離

(w) 2822+720(月上 九曜의 距離에서 月의 半高를 滅한 距離)=3542 地心에서 月世界의 外部

即 木星區宇의 內周 邊際까지의 距離.

## 44. 四七 星宿界의 質量

(a) $195510\frac{6}{7}$(地球의 體積으로서 第一 四星界 一位의 土星 體積과 等함)×4=$782043\frac{3}{7}$ 第一 四星의 體積

(b) $195510\frac{6}{7}$(第一星의 體積)×2=$391021\frac{5}{7}$ 第二星의 體積

(c) $391021\frac{5}{7}$(第二星의 體積)×4=$1564086\frac{6}{7}$ 第二 四個星의 體積

(d) $195510\frac{6}{7} \times 3 = 586532\frac{4}{7}$  第三星의 體積

(e) $586532\frac{4}{7}$(第三星의 體積)$\times 4 = 2346130\frac{2}{7}$  第三 四個星의 體積

(f) $195510\frac{6}{7} \times 4 = 782043\frac{3}{7}$  第四星의 體積

(g) $782043\frac{3}{7} \times 4 = 3128173\frac{5}{7}$  第四 四個星의 體積

(h) $195510\frac{6}{7} \times 5 = 977554\frac{2}{7}$  第五星의 體積

(i) $977554\frac{2}{7} \times 4 = 3910217\frac{1}{7}$  第五 四個星의 體積

(j) $195510\frac{6}{7} \times 6 = 1173065\frac{1}{7}$  第六星의 體積

(k) $1173065\frac{1}{7} \times 4 = 4692260\frac{4}{7}$  第六 四個星의 體積

(l) $195510\frac{6}{7} \times 7 = 1368576$  第七星의 體積

(m) $1368576$(第七星의 體積)$\times 4 = 5474304$  第七星의 體積으로서 地輪界 輪廻의 全地塵 體積과 相等함

(n) $195510\frac{6}{7} \times 112 = 21897216$  二十八宿의 全體積

(o) $218972216 \times 7 = 1532280512$  二十八宿 輪界內의 地塵 體積

(p) $195510\frac{6}{7} \times 48 = 9384521\frac{1}{7}$  全土星界 流通 地塵 體積

(q) $218972216$(二十八宿의 全體積)$+1532280512$(同星輪界內의 全地塵 體積)$+9384521\frac{1}{7}$(流通 地塵이 體積)$=184562249\frac{1}{7}$ 四七星宿界의 全地塵 體積

### 45. 四七 星宿界 質量의 差別

(a) $184562249\frac{1}{7}$(四七 星宿界의 全地塵 體積)$\times \frac{4}{5} = 147649799\frac{11}{35}$ 四七 星宿界의 水塵體積　同界 水塵量

(b) $184562249\frac{1}{7}$(四七 星宿界의 全地塵 體積)$\times \frac{1}{5} = 36912449\frac{29}{35}$ 四七 星宿界의 火塵體積

(c) $147649799\frac{11}{35} \times 7 = 1033548595\frac{1}{5}$　同界 水塵量

(d) $36912449\frac{29}{35} \times 49 = 1808710005\frac{3}{5}$　同界 火塵量

(e) $1033548595\frac{1}{5} \times 3 = 3100645785\frac{3}{5}$　同界 冷量

(f) $1808710005\frac{3}{5} \times 5 = 9043550028$　同界 熱量

(g) 9043550028－3100645785$\frac{3}{5}$＝5942904242$\frac{2}{5}$  同界의 右旋 風塵量

(h) 1845622249$\frac{1}{7}$×343($7^3$)＝6330485145 6  同界의 地塵 總量

(i) 6330485145 6×$\frac{4}{5}$＝5064388116 4$\frac{4}{5}$  同界 水塵 系統의 地塵量

(j) 6330485145 6×$\frac{1}{5}$＝1266097029 1$\frac{1}{5}$  同界 水塵 系統의 地塵量

## 46. 日身의 八級 分開

### 第三. 水塵 世界와 日球

(a) 216(宇宙의 極中인 日心의 半徑으로서 極邊의 晶宇인 眞空界의 厚와 等함)＋108(日身 八重의 等差距離로서 四級의 晶宇와 水星界 四級의 晶宇의 等差距離 等과 等함)＝324 日心에서 日身의 第一重까지의 距離로서 極邊際에서 假定界의 等四級 晶宇까지의 距離와 等함.

(b) 324＋108＝432 日心에서 日身의 第二重까지의 距離로서 極邊際에서 假定界의 第三級 晶宇

(c) 432＋108＝540 日心에서 日身의 第三重까지의 距離로서 極邊際에서 假空界의 第二級 區宇까지의 距離와 等함.

(d) 540＋108＝648 日心에서 日身의 第四重까지의 距離로서 極邊際에서 假空界의 第一級 區宇까지의 距離와 等함.

(e) 648＋108＝756 日身의 第五重까지의 距離로서 極邊際에서 水星界의 第四級 區宇까지의 距離와 等함.

(f) 756＋108＝864 日心에서 日身의 第六重까지의 距離로서 極邊際에서 水星界의 第三級 區宇까지의 距離와 等함.

(g) 864＋108＝972 日心에서 日身의 第七重까지의 距離로서 極邊際에서 水星界의 第二級 區宇까지의 距離와 等함.

(h) 972+108=1080 日心에서 日身의 第八重의 界限인 日面까지의 距離 即 日球의 半徑으로서 極邊際에서 水星界의 第一級 區宇 內周까지의 距離이므로 이것이 全星霧系의 두께(厚)와 等함.

## 47. 日心에서 地軌까지의 經由 區宇

(a) 1080(日球의 半徑)×2=2160 日心에서 日輪界線까지의 距離도 又 極邊際에서 虛無界의 中段 內周까지의 距離와 等함.

(b) 2160+966 $\frac{5}{6}$(日輪界에 沿한 四大金星의 두께(厚)로서 虛無界 下段의 厚와 等함)=3126 $\frac{5}{6}$ 日心에서 四大金星界의 外周 또는 遊星 內界의 外周까지의 距離로서, 極邊際에서 虛無界의 內周 또는 遊星 外界의 外周까지의 距離와 等함.

(c) 3126 $\frac{5}{6}$+7560(遊星 內界의 外周에서 日月 間 最近으로 되었을 경우의 月心까지의 距離로서, 이것이 遊星 外界의 半徑이므로, 遊星 外界의 外周에서 日月 間 最遠으로 되었을 경우의

月心까지의 距離와 等함)=$10686\frac{5}{6}$ 日 月心 間 最近으로 되었을 경우의 距離로서 最遠으로 되었을 경우의 月心에서 極邊際까지의 距離와 等함.

(d) $10685\frac{5}{6}+270\frac{19}{36}$(月心에서 力點까지의 距離)

月의 力點까지의 距離서, 最遠의 경우 極邊際에서 月의 力點까지의 距離=$10957\frac{13}{36}$ 最近으로 되었을 경우의 日心에서 月의 中心에서 地軌 即 地球 中心인 地心에서 月의 力點까지의 距離와 相等하므

(e) $10957\frac{13}{36}+2191\frac{17}{36}$(地軌의 中心에서 月의 力點까지의 距離)=$13148\frac{5}{6}$ 이것이 日球의 地軌가 宇宙의 極中과 極邊과의 間 切半인 內宙 外宇의 界線이니.

※ 註: 遊星界의 半徑: —7560

日球 半徑의 7倍

月世界 半徑의 7倍

木星 區宇 厚의 7倍

## 48. 日心에서 虛無界까지의 距離

(a) $13148\frac{5}{6}$(日 地心 間의 距離)+2462(地 月心間의 距離)+7560(天心에서 遊星 外界까지의 距離)=$23170\frac{5}{6}$ 日心에서 遊星 外界의 外周 即 虛無界의 內周까지의 距離

(b) $23170\frac{5}{6}$+$966\frac{5}{6}$(虛無界 下段의 厚로서 四大金星界의 厚와 等함)=$24137\frac{2}{3}$ 日心에서 虛無界 下段까지의 距離

(c) $24137\frac{2}{3}$+540(虛無界 中段의 厚로서 日輪의 厚외 $\frac{1}{2}$과 等)=$24677\frac{2}{3}$ 日心에서 虛無界 中段까지의 距離

(d) $24677\frac{2}{3}$+540(虛無界 上段의 厚로서 中段과 等함)=$25217\frac{2}{3}$ 日心에서 水星界의 內周 即 虛無界 外周까지의 距離

(e) $966\frac{5}{6}$÷1=$966\frac{5}{6}$ 虛無界 下段의 單層距離

(f) 540÷2=270 虛無界 中段 二個層의 等差距離

(g) $540 \div 3 = 180$ 虛無界 上段 三個層의 等差距離.

## 49. 日心에서 水星界까지의 距離

(a) $25217\frac{2}{3}$ (日心에서 水星界 內周까지의 距離) $+ 36$ (水星界 四個級中 第一 下級 三個階의 等差距離) $= 25253\frac{2}{3}$ 日心에서 水星界 四個級 十八階 中 第一 下階까지의 距離

(b) $25253\frac{2}{3} + 36 = 25289\frac{2}{3}$ 日心에서 水星界의 第二階까지의 距離

(c) $25289\frac{2}{3} + 36 = 25325\frac{2}{3}$ 日心에서 水星界의 第三階까지의 距離

(d) $25325\frac{2}{3} + 27$ (第二級 四個階의 等差距離) $= 25352\frac{2}{3}$ 日心에서 水星界의 第四階까지의 距離

(e) $25352\frac{2}{3} + 27 = 25379\frac{2}{3}$ 日心에서 水星界의 第五階까지의 距離

(f) $25379\frac{2}{3} + 27 = 25406\frac{2}{3}$ 日心에서 水星界의 第六階까지의 距離

(g) $25406\frac{2}{3} + 27 = 25433\frac{2}{3}$ 日心에서 水星界의 第七階까지의 距離

(h) $25433\frac{2}{3} + 21\frac{9}{15}$ (第三級 五個階의 等差 距離) $= 25455\frac{4}{15}$ 日心에서 水星界의 第八階까지의

距離

(i) $25455\frac{4}{15} + 21\frac{9}{15} = 25476\frac{13}{15}$ 日心에서 水星界의 第九階까지의 距離

(j) $25476\frac{13}{15} + 21\frac{9}{15} = 25498\frac{7}{15}$ 日心에서 水星界의 第十階까지의 距離

(k) $25498\frac{7}{15} + 21\frac{9}{15} = 25520\frac{1}{15}$ 日心에서 水星界의 第十一階까지의 距離

(l) $25520\frac{1}{15} + 21\frac{9}{15} = 25541\frac{10}{15}$ 日心에서 水星界의 第十二階까지의 距離

(m) $25541\frac{10}{15} + 18$(第四級 六個階의 等差距離)$= 25559\frac{2}{3}$ 日心에서 水星界 第十三階까지의 距離

(n) $25559\frac{2}{3} + 18 = 25577\frac{2}{3}$ 日心에서 水星界의 第十四階까지의 距離

(o) $25577\frac{2}{3} + 18 = 25595\frac{2}{3}$ 日心에서 水星界의 第十五階까지의 距離

(p) $25595\frac{2}{3} + 18 = 25613\frac{2}{3}$ 日心에서 水星界의 第十六階까지의 距離

(q) $25613\frac{2}{3} + 18 = 25631\frac{2}{3}$ 日心에서 水星界의 第十七階까지의 距離

(r) $25631\frac{2}{3} + 18 = 25649\frac{2}{3}$ 日心에서 水星界의 第十八階까지의 距離

## 50. 日心에서 假空界까지의 距離

(a) $25649\frac{2}{3}$ (日心에서 水星界까지의 距離) $+108$ (假空界 四個級의 等差 距離) $=25757\frac{2}{3}$ 日心에서 假空界의 第一 下級까지의 距離

(b) $25757\frac{2}{3}+108=25865\frac{2}{3}$ 日心에서 假空界의 第二級까지의 距離

(c) $25865\frac{2}{3}+108=25973\frac{2}{3}$ 日心에서 假空界의 第三級까지의 距離

(d) $25973\frac{2}{3}+108=26081\frac{2}{3}$ 日心에서 假空界의 第四級까지의 距離

(e) $108\div7=15\frac{3}{7}$ 第一級 七個階의 等差 距離

(f) $108\div8=13\frac{1}{2}$ 第二級 八個階의 等差 距離

(g) $108\div9=12$ 第三級 九個階의 等差 距離

(h) $108\div10=10\frac{4}{5}$ 第四級 十個階의 等差 距離

## 51. 宇宙의 極中에서 極邊까지의 距離

(a) $13148\frac{5}{6}$(日 地心間의 距離)+10022(地心에서 遊星 內外界 共 外周까지의 距離)+$2046\frac{5}{6}$(虛無界의 厚로서, 日球를 除한 日輪界의 厚와 四大金星界의 厚를 合한 것과 等함)+432(水星의 厚)+432(假空界의 厚)=$26081\frac{2}{3}$ 日心에서 假空界까지의 距離로서 極邊際에서 日身 內界까지의 距離와 等함.

(b) $26081\frac{2}{3}$+216(眞空界의 厚로서 日心의 半徑과 等함)=$26297\frac{2}{3}$ 宇宙의 極中인 日球의 中心에서 極邊인 眞空界의 斷際까지의 距離로서 이것이 我 宇宙의 半徑임은 前述과 如함.

(c) $26297\frac{2}{3}$-$13148\frac{5}{6}$(內宙의 半徑)=$13148\frac{5}{6}$ 外宇의 厚

## 52. 日球의 解體

(a) $42230345\frac{1}{7}$ 日球의 空心量으로서 月의 體積과 等함.

(b) $100297069\frac{5}{7}$ 日身 第一重의 體積으로서 假空界 第四級 水塵의 $\frac{1}{7}$

(c) $1953153346\frac{2}{7}$ 日身 第二重의 體積으로서 假空界 第三級 水塵의 $\frac{1}{7}$

(d) $321996381\frac{5}{7}$ 日身 第三重의 體積으로서 假空界 第二級 水塵의 $\frac{1}{7}$

(e) $480380176$ 日身 第四重의 體積으로서 假空界 第一級 水塵의 $\frac{1}{7}$

(f) $670406729\frac{1}{7}$ 日身 第五重의 體積으로서 水星界 第四級 全體積의 $\frac{1}{7}$

(g) $89211604 1\frac{1}{7}$ 日身 第六重의 體積으로서 水星界 第三級 全體積의 $\frac{1}{7}$

(h) $1145498112$ 日身 第七重의 體積으로서 水星界 第二級 全體積의 $\frac{1}{7}$

(i) $14305 2941\frac{5}{7}$ 日身 第八重의 體積으로서 水星界 第一級 全體積의 $\frac{1}{7}$

(j) $5278793142\frac{6}{7}$ 日球의 全體積으로서 全 水星霧系 全體積의 $\frac{1}{7}$임.

53. 水星界 十八個階의 區字에 있는 全 水星의 位數

(a) $2088960$(第一階의 星數) $+1392640$(第二階의 星數) $+696320$(第三階의 星數로서 第一級 三個階의 級差數) $=4177920$ 第一級 三個階의 全星數로서 $4^{11}-4^{7}$ 한 것에 相當함.

(b) 417792(第四階의 星數)+313344(第五階의 星數)+208896(第六階의 星數)+104448(第七階의 星數로서 第二級 四個階 星數의 等差級數數)=1044480 第二級 四個階 區宇의 全星數로서 $4^{10}-4^6$ 한 것과 等함.

(c) 87040(第八階의 星數)+69632(第九階의 星數)+52224(第十階의 星數)+34816(第十一階의 星數)+17408(第十二階의 星數로서 第三級 五個階의 等差級數數)=261120 第三級 五個階 區宇의 全星數로서 $4^9-4^5$ 한 것과 等함.

(d) 18648(第十三階의 星數)+15540(第十四階의 星數)+12432(第十五階의 星數)+9324(第十六階의 星數)+6216(第十七階의 星數)+3108(第十八階의 星數로서 第四級 六個階의 等差級數數)=65268 第四級 六個階 區宇의 全星數로서 $4^8-4^4-12$와 等함.

(e) 4179920(第一級 三個階 區宇의 全星數)+1044480(第二級 四個階 區宇의 全星數)+261120(第三級 五個階 區宇의 全星數)+65268(第四級 六個階 區宇의 全星數)=5548788 水星界

四個級 十八個階 區宇의 總星數로서 $(4^8+4^9+4^{10}+4^{11})-(4^4+4^5+4^6+4^7)-12$한 것과 相當함. $4^4$는 假空界의 第四級, $4^5$는 第三級, $4^6$는 第二級, $4^7$는 第一級 等의 配分이나 當體가 없으므로 이를 控除하며, 十二는 四級星의 配位임과 同時에 木星 區宇 主星 外의 從星 十二位의 分이므로 이것 또한 控除함.

## 54. 水星群의 總體積과 別個體積

(a) $100138870592 \div 4177920$(第一級星의 總數)$= 2396\frac{35742724}{4177920}$ 一級星 均別의 體積

(b) $80184867784 \div 1044480$(二級星의 總數)$= 7677\frac{13824}{1044480}$ 二級星 均別의 體積

(c) $6244812288 \div 261120$(三級星의 總數)$= 23915\frac{127488}{261120}$ 三級星 均別의 體積

(d) $4692847104$(四級星의 總體積)$\div 65268$(四級星의 總數)$= 71901\frac{12636}{65268}$ 四級星 均別의 體積

(e) 100138870592(一級星의 總體積)＋80184867844(二級星의 總體積)＋62448122884(三級星의 總體積)＋46928471044(四級星의 總體積)＝289700168 水星 四個級의 總體積

## 55. 假空界 四個級 三十四個階 別의 總 水塵量

(a) 33626612322(第一級 七個階의 總 水塵 體積)＋22539746722(第二級 八個階의 總 水塵 體積)＋13672074244(第三級 九個階의 總 水塵 體積)＋70207948488(第四級 十個階의 總 水塵 體積)
＝7685922816(假空界 三十四個階 區宇의 總 水塵 體積으로서, 水塵의 系統인 오직 質만 있을 뿐 하나도 形지라도 三十四 階段 別로 氣塊의 聚體가 成身하여 宇宙 全區域(日心과 眞空界를 除外)을 流通하면서 外塵가 되므로, 이를 階段別로 取扱하는 것이다.

(b) 8406653088(假空界 第一階의 水塵 體積)＋72057026644(第二階의 水塵 體積)＋60047522022(第三階의 水塵 體積)＋48038801766(第四階의 水塵 體積)＋36028513222(第五階의 水塵 體積)＋

240190088(第六階의 水塵 體積)+120099 5044(第七階의 水塵 體積으로서 第一級 七個階의 級差數)=3362661232 第一級 七個階의 全水塵 體積

(c) $500883260\frac{16}{36}$(第八階의 水塵 體積)+$138272852\frac{32}{36}$(第九階의 水塵 體積)+$375662445\frac{12}{36}$(第十階의 水塵 體積)+$187831222\frac{24}{36}$(第十一階의 水塵 體積)+$125220815\frac{4}{36}$(第十二階의 水塵 體積)+$62610407\frac{20}{36}$(第十三階의 水塵 體積)+$313052037\frac{28}{36}$(第十四階의 水塵 體積)+$250441630\frac{8}{36}$(第十五階의 水塵 體積으로서 第二級 八個階의 級差數)=2253974672 第二級 八個階의 全水塵體積

(d) $2734441484\frac{36}{45}$(第十六階의 水塵 體積)+$243059097\frac{27}{45}$(第十七階의 水塵 體積)+$212676710\frac{18}{45}$(第十八階의 水塵 體積)+$182294323\frac{9}{45}$(第十九階의 水塵 體積)+159911936(第二十階의 水塵 體積)+$121529548\frac{36}{45}$(第二十一階의 水塵 體積)+$91147161\frac{27}{45}$(第二十二階의 水塵 體積)+$30382387\frac{9}{45}$(第二十四階의 水塵 體積)+$60764774\frac{18}{45}$(第二十三階의 水塵 體積으로서

第三級 九個階의 級差數) = 13672207424 (第三級 九個階의 全水塵 體積)

(e) 127650816(第二十五階의 水塵 體積) + 114885734$\frac{22}{55}$(第二十六階의 水塵 體積) + 102120652$\frac{44}{55}$(第二十七階의 水塵 體積) + 89355571$\frac{11}{55}$(第二十八階의 水塵 體積) + 76590489$\frac{33}{55}$(第二十九階의 水塵 體積) + 63825408(第三十階의 水塵 體積) + 51060326$\frac{22}{55}$(第三十一階의 水塵 體積) + 38295244$\frac{44}{55}$(第三十二階의 水塵 體積) + 25530163$\frac{11}{55}$(第三十三階의 水塵 體積) + 12765681$\frac{33}{55}$(第三十四階의 水塵 體積으로서 第四級 十個階의 級差數) = 7020079488 (第四級 十個階의 全 水塵 體積)

## 56. 眞空界의 水塵量과 星霧系의 總 質量

(a) 422303045$\frac{1}{7}$(月의 體積과 等한 日球 表裡 空間의 體積) × 7 = 2956122416 (眞空界의 水塵 體積)

(b) 2956122416(眞空界의 水塵 體積) + 768592816(假空界의 水塵 體積) + 2897001678(水星界의 水塵 體積) = 3695155200 (星霧系의 總 水塵 體積)

(c) 3695,1552,000×7=25866,0864,000 星霧系의 總 水塵量

(d) 25866,0864,000×3=77598,2592,000 星霧系의 總 冷量

(e) 25866,0864,000(星霧系의 總 水塵量)+77598,2592,000(同冷量)=10346,43456,000 星霧系의 總 質量

## 57. 九個嶂의 距離와 質量

### 第四. 火塵世界의 月曜

(a) 360(月의 中心에서 下底 또는 上底까지의 距離도서 이것이 第一嶂)+90(第二嶂의 厚로서 이것이 餘他 八個嶂의 等距離의 厚)=450 月心에서 第二嶂까지의 距離

(b) 450+90=540 月心에서 第三嶂까지의 距離

(c) 540+90=630 月心에서 第四嶂까지의 距離

(d) 630+90=720 月心에서 第五嶂까지의 距離(第二에서 第五까지가 第二輪)

(e) 720+90=810 月心에서 第六層까지의 距離

(f) 810+90=900 月心에서 第七層까지의 距離

(g) 900+90=990 月心에서 第八層까지의 距離

(h) 990+90=1080 月心에서 第九層까지의 距離(第七에서 第九까지가 第三輪)

(i) 422303345$\frac{1}{7}$(月의 體積과 等한 九個層別의 火塵 體積)×9=3800r3106$\frac{2}{7}$ 九個層 三輪身의 火塵 體積으로서 $\frac{1}{9}$이 第一輪身인 月體임.

(j) 3800r3106$\frac{2}{7}$×49=18623582208 月世界의 火塵量

(k) 18623582208×5=93117911040 月世界의 熱量

18623582208(火質)+93117911040(熱量)=111741493248 月世界의 質量

### 58. 月世界에서 木星界까지의 區宇를 넘어 火星界까지의 距離

(a) 1080(月世界의 半徑)+1080(木星 區宇의 厚)=2160 月世界에서 木星의 區宇를 넘어서 火

金剛心論　412

星界 內周 邊際까지의 距離

(b) $2160 + 38\frac{4}{7}$ (火星界 第一層 七個段의 級差 距離로서 이것이 第一段의 厚) $= 2198\frac{4}{7}$ 月心에서 火星界 五個層 二十五個段 中 第一下段까지의 距離

(c) $2198\frac{4}{7} + 38\frac{4}{7} \times 2 = 2275\frac{5}{7}$ 月心에서 火星界 第二段까지의 距離

(d) $2275\frac{5}{7} + 38\frac{4}{7} \times 3 = 2391\frac{3}{7}$ 月心에서 火星界 第三段까지의 距離

(e) $2391\frac{3}{7} + 38\frac{4}{7} \times 4 = 2545\frac{5}{7}$ 月心에서 火星界 第四段까지의 距離

(f) $2545\frac{5}{7} + 38\frac{4}{7} \times 5 = 2738\frac{4}{7}$ 月心에서 火星界 第五段까지의 距離

(g) $2738\frac{4}{7} + 38\frac{4}{7} \times 6 = 2970$ 月心에서 火星界 第六段까지의 距離

(h) $2970 + 38\frac{4}{7} \times 7 = 3240$ 月心에서 火星界 第七段까지의 距離

(i) $3240 + 51\frac{3}{7}$ (第二層 六個段의 級差 距離로서 이것이 同界 第八段의 厚) $= 3291\frac{3}{7}$ 月心에서 火星界 第八段까지의 距離

(j) $3291\frac{3}{7}+51\frac{3}{7}×2=3394\frac{2}{7}$ 月心에서 火星界 第九段까지의 距離

(k) $3394\frac{2}{7}+51\frac{3}{7}×3=3548\frac{4}{7}$ 月心에서 火星界 第十段까지의 距離

(l) $3548\frac{4}{7}+51\frac{3}{7}×4=3754\frac{2}{7}$ 月心에서 火星界 第十一段까지의 距離

(m) $3754\frac{2}{7}+51\frac{3}{7}×5=4011\frac{3}{7}$ 月心에서 火星界 第十二段까지의 距離

(n) $4011\frac{3}{7}+51\frac{3}{7}×6=4320$ 月心에서 火星界 第十三段까지의 距離

(o) 4320+72(第三層 五個段의 級差 距離로서 이것의 同界 第十四段의 厚)=4392 月心에서 火星界 第十四段까지의 距離

(p) 4392+72×2=4536 月心에서 火星界 第十五段까지의 距離

(q) 4536+72×3=4752 月心에서 火星界 第十六段까지의 距離

(r) 4752+72×4=5040 月心에서 火星界 第十七段까지의 距離

(s) 5040+72×5=5400 月心에서 火星界 第十八段까지의 距離

(t) 5400+108(第四層 四個段의 級差 距離로서 이것이 同界 第十九段의 厚)=5508 月心에서 火星界 第十九段까지의 距離

(u) 5508+108×2=5724 月心에서 火星界 第二十段까지의 距離

(v) 5724+108×3=6048 月心에서 火星界 第二十一段까지의 距離

(w) 6048+108×4=6480 月心에서 火星界 第二十二段까지의 距離

(x) 6480+180(第五層 三個段의 級差 距離로서 이것이 同界 第二十三段의 厚)=6660 月心에서 火星界 第二十三段까지의 距離

(y) 6660+180×2=7020 月心에서 火星界 第二十四段까지의 距離

(z) 7020+180×3=7560 月心에서 火星界 第二十五段까지의 距離

## 59. 火星 內界 下 二個層 十三個段의 火塵量

(a) $1508226\frac{120}{196}$(內界 第一層 七個段 火塵 體積의 級差로서 이것이 第一段의 火塵 體積)+

# 第四篇 宇宙의 本質과 形量

$3016453\frac{44}{196}$ (內 第二段의 火星 晶積) + $4524679\frac{164}{196}$ (內 第三段의 火星 晶積) + $6032906\frac{88}{196}$ (內 第四段의 火星 晶積) + $7541134\frac{12}{196}$ (內 第五段의 火星 晶積) + $9049359\frac{132}{196}$ (內 第六段의 火星 晶積) + $10557586\frac{56}{196}$ (內 第七段의 火星 晶積) = $42230345\frac{1}{7}$  內界 第一下層 七個段의 火星 晶積으로서 月의 晶積과 等함.

(b) $42230345\frac{1}{7}$ (內界 第一層의 火星 晶積) × 49 = $2069286912$ 火星 內界 第一層의 火星量으로서 月의 火塵量과 等함.

(c) $4021937\frac{93}{147}$ (內界 第二層 六個段 火星晶積의 級差로서 이것이 內第八段의 火星 晶積) + $8043875\frac{39}{147}$ (內 第九段의 火星 晶積) + $12065812\frac{132}{147}$ (內 第十段의 火星 晶積) + $16087750\frac{24}{147}$ (內 第十一段의 火星 晶積) + $20109688\frac{117}{147}$ (內 第十二段의 火星晶積) + $24131625\frac{78}{147}$ (內 第十三段의 火星晶積) = $84460690\frac{2}{7}$ 火星 內界 第二層 晶宇의 火塵의 晶積으로서 月의 二倍

(d) $844606690\frac{2}{7}$(內 第二層의 火星 體積)×49=4138573824 火星 內界 第二層 區宇의 火星量으로서 月體 火塵量의 2倍

(e) $1266910035\frac{3}{7}$(火星 內界 下 二個層의 月體 3倍와 等한 火星 體積)×49=62078607036 火星 內界 下 二個層의 火塵量으로서 月의 3倍

## 60. 火星 外界 下 二個層 十三個段의 火塵量

(a) $9049359\frac{132}{196}$(外 第一 下層 七個段 火塵 體積의 級差로서 이것이 外 第一段의 火塵 體積)
$+18098719\frac{68}{196}$(外 第二段의 火塵 體積)$+27148079\frac{4}{196}$(外 第三段의 火塵 體積)$+36197438\frac{136}{196}$(外 第四段의 火塵體積)$54296158\frac{8}{190}$(外 第六段의 火塵體積)$+63345517\frac{140}{196}$(外 第七段의 火塵體積)=$253382070\frac{6}{7}$ 火星外界 第一下層 區宇 火塵의 體積(月의 6倍)

(b) $140767781\frac{5}{7}$(外界 第二層 六個段의 級差인 火塵의 體積으로서 이것이 外 第一下層 火塵의 體積)+$28153563\frac{3}{7}$(外 第九段의 火塵 體積)+$42230345\frac{1}{7}$(外 第十段의 火塵 體積)+56307126

$\frac{6}{7}$(外 第十一段의 火塵體積)+70383908$\frac{4}{7}$(外 第十二段의 火塵體積)+844606690$\frac{2}{7}$(外 第十三段의 火塵體積)=295612416 火星外界 火塵의 體積으로서 月體의 7倍

(c) 548994486$\frac{6}{7}$(月體 13倍外 等한 火星外界 下 二個層 火塵量으로서 月의 13倍

### 61. 火星 內界 上 三個層 十二個段의 區宇에 있어서의 火星의 位數

(a) 48(內界 第三層 五個段 星數로서 이것이 內 第十四段의 火星數)+96(內 第十五段의 星數)+144(內 第十六段의 星數)+192(內 第十七段의 星數)+240(內 第十八段의 星數)=720 火星 內界 第三層 五個段에 있어서의 火星數로서 $3^6-3^2$과 等함.

(b) 216(內界 第四層 四個段의 級差로서 이것이 內 第十九段의 星數)+432(內 第二十段의 星數)+648(內 第二十一段의 星數)+864(內 第二十二段의 星數)=2160 火星 內界 第四層 區宇의 全星數로서 $3^7-3^3$과 等함.

金剛心論　418

(c) 1080(內界 第五層 三個段 星數의 級差로서 이것이 內 第二十三段의 星數)+2160(內 第二十四段의 星數)+3240(內 第二十五段의 星數)=6480 火星 內界 第五層의 全星數로서 $3^8-3^4$과 等함.

(d) 720(內 第三層의 星數)+2160(內 第四層의 星數)+6480(內 第五層의 星數)=9360 火星 內界 上 三個層 十二個段에 있어서의 全星數

62. 火星 外界 上 三個層 十二個段의 區宇에 있어서의 火星의 位數

(a) 1296(外界 第三層 五個段 星數의 級差로서 이것이 外 第十四段의 火星數)+2592(外 第十五段의 星數)+3888(外 第十六段의 星數)+5184(外 第十七段의 星數)+6480(外 第十八段의 星數)=19440 火星 外界 第三層 五個段 區宇에 있어서의 全火星數로서 $3^9-3^5$과 等함.

(b) 5904(外界 第四層 四個段 星數의 級差로서 이것이 外 第十九段의 星數)+11808(外 第二十段의 星數)+17712(外 第二十一段의 星數)+23616(外 第二十二段의 星數)=59040 火星 外

界 第四層 區宇의 全星數로서 $3^{10}-3^2$ 과 等함.

(c) 29520(外界 第五層 三個段 星數의 級差로서 이것이 第二十三段의 星數)+88560(外 第二十五段의 星數)=177120 火星 外界 第五層 區宇의 全星數로서 $3^{11}-3^3$ 과 等함.

(d) 19440(外 第三層의 全星數)+59040(外 第四層의 全星數)+177120(外 第五層의 全星數)=255600 火星 外界 上 三個層의 全火星數

(e) 9360(火星 內界 上 三個層의 全星數)+255600(火星 外界 上 三個層의 總星數)가 $(3^6-3^2)+(3^7-3^3)+(3^8-3^4)+(3^9-3^5)+(3^{10}-3^2)+(3^{11}-3^3)$ 과 等함. 그리고 $-(3^2+3^3+3^4+3^5)$는 無星 區宇로서 實數가 없으므로 이를 控除해야 하며 俊의 $-(3^2+3^3)=-36$은 土星界의 二十八宿外 八位 金星이 된다.

## 63. 火星의 總別 體積과 總火塵量

(a) $126691035\frac{3}{7}$(月體 3倍外 等한 火星 內界 第三層 區宇의 全星 體積)÷720(同區宇의 全星 數)=$175959\frac{27}{35}$ 內界 三層星의 均別 體積

(b) $337842761\frac{1}{7}$(月體 8倍外 等한 火星 外界 第三層 區宇의 全星 體積)÷19440(同區宇의 全星 數)=$17378\frac{101088}{136080}$ 外界 三層星의 均別 體積

(c) $1689213380\frac{4}{7}$(月體 4倍外 等한 火星 內界 第四層 區宇의 全星 體積)÷2160(同區宇의 全星 數)=$782043\frac{648}{15120}$ 內界 四層星의 均別 體積

(d) $3800731060\frac{2}{7}$(月體 9倍外 等한 火星 外界 第四層 區宇의 全星 體積)÷590040(同區宇의 全星 數)=$6437\frac{228384}{413280}$ 外界 四層星의 均別 體積

(e) $2111517255\frac{5}{7}$(月體 5倍外 等한 火星 內界 第五層 區宇의 全星 體積)÷6480(同區宇의 全星 數)=$32585\frac{6480}{45360}$ 內界 五層星의 均別 體積

(f) $422303451\frac{3}{7}$(月體 10倍와 等한 火星 外界 第五層 區宇의 全星 體積)÷177120(同區宇의 全星數)=$2384\frac{34560}{123984}$ 外界 五層星의 均別 體積

(g) $126691035\frac{3}{7}$(內 三層의 全星 體積)+$337842761\frac{1}{7}$(外 三層의 全星 體積)+$168921380\frac{4}{7}$(內 四層의 全星 體積)+$380073106\frac{2}{7}$(外 四層의 全星 體積)+$211151725\frac{5}{7}$(內 五層의 全星 體積)+$422303451\frac{3}{7}$(外 五層의 全星 體積)=$1646983460\frac{4}{7}$ 月體 39倍와 等한 火星 264960位의 全體積

(h) $1646983460\frac{4}{7}$(火星 全體積)×49=80702189568 火星 全體의 總火塵量

## 64. 電子의 量과 電波가 미치는 區域

(a) 2069286912(月體의 火塵)+16554295296(月의 8倍와 等한 月世界의 散火塵量)+26900729856(月의 13倍와 等한 火星 內界 下 二個層의 火塵量)+62078607368(月의 3倍와 等한 火星 內界 下 二個層의 火塵量)+80702189568(月의 36倍와 等한 火星 全體의 火塵量)=

13243436236₈ 月의 64倍와 等한 月世界와 火星界의 總 火塵量으로서 이것이 곧 兩界의 電子量이다. 火塵이란 電子의 本名인 것이다.

(b) 43450025152(月의 21倍와 等한 木星의 火塵量)+31039303680(月의 15倍와 等한 木星 宇宙 下 五個層의 火塵量)=74494328832 月의 36倍와 等한 木星 宇宙의 火塵量 곧 電子量

(c) 13243436236₈(月의 64倍와 等한 月世界와 火星界의 火塵量)×5=66217181184₀ 陽性熱量으로서 即 陽電量 $\left(\frac{4}{5}\right)^2$

(d) 74494328832(月의 36倍와 等한 木星 宇宙의 火塵量)×3=223482986496 陰性熱量으로서 即 陰電量 $\left(\frac{3}{5}\right)^2$

(e) $21115172 5\frac{5}{7}$(月體 5倍와 等한 土星界 地塵의 體積과 八位 金星의 體積)×$\frac{1}{5}$×49= 2069286912 月과 等한 火塵量

(f) 2069286912(土星界外 八位 金星界의 火塵量)×$\left(\frac{4}{5}\right)^2$=13243436$23\frac{17}{25}$ 陽電量

(g) 20692866912×(3/5)²=7449432888/25 陰電量

(h) 1080(月世界의 半徑 또는 木星의 곱宇 또한 火星界 五個層과 等距離인 厚)×7=7560 月을 中心으로 한 遊星界의 半徑으로서 比 半徑인 一圓이 언제나 電波가 미치는 區域이므로 地面에서의 最遠이 7560+2462(地月心 間의 距離)-36(地半徑)=9986으로서 最近이 7560-2462+36=5134이다.

(i) $7560^3 \times \frac{88}{21} = 1810626048000$ 比가 遊星界의 全體積으로서 電波가 미치는 區域이므로 比 區域外에는 電子가 없다. 電子가 없는 이(水塵의 極性)는 있으나 電波는 미치지 못한다.

이外 길이 이一자가 없으면 電波는 미치지 못하는 것이다. 이一자는 水塵의 極性이므로 水塵의 布陣된 假空界 以內界 그의 區域으로서 識光力이 미치는 限度이다. 오직 大千世界를 一圓으로 할 수 있음은 智光力에 限한다.

## 第五. 風塵世界와 木星

### 65. 木星區宇 下 五個層의 陰性火塵量

(a) $42230345\frac{1}{7}$(月의 體積과 等한 木星區宇 第一層의 火塵 體積으로서 이것이 同區 八個層의 級差다.)+$84460690\frac{2}{7}$(月體의 二倍와 等한 同 第二層의 火塵 體積)+$126691035\frac{3}{7}$(月體의 3배와 等한 同 第三層 火塵의 體積)+$168921380\frac{4}{7}$(月體의 4倍와 等한 同 第四層 火塵의 體積)+$211151725\frac{5}{7}$(月體의 5倍와 等한 同 第五層 火塵의 體積)=$633455177\frac{1}{7}$ 月體의 15倍와 等한 木星區宇 下 五個層 火塵의 體積

(b) $633455177\frac{1}{7}$(月體의 15倍와 等한 木星區宇 下 五個層 火塵의 體積)×49=3103930368O 木星區宇 下 五個層의 火塵量

(c) 3103930368O×3=9311791104O 同陰性 熱量(陰電量)

## 66. 木星 區宇 三個層에 있어서의 三品 木星의 體積과 그 陰性 火塵

(a) $2533820\frac{6}{7}$ 月體의 6倍와 等한 木星 區宇의 第六層에 있어서의 主星 體積

(b) $2956124165$ (月體의 7倍와 等한 同 第七層에 있어서의 子從星 3位의 體積)÷3＝985374725 子從星 一位의 體積

(c) $337842761\frac{1}{7}$ (月體의 8倍와 等한 同 第八層에 있어서의 採從星 9位의 體積)÷9＝37538084 採從星의 一位의 體積

(d) $2533820\frac{6}{7}$ (主星 一位의 體積)＋296124165 (子從星 三位의 體積)＋$337842761\frac{1}{7}$ (採從星 九位의 體積)＝886837248 月體의 21倍의 全體積

(e) 886837248 (月體의 21倍와 等한 木星 十三位의 全體積)×49＝43455025152 木星 13位의 火塵星 (電子星)

(f) 43455025152×3＝130365075456 陰性 熱量 (陰電量)

## 67. 日球의 冷量과 引力量

(a) $5278793142\frac{6}{7}$(月體의 120倍와 等한 日球의 體積)×7=3695152000 日球의 水塵量

(b) 3695152000×3=11085456000 日球의 冷量

(c) 11085456000×59049($3^{10}$)=654585658214400 日球의 引力量

## 68. 星霧系의 冷量과 引力量

(a) 28970016768(水星5548788位의 全體積)+7685922816(假空界 四個級 全水塵의 體積)+2956124l6(眞空界 稀水塵의 全體積)=36951552000 星霧系 全水塵의 體積

(b) 36951552000×7=258660864000 星霧系의 總水塵量

(c) 258660864000×3=775982592000 星霧系의 總冷量

(d) 775982592000×59049($3^{10}$)=45820996075008000 星霧系의 總引力으로서 日球 引力量의 7倍

## 69. 宇宙의 左旋塵에 알맹이는 水平力量

(a) 6545856582144000(日球의 引力量)+458209960750080000(星霧系의 引力量)=5236685265715200 宇宙 中央의 左旋日球外 邊方 左旋星體 또는 左旋塵 間에서 同性相引하는 左旋의 原則으로 알맹이 서로 牽引하는 水塵의 水平力量이 이것이다.

## 70. 火星界의 熱量과 動力量

(a) 232266898$2\frac{6}{7}$(月體의 39倍와 等한 火星 264960位의 全體積)×49=113810780160 火星界의 火塵量

(b) 113810780160×5=569053900800 火星界의 熱量.

(c) 569053900800×15625(5⁶)=88914692000000000 火星界의 總 動力量

## 71. 月世界의 熱量과 動力量

(a) 380073106$\frac{2}{7}$(月의 體積과, 月體의 8倍와 等한 第一, 第二輪身의 體積)×49=18623582208

月世界의 火塵量

(b) 18623582208×5＝93117911040 同界 熱量

(c) 93117911040×15625(5⁶)＝1454967360000000 月世界의 總 動力量

## 72. 木星 區宇의 陰性 熱量과 靜力量

(a) $15202924 \frac{1}{7}$(月體의 21倍와 等한 木星 13位의 體積과, 月體의 15倍와 等한 火塵의 體積)

×49＝744943288832 同器 火塵量

(b) 744943288832×3＝2234829864496 同器 陰性熱量

(c) 2234829864496×15625(5⁶)＝34919216640000000 同器의 靜力量

## 73. 全 宇宙에 있어서의 右旋斥力量

(a) 8891469200000000(火星界의 動力量)＋1454967360000000(月世界의 動力量)＝

10346436560000000 遊星界의 總 動力量

(b) 10346436560000000000(遊星界의 總 動力量)－34919216640000000000(木星 區宇의 靜力量)＝6854514896000000000 遊星界의 剩餘動力이 全宇宙에 있어서의 斥力量이다. 木星의 區宇가 火星界와 月世界와의 中間에 끼어 있어서, $\frac{1}{4}$은 月世界에서, $\frac{3}{4}$은 火星界에서 그 斥力을 吸收하고 畢竟 月體의 28곱에 等한 火星의 斥力만 存在한다.

74. 全宇宙에 있어서의 左旋 引力量

(a) 5236685265715200(日球를 釣合點으로 하는 星霧系의 水平力量)－685451489600000(遊星動力의 剩餘)＝4551233776115200 水平力量의 剩餘 그대로가 宇宙의 全引力量으로 나타난다.

75. 月로 하여금 木星과 力線을 連繫시키는 地輪界의 引力量과 冷量

(a) $1251269\frac{17}{35}$(地輪界의 水塵 體積)×7＝$8758886\frac{2}{5}$ 地輪界의 水塵量

(b) $8758886\frac{2}{5}$×3＝$26276659\frac{1}{5}$ 地輪界의 冷量

76. 地輪界의 陽性 火塵과 陰性 火塵의 分量

(a) $312817\frac{13}{35}$ (地輪界의 火塵體積) $\times 49 = 15328051\frac{1}{5}$ 地輪界의 火塵量

(b) $15328051\frac{1}{5} \times (\frac{4}{5})^2 = 9809952\frac{96}{125}$ 地輪界의 陽性火塵量

(c) $15328051\frac{1}{5} \times (\frac{3}{5})^2 = 5518098\frac{54}{125}$ 地輪界의 陰性火塵量

77. 地輪界의 風塵量과 冷熱의 體積

(a) $9809952\frac{96}{125} \times 5 = 49049763\frac{105}{125}$ 同界의 陽性 熱量

(b) $5518098\frac{54}{125} \times 3 = 16554295\frac{37}{125}$ 同界의 陰性 熱量

(c) $65604059\frac{17}{125}$ (同界 陰陽性의 熱量) $- 26276659\frac{1}{5}$ (同界의 冷量) $= 39327399\frac{117}{125}$ 同界 右旋

風塵量

(d) $1251269\frac{17}{35}$ (同界 水塵의 體積) $\times 3 = 3753808\frac{16}{35}$ 同界의 冷體積

第四篇 宇宙의 本質과 形量

(e) $312817\frac{13}{35}$(同界 火塵의 體積)$\times 5=1564086\frac{6}{7}$ 同界의 熱體積

(f) $3753808\frac{16}{35}-1564086\frac{6}{7}=2189721\frac{3}{5}$ 地輪界를 氾濫하는 左旋 風塵의 體積

(g) $2189721\frac{3}{5}\div 1564086\frac{6}{7}$ (同界의 熱體積 即 界內右旋 風塵의 體積)$=\frac{7}{5}$ 地輪界의 冷熱을 말

미암은 界外左旋의 風塵과 界內의 比는 $\frac{5}{7}$ 다.

78. 地輪界의 動力과 靜力 또는 右旋 風力量과 斥力量

(a) $49049763\frac{105}{125}$(同界의 陽性熱量)$\times 15625(5^6)=766402560000$ 地輪界 內의 動力量으로서 同

界 火塵量의 五萬倍에 相當함.

(b) $16554295\frac{37}{125}$(同界의 陰性熱量)$\times 15625(5^6)=258860864000$ 同界의 靜力量

(c) $766402560000$(同界의 動力)$-258860864000=507741696000$(同界의 斥力量으

로서 이것이 바로 右旋 風力量이므로 雷霆風雨 또는 地輪界에 있어서의 萬物의 生滅을 말

은 原動力이다.

## 79. 四七 星宿界의 冷量과 引力量

(a) 21897216(四七星宿의 全體積으로서 地球體積의 112倍)+15328O512(四七星 輪界內의 地塵 體積으로서 地球體積의 784倍)+9384521$\frac{1}{7}$(同界 流通 地塵의 體積으로서 地球體積의 48倍)=1845622249$\frac{1}{7}$ 同界 地塵의 全體積(地球의 944倍)

(b) 1845622249$\frac{1}{7}$×343($7^3$)=6330485145 6 同界의 地塵量(質量)

(c) 6330485145 6 ×$\frac{1}{49}$=129193574 4 同界의 水塵量

(d) 129193574 4 ×3=387580723 2 同界의 冷量

(e) 387580723 2 ×59049($3^{10}$)=22888254124236 8 同界의 引力量

## 80. 四七 星宿界의 兩性 熱量과 風塵量

(a) 6330485145 6 (同界의 地塵量)×$\frac{1}{7}$=9043550208 同界의 火塵量

(b) 9043550208×$(\frac{4}{5})^2$=5787872133$\frac{3}{25}$ 陽性火塵

(c) $9043550208 \times \left(\dfrac{3}{5}\right)^2 = 3255678074\dfrac{22}{25}$ (陰性火塵)

(d) $5787872133\dfrac{3}{25} \times 5 = 28939360665\dfrac{3}{5}$ (陽性熱量)

(e) $3255678074\dfrac{22}{25} \times 3 = 9767034224\dfrac{16}{25}$ (陰性熱量)

(f) $3870639489\dfrac{6}{25}$ (同界의 兩性熱量) $- 3875807232$ (同界의 冷量) $= 34830587658\dfrac{6}{25}$ (同界의 右旋風塵量)

## 81. 四七 星宿界의 動力과 靜力 또는 風力量

(a) $28939360665\dfrac{15}{25}$ (同界 陽性의 熱量) $\times 15625 (5^6) = 452177510400000$ (同界의 動力量)

(b) $9767034224\dfrac{16}{25}$ (同界 陰性의 熱量) $\times 15625 (5^6) = 152609909760000$ (同界의 靜力量)

(c) $452177510400000$ (同界의 動力) $- 152609909760000$ (靜力) $= 299567600640000$ (同界의 風力量)

## 第六. 金塵世界와 金星

**82. 四大金星과 八位金星의 總別 體積**

(a) $42230345\frac{1}{7}$(月의 體積)×20＝$8446069902\frac{6}{7}$ 四大金星의 總體積

(b) $8446069902\frac{6}{7}$÷4＝$2111517225\frac{5}{7}$ 同 均別의 體積(月體積의 5倍)

(c) $195510\frac{6}{7}$(地球의 體積)×128＝$25025389\frac{5}{7}$ 八位金星의 總體積

(d) $25025389\frac{5}{7}$÷8＝$3128173\frac{5}{7}$ 同均別의 體積(地球의 16倍)

(e) $8446069902\frac{6}{7}$＋$25025389\frac{5}{7}$＝$8696322292\frac{4}{7}$ 四, 八金星의 總體積(地球體積의 4448倍)

**83. 列曜 또는 流質 根據의 全體積**

(a) $5278793142\frac{6}{7}$(日球의 體積)＋289700016768(水星의 總數 5548788位의 全體積)＋7685922816
(假空界 四個級 區宇 總水塵 根據의 體積)＋295612416(眞空界 稀水塵 根據의 體積)＝
$422303451442\frac{6}{7}$ 水塵根據의 總體積으로서 이것이 水根인 第一種子의 全體積(日體의 8倍도

第四篇 宇宙의 本質과 形量

서  月體의 1000倍

(b) 422303345$\frac{1}{7}$(月의 體積)+16469834160$\frac{4}{7}$(火星總數 2649600位의 全體積)+6756855522$\frac{2}{7}$(火星界 流通火塵의 根據 體積)+337842761$\frac{1}{7}$(月世界 火塵의 根據體積)=27027420890$\frac{1}{7}$ 陽性火塵의 總體積으로서 이것이 陽性火根인 第一種子의 全體積(月體64倍)

(c) 886837248(木星 13位의 全體積)+633455177$\frac{1}{7}$(木星局宇 陰性火塵의 根據體積)=152029242$\frac{1}{7}$ 陰性火塵의 總體積으로서 이것이 陰性火根인 第一種子의 全體積(月體의 36倍)

(d) 195510$\frac{6}{7}$(地球의 體積)+1368576(地輪界 地塵 根據의 全體積)+21897216(四七星宿의 全體積)+153280512(四七星界 流通 地塵 根據의 全體積)+9384521$\frac{1}{7}$(土星界 流通 地塵 根據의 全體積)=18612633$6$ 地塵의 總體積으로서 이것이 地根인 第一種子의 體積(地體의 952倍)

(e) 869632292$\frac{4}{7}$(四, 八金星의 全體積)+18612633$6$(地塵 根據의 全體積)=1055758628$\frac{4}{7}$ 水火二

塵의 中性塵 根據의 體積으로서 이것이 水火不二根인 第一種子의 全體積(月體의 25倍)

(f) $47509138285\frac{5}{7}$ 이것이 宇宙 全質量根據의 體積으로서 質의 依據가 되는 第一種子의 等體金塵의 一部分이다.

※ $47509138285\frac{5}{7} = 42230345142\frac{6}{7}$(水根) $+ 27027420891\frac{1}{7}$(陽火根) $+ 15202924251\frac{1}{7}$(陰火根) $+ 10557586628\frac{4}{7}$(水火不二根).

### 84. 宇宙의 金塵量

(a) $762105377750511\frac{479}{567}$(我 宇宙의 全體積으로서 이것이 等體金塵의 總量) $- 47509138285\frac{5}{7}$(列曜 또는 流質 根據의 全體積) $= 761630286122226\frac{74}{567}$ 我宇宙의 總質量根據에서 總質根의 第一種子인 根金塵을 除한 이것이 純粹에 내지를 供給하는 境金塵의 總量이다.

(b) $761630286122226\frac{74}{567}$(境金塵의 總量) $\div 762105377750511\frac{479}{567}$(根境二具의 總金塵量) $\times 100 =$ 99.938% 境金塵의 百分比

(c) $4750913828\frac{5}{7}$(根金塵의 總量) ÷ $7621053775051\frac{479}{567}$(根境二界의 總金塵量) × 100 = 0.062% 根金塵의 百分比

## 85. 冷化 金塵

(a) $422303451\frac{6}{7}$(水塵이 依據한 第一種子量) × 7 = 2956124160000 二種子量으로서 이짓이 總水塵量

(b) 2956124160000(水性인 第二種子量) × 3 = 8868372480000 第二性인 水塵의 冷量으로서 이것이 冷化金塵이다. (冷性의 에너지)

## 86. 熱化 金塵

(a) $422303451\frac{2}{7}$(火塵이 依據한 第一種子量) × 49 = 20692869120 0 —實에 依하여 火性化된 第二種子量으로서 이것이 總火塵量

(b) 20692869120 0(火性인 第二種子量) × $\left(\frac{4}{5}\right)^2$ = 13243436236 8 陽性火塵

(c) $2069286691200 \times \left(\frac{3}{5}\right)^2 = 7449432 8832$ 陰性火塵

(d) $1324343623368$ (陽性火塵) $\times 5 = 6621718 11840$ 陽性 熱量

(e) $7449432 8832$ (陰性火塵) $\times 3 = 2234829 86496$ 陰性 熱量

(f) $6621718 11840$ (陽火) $+ 2234829 86496$ (陰火) $= 8856547 98336$ 第二性인 (陰陽)의 熱量으로서 이것이 熱化 金塵(熱性의 에너지)

## 87. 中和 金塵

(a) $1057758628\frac{4}{7}$ (中性인 이) 依據한 第一僮子量) $\times 343 (7^3) = 3621252 09600$ 一實에 依하여 水火 兩性이 中性이 된 地塵 總量

(b) $3621252 09600$ (水火 中性의 地塵量) $\times \frac{4}{5} = 2897001 67680$ 水塵 系統의 中性 金塵

(c) $3621252 09600 \times \frac{1}{5} = 7242504 1920$ 火塵 系統의 中性 金塵

(d) $3621252 09600$ (中性地塵) $\times 7 = 2534876 467200$ 水火 中性化 金塵

## 88. 冷力化 金塵

(a) 8868372248000(冷化金塵)×59049($3^{10}$)=52366852657152000 我宇宙의 冷力化金塵(冷力에너지)

## 89. 熱力化 金塵

(a) 885654798336(熱化金塵)×15625($5^6$)=13838356224000000 熱力化金塵(熱力에너지)

## 90. 月의 勢力으로 말미암은 土星界의 冷光化 金塵

(a) 289700167680(水塵系統의 中性金塵)×$\frac{1}{49}$=5912248320 四, 八金星과 土星界의 水塵量

(b) 5912248320×3×5×7=6207860736000 月의 熱力에 由한 金星界 또는 土星界의 冷光化金塵

即 月 光量

(c) 6207860736000×$\frac{1}{4}$=1551965184000 八位金星 또는 土星界의 月光量

(d) 1551965184000×$\frac{119}{135}$=1368028569600 土星界의 月光量

(e) 1368028569600×$\frac{1}{119}$=11496030240 地輪界의 月光量

※ 135＝128＋7, 119＝112＋7, 8位金星은 地球의 128倍, 土星界는 地球의 112倍

### 91. 日의 冷力에 由한 土星界의 熱化 金塵

(a) 7242504l920(火塵系統의 中性金塵)×$\frac{1}{7}$＝1034643434560 四, 八金星과 土星界의 火塵量

(b) 1034643434560×5×3²×7¹＝3834330l9058073600 日의 冷力에 由한 金星界 또는 土星界의 熱光化金塵 即 日光量

(c) 38343301905807360O×$\frac{1}{4}$＝9585825476451840O 八位金星 또는 土星界의 日光量

(d) 9585825476451840O×$\frac{119}{135}$＝8449727642205696O 土星界의 日光量

(e) 8449727642205696O×$\frac{1}{119}$＝71006114640384O 地輪界의 日光量

### 92. 金星 또는 土星界에 있어서의 日光과 月光의 比量

(a) 3834330l9058073600(金星 또는 土星界에 있어서의 日光總量)÷6207860736OO(同 月光總量)
＝617657$\frac{1}{4}$倍, 즉 月光力을 1로 할 때 이에 대한 日光力의 倍數

### 93. 에테르와 金塵

(a) 2956124160000(我 宇宙에 있어서의 總水塵 卽 水性金塵量)+20692869120(同總火塵 卽 火性金塵量)=5025411072000 我 宇宙에 있어서의 水火 兩性金塵의 總量

(b) 5025411072000×3×5=75381166080000 水火 兩性의 調和金塵인 에테르의 總量

### 94. 이—자와 金塵

(a) 2956124160000(水性金塵의 總量)×3×5×7=365174304864832000C 我 宇宙에 있어서의 이—자의 總量

(b) 365174304864832000000÷76210537750511 $\frac{479}{567}$ (이—자의 根據인 宇宙 等體金塵의 總量)=
4791648 이—자의 強度

### 95. 識力과 神力

(a) 76210537750511 $\frac{479}{567}$ (宇宙 等體의 金塵量)×5×7=2667368821267914 $\frac{46}{81}$ 我宇宙에 있어서의

神力量

(b) $266736882126791\frac{46}{81} \times 3 = 800210646380374\frac{57}{81}$ 我宇宙에 있어서의 識力量

## 96. 識光과 智光

(a) $76210537750511\frac{479}{567}$ (宇宙等體의 金塵量) $\times 3 \times 5 = 114315806625767\frac{381}{567}$ 我宇宙에 있어서의 識光量

(b) $114315806625767\frac{381}{567}$ (識光) $\times 7 \times 10 = 800210646380374\frac{1}{27}$ 我宇宙에 있어서의 智光量

## 97. 智力과 神通力

(a) $800210646380374\frac{57}{81}$ (識力量) $\times 10 = 800210646380374\frac{1}{27}$ 我宇宙에 있어서의 智力量(智光量과 等함.)

(b) $800210646380374\frac{1}{27}$ (智光力) $\times \frac{1}{30} = 266736882126791\frac{46}{81}$ 神通力

## 98. 菩薩 十力과 如來 十力

(a) $800210646380374370\frac{1}{27}$ (我宇宙에 있어서의 智光力 그대로가 華嚴 神力으로서 이것이 菩薩 十力)×10=$800210646380374370\frac{10}{27}$ 이것이 一宇宙에 있어서의 如來의 十力으로서 大千世界에 通하여 如來의 妙光 또한 同一하다.

(b) $800210646380374370\frac{10}{27}$ (如來의 十力)×$\frac{1}{100}$=$800210646380374370\frac{57}{81}$ 一宇宙에 있어서의 如來의 十力 그대로가 天神 地藏의 力用이다.

## 99. 識神의 力量과 業力

(a) $800210646380374370\frac{57}{81}$ (天神 地藏의 力用이 識力이므로 이것이 바로 識神의 力量이다)×$\frac{1}{3}$=$266736882126791\frac{46}{81}$ 一宇宙에 있어서의 神通力 그대로가 業力이다.

(b) $266736882126791\frac{46}{81}$ (神力 即 神通力)×30=$800210646380374370\frac{1}{27}$ 菩薩의 十力

## 100. 金塵과 大千 世界

(a) $7621053775051\frac{479}{567}$ (一宇宙의 體積으로서 이것이 一切의 根據인 等體의 金塵量)×$1000000000(1000^3)$=$7621053775051184479717\frac{74}{567}$ 三千大千世界의 根據인 十億 宇宙의 全體積으로서 이것이 無量 無邊의 世界海에 浮遍가 되어 我宇宙外 成·住·壞·空 四劫의 期間을 함께 한다.

(b) $7621053775051184479717\frac{74}{567}\times 7=53347376425358291358024\frac{518}{567}$ 十億宇宙에 따른 輪界의 體積

(c) $7621053775051184479717\frac{74}{567}+53347376425358291358024\frac{518}{567}$
=$60968430204094758377425\frac{25}{567}$ 이것이 여기에 三千大千世界이다. 마치 無量無邊의 金海에 十億의 金廻가 浮遊하고 있는 中에, 또한 無量의 金廻가 因陀羅網을 이루고 있는 것과 같다. 實際는 一宇宙의 八十億 倍이나 大數로서 百億 世界라 云한다.

## 卷末

**華嚴偈**

若人欲了知 三世一切佛 應觀法界性 一切唯心造

**般若偈**

凡所有相 皆是虛妄 若見諸相非相 卽見如來

**涅槃偈**

諸行無常 是生滅法 生滅滅已 寂滅爲樂

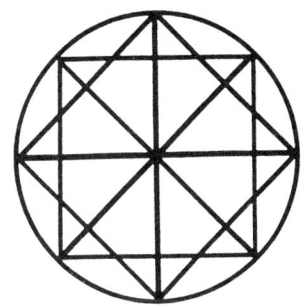

## 金剛心論

1992년 2월 11일 초판 발행
2009년 7월 11일 4쇄 발행

저 자 釋　金　陀
편 자 釋　淸　華
발행인 鄭昌泳(泰昊)
발행처 聖　輪　閣
　　　　전남 곡성군 옥과면 옥과리 650 성륜사내
　　　　☎ (061) 363-0081
등록 번호 : 1993. 10. 29  제 15-08-0001호

제작 및 보급처　乙支出版公社
　　　　서울시 마포구 서교동 394-81 홍익빌딩 3층
　　　　E-mail : euljipub4010@hanmail.net
　　　　☎ (02) 334-4050(代) / FAX (02) 334-4010

값 25,000원

미국 보급처 : 금강선원
　　　　DIAMOND ZEN CENTER
　　　　18500 HUNGRY HOLLOW ROAD
　　　　BANNING, CA 92220 U.S.A.
　　　　Tel (951) 922-9184  FAX (951) 849-4542

ISBN 89-7566-009-5  03220